Ulrich Albrecht
# Die Abwicklung der DDR

Ulrich Albrecht

# Die Abwicklung der DDR

*Die „2 + 4-Verhandlungen"*
*Ein Insider-Bericht*

Westdeutscher Verlag

Der Westdeutsche Verlag ist ein Unternehmen der Verlagsgruppe Bertelsmann International.

Alle Rechte vorbehalten
© 1992 Westdeutscher Verlag GmbH, Opladen

Das Werk einschließlich aller seiner Teile ist urheberrechtlich geschützt. Jede Verwertung außerhalb der engen Grenzen des Urheberrechtsgesetzes ist ohne Zustimmung des Verlags unzulässig und strafbar. Das gilt insbesondere für Vervielfältigungen, Übersetzungen, Mikroverfilmungen und die Einspeicherung und Verarbeitung in elektronischen Systemen.

Umschlaggestaltung: Horst Dieter Bürkle, Darmstadt
Druck und buchbinderische Verarbeitung: Weihert-Druck, Darmstadt
Gedruckt auf säurefreiem Papier
Printed in Germany

ISBN 3-531-12322-X

# Inhalt

1. Vorbemerkungen .................................................................. 7
2. Der abtretende Staat ............................................................ 11
3. Der Eintritt ins Ministerium ................................................ 18
4. Erste Schritte ....................................................................... 22
5. Das Dreieck Berlin-Warschau-Prag .................................... 29
6. Auftakt: Die Beamten-Runde von 2 + 4 ............................. 36
7. 2 + 4 - Ministerrunde in Bonn ............................................ 41
8. Erste Zeichen der Staatsauflösung ...................................... 48
9. Probleme von Bundesbürgern in der DDR-Regierung ....... 51
10. Optionen .............................................................................. 54
11. Die zweite Außenministerkonferenz der 2 + 4 ................... 73
12. Weitere Beamtenrunden ...................................................... 82
13. 2 + 4 wird in Moskau geklärt .............................................. 84
14. Der Londoner NATO-Gipfel ............................................... 89
15. Die Wirkung der Vereinigung auf Dritte ............................ 95
16. Polnische Etüden ............................................................... 101
17. Der Einigungsvertrag ........................................................ 117
18. Zwischenbilanz .................................................................. 119
19. Von Krise zu Krise ............................................................ 123
20. Der Abschluß der Verhandlungen ..................................... 129
21. Der Generalvertrag und weitere Abkommen mit den Sowjets ............... 142
22. Das Ende ............................................................................ 147
23. Bilanz ................................................................................. 153

Anmerkungen ........................................................................... 191
Literatur .................................................................................... 211

# 1. VORBEMERKUNGEN

Dieser Bericht stammt von einem Insider, der als Berater des Außenministers der nach dem 18. März 1990 gewählten neuen und zugleich letzten DDR-Regierung, Markus Meckel, an den diplomatischen Ereignissen teilnahm, welche zur Einigung führten. Als Friedensforscher an der Freien Universität hatte ich besonders mit Ostberliner Wortführern der Dissidenten- und Friedensbewegung langjährig in Diskussions- und Arbeitszusammenhängen gestanden, vor allem mit Reiner Eppelmann (bevor der "Demokratische Aufbruch" sich 1990 von seinen sozialistischen Orientierungen ab und der CDU zuwendete), Ruth und Hans Misselwitz in Pankow und anderen. So leuchtete mir rasch die Einladung ein, daß ich nach der Regierungsneubildung im März/April 1990 "nach drüben" kommen sollte, diesmal in neuer Rolle. Mein Text stützt sich wesentlich auf Tagebuchnotizen. Diese werden ergänzt durch Konferenzmitschriften anderer Mitglieder von DDR-Delegationen und andere vertrauliche Quellen.

Mein Bericht ist bewußt offen formuliert, ohne die bei den Diplomaten beliebten Rücksichtnahmen. Das wirft Probleme auf. Diese sind weniger im Formalen zu sehen - ab wann darf ein Wissenschaftler die Vertraulichkeit internationaler Verhandlungen lüften? Eine Eidesleistung wurde von mir als westdeutschem Bürger, der auf der Ministeretage im Ministerium für Auswärtige Angelegenheiten der DDR arbeitete und dort selbstverständlich mit geheimen Unterlagen befaßt war, nie verlangt. Aber das wäre kein Argument, ebensowenig wie die Feststellung, daß die verschwundene DDR-Regierung kaum mehr einen ehemaligen Mitarbeiter belangen könnte. Bindender ist da schon, daß ich von der Bildung der neuen Regierung um Ostern bis zum Bruch der Regierungskoalition im August 1990 vertrauensvoll mit einer Anzahl von Menschen zusammengearbeitet habe, die notwendig in einem solchen Bericht vorkommen müssen, die aber allenfalls davon ausgehen konnten, daß der Niederschlag gemeinsamer Tätigkeit erst in Jahrzehnten Dritten zugänglich werden würde.

Allerdings war es mit der Vertraulichkeit der diplomatischen Verhandlungen besonders bei den sogenannten 2+4 - Gesprächen, die den Hauptgegenstand des Berichtes bilden, nicht weit her (im internen Bericht des Ministeriums für Auswärtige Angelegenheiten heißt es über ein sogenanntes Beamtentreffen am 6. September 1990: "Aus gegebenem Anlaß richtete der Tagungsvorsitzende eingangs an alle Delegationen die Bitte, sich an den vereinbarten Grundsatz der Vertraulichkeit der Beratungen zu halten").[1] Eine Vielzahl von Journalisten umlagerte die abgeschirmten Verhandlungssäle, und einzelne Delegationsmitglieder verließen, wie ich wiederholt feststellte, während der Diskussionen zu bestimmten Zeitpunkten den Raum, um draußen die Medien des Landes, welches sie vertraten, regelrecht zu "briefen". Am Schluß der Ministerrunden ließen sich die Außenminister, neben der gemeinsamen Pressekonferenz, regelmäßig von Journalisten befragen. Mir fiel auf, wie vertikal die Informationsströme verliefen: Journalisten aus der Bundesrepublik kamen praktisch nie auf die Idee, neben dem Bundesaußenminister auch noch den DDR-Außenminister zu befragen - es sei denn, sie waren in der DDR akkreditiert. So kam es, daß hin und wieder die Presse über Hintergründe und Einzelentwicklungen auf den Konferenzen besser informiert war als die Delegation der DDR. In solchen Fällen wurde in diesem Bericht auf die Medienerstattung zurückgegriffen. Kommentare in den großen Zeitungen werden aber auch deswegen in diesem Text verwendet, weil sie direkt im Meinungsbildungsprozeß im Außenministerium wirksam wurden. Jeden Morgen trug die Presseabteilung zweimal vor - einmal dem Minister, danach den Staatssekretären und Abteilungsleitern in der sogenannten "Morgenandacht". Abdrucke einzelner Artikel im bis tief in den Sommer hinein mit dem roten Aufdruck "Geheim" versehenen täglichen Pressespiegel spielten des öfteren in internen Debatten eine wichtige Rolle.

Während die Verarbeitung von Pressematerial für den Nachweis von Quellen kein Problem bildet, ist dies für den Hauptteil der verwendeten Materialien gänzlich anders. Angeführte Akteure werden, so es schriftliche Texte gab, nach diesen zitiert, oder aber nach Mitschriften. Das bleibt problematisch, schon weil regelmäßig Übersetzungsfehler zu beobachten waren, in der Hektik der Verhandlungen wiederholt Arbeitsformulierungen benutzt wurden, die hernach bearbeitet wurden, und gelegentlich gar das Manuskript einer Rede des sowjetischen Außenministers aus Zeitmangel nicht vollständig vorgetragen wurde. Nachprüfbar bleiben diese Zitate für den Leser nicht. Die Akten des DDR-Außenministeriums, die hier zumeist benutzt werden, hat mittlerweile das Auswärtige Amt übernommen und hält sie unter Verschluß.

Dieser Bericht beansprucht keineswegs, umfassend über den Prozeß der äußeren Einigung zu informieren. Als Mitarbeiter einer bestimmten Regierung bleibt man notwendig von bestimmten Informationen abgeschnitten. So hörten wir zwar vieles zum Beispiel über Widerstände gegen die Einigung, die es in London und Paris in den Regierungen gäbe, gar daß man dort auf sowjetische Bremsmanöver setze, aber der DDR-Delegation ins Gesicht gesagt hat nie ein Minister oder Diplomat so etwas. Allenfalls von der britischen Regierungschefin Thatcher ist die öffentliche Äußerung bekannt, die Wiedervereinigung könne noch 10, 15 Jahre auf sich warten lassen.[2]

Hauptmotiv für diese Publikation ist, daß die Wiedervereinigung Deutschlands und die Mitwirkung der aus der Revolution des vergangenen Herbstes hervorgegangenen neuen politischen Kräfte ein einzigartiger Vorgang bleiben, und es ein berechtigtes öffentliches Interesse daran gibt, mehr über Einzelheiten zu erfahren, als die etablierten Aktenverwalter zugestehen würden. Angesichts der vielfältigen Probleme, die eine solche Veröffentlichung mit sich bringt, habe ich mich bewußt entschlossen, den Bericht subjektiv anzulegen. Ich hoffe, daß von der freimütigen Wiedergabe niemand persönlich Schaden haben wird.

Die folgenden Kapitel sind nicht nur subjektiv in dem Sinne angelegt, daß ein Individuum freiweg berichtet. Der Bericht weist vielmehr dominant kollektivbiographische Züge auf, männlicher Art. Die Chefriege auf der Ministeretage des MfAA agierte männerbündisch, schon weil es unter uns kaum Frauen gab.[3] Der Ausfall der Frauen, die ja in der Herbstrevolution 1989 in der DDR durchaus eine hervorgehobene Rolle spielten, bei der Bildung der ersten demokratischen Regierung der DDR verdient tiefschürfenderer Untersuchungen, als sie hier angestellt werden. Mit Minister Markus Meckel stellte sich, für ein Außenministerium gewiß ungewöhnlich, ein freundschaftlich-kollegialer Stil in der Ministerialriege ein, der wiederholt zu seminaristisch vertieften Sessionen zu Sachthemen führte. Unser Politischer Direktor merkte gelegentlich an, daß wohl kaum anderswo in diesem Stil über die alle europäischen Außenministerien parallel beschäftigenden Themen diskutiert werde wie bei uns. Im Folgenden wird deshalb wiederholt von einer Kollektivreaktion oder -meinung berichtet, nicht um Verantwortung zu verteilen, sondern um der Chronistenpflicht gemäß eine gemeinsame Auffassung im MfAA wiederzugeben.

Die Bilanz im Schlußkapitel strebt keine eigenständige Wertung der politischen Abläufe des Jahres 1990 an. Sie sucht vielmehr die Grundlinien und Motive des Verhaltens der an der Neuvereinigung Beteiligten, so wie ich diese wahrgenommen habe, jenseits eines Erlebnisberichtes, diesen jedoch nutzend, zusammenzufassen. Im Schlußkapitel wird neben meinen Notizen breiter auf Berichte und Wertungen von Kollegen und Freunden im MfAA zurückgegriffen, schon weil unsere Reflexionen zum guten Teil gemeinsames Gedankengut bilden.

Die zitierten Dokumente werden gemäß ihrem Wortlaut wiedergegeben. Das führt besonders bei der Anführung von Telegrammen der DDR-Botschaften zu unvollständigen Sätzen und anderen sprachlichen Aufrauhungen. Da der unkorrigierte Wortlaut zugleich einen direkten Eindruck von der Sprachwelt des MfAA der DDR vermittelt, wurde auch aus diesem Grunde auf Glättungen verzichtet.

## 2. DER ABTRETENDE STAAT

Abtretende Regierungen faszinieren seit jeher die Politikwissenschaft. Wer tritt wie ab, sucht in letzten Entscheidungen Begünstigungen zu verteilen, legt eine neu antretende Regierung durch geschickte Entscheidungen fest, verbarrikadiert gewohnte Entscheidungsrouten? Die aus den Märzwahlen 1990 hervorgegangene Regierung der DDR verkörpert unter allen antretenden Regierungen freilich eine Besonderheit. Sie verstand sich nicht nur als Übergangsregierung, so wie nach den Revolutionen in Osteuropa die Nachbarstaaten, wie Polen, die Tschechoslowakei oder Ungarn von Equipen regiert wurden, die den Übergang von autoritären kommunistischen Einheitsregimen zu pluralistischen Formen anstrebten. Das neue Koalitionskabinett unter Lothar de Maizière stellte welthistorisch eine Einmaligkeit dar - eine Regierung, die nicht nur ihren Abgang, sondern den Abtritt des von ihr repräsentierten Staates zu bewerkstelligen trachtete.

Zugleich ging die DDR in einem neuen Gebilde auf, einem mächtigeren Deutschland, "nicht nur nach der Zahl," so Bundeskanzler Kohl am 3. Oktober im Deutschlandfunk, "sondern nach allen anderen Daten das stärkste Land in Europa." *Le Monde* schrieb pointiert: "Am 3. Oktober hat Frankreich einen Konkurrenten verloren. Deutschland hat die Kategorie gewechselt. In Zukunft wird es die USA, Japan und Deutschland geben und dann, weit angeschlagen, die anderen."[4] Ungarns früherer Außenminister Gyula Horn, Vorsitzender der neuen Sozialistischen Partei, sah das vereinte Deutschland gar in einer Reihe mit den USA und der Sowjetunion: Die Einheit lasse Deutschland zur dritten Großmacht in der Welt aufrücken.[5] Und der sowjetische Deutschlandexperte Portugalow meinte gar, dieses neue Deutschland solle permanentes Mitglied des Sicherheitsrates der Vereinten Nationen werden.[6]

Die folgenden Seiten wurden niedergeschrieben unter dem Blickwinkel, was das Ausscheiden eines Staates für die Außenpolitik bedeutet, und wie von vormaligen Dissidenten, die nunmehr regierten, eingebrachte Anliegen umgesetzt wurden. Der Umstand, einen aus der Völkergemeinschaft ausscheidenden Staat zu vertreten, bestimmte die Selbstwahrnehmung der neuen Mannschaft im Außenministerium der DDR ganz entscheidend. Wir handelten beherrscht von der Grundauffassung, mit einer neuen Regierung auf die diplomatische Bühne zu treten, deren Tage gezählt waren, und die Politik auf Abruf machte.

Der voraussehbare Ereigniskalender des Jahres 1990 illustriert die These vom abtretenden DDR-Staat. Nach der Regierungserklärung von Ministerpräsident de Maizière am 19. April steht ein (in Details damals offener) Staatsvertrag mit der Bundesrepublik an. Der würde innerdeutsch notwendig erste massive Einbußen an Handlungsspielraum mit sich bringen. (Tatsächlich wurde ja dann am 18. Mai ein erster Staatsvertrag unterzeichnet, der mit der Aufgabe der eigenen Haushaltshoheit der DDR-Regierung weitreichende Verzichte signalisierte). Die anstehende Übereinkunft über einen Termin für gesamtdeutsche Wahlen würde die Lebenszeit der DDR-Regierung für jedermann sichtbar angeben und einen weiteren Gewichtsverlust für unsere Regierung mit sich bringen. Die aufgrund der katastrophalen Wirtschaftsentwicklung schon im Frühjahr sichtbare Notwendigkeit, früh mit der Bundesrepublik eine Währungs- und Wirtschaftsunion einzugehen, würde jeder eigenen Politik die materielle Basis entziehen (am 1. Juli trat dann die Währungsunion in Kraft). Auch blieb der Zusammenhalt der Großen Koalition, die nach der Wende die DDR in eine gesamtdeutsche Zukunft überführen sollte, fortwährend brüchig (am 19. August verlor die Regierung de Maizière nach dem Austritt der SPD aus der Regierungskoalition denn auch die Mehrheit im DDR-Parlament). Schließlich war zumindest von den Oppositionsbänken in der Volkskammer fortwährend ein frühzeitiger Antrag zu gewärtigen, allen Schwierigkeiten durch den Antrag auf einen Sofortanschluß an die Bundesrepublik auszuweichen.

Dennoch war das Selbstgefühl in unserer Mannschaft keineswegs Tristesse. Wir vertraten kein altes Regime, im Gegenteil. Die neue Regierung der DDR war aus einer Revolution hervorgegangen, die uns allen nach wie vor unwirklich schien. Oft genug erfolgten Rückerinnerungen, welche Umstände vor einem halben Jahr in der DDR buchstäblich herrschten. "Wir sind zum ersten Mal in eigener Verantwortung an der Verwirklichung der europäischen Zusammenarbeit beteiligt", heißt es in der ersten Regierungserklärung zur Außenpolitik.[7] Und "möglichst viel soll von den Deutschen selbst gesagt und erklärt werden. Dies ist ein wichtiger souveräner Akt. Es ist gut, wenn die Europäer wissen, woran sie mit den Deutschen sind," betonte Markus Meckel im gleichen Zusammenhang, schon um Glaubwürdigkeit für die neue Politik zu erringen.[8]

Natürlich wußten wir, daß wir "Greenhorns", Anfänger auf diplomatischer Bühne waren. Dieses Schicksal teilten wir mit den anderen neuen demokratischen Regierungen in den ehemaligen Ostblockstaaten außerhalb der Sowjetunion. Unsere tschechischen Kollegen, mit denen wir uns bald besonders anfreundeten, berichteten mit Vergnügen, wie Vaclav Havel, der neue tschechoslovakische Präsident, bei gegebenem Anlaß wiederholt seine Entourage unkonventionell etablierten Diplomaten vorstellte: "... Alles Amateure!" Sein Außenminister, Jiri Dienstbier, betonte gern, westliche Diplomaten anzüglich musternd, daß er noch im Herbst 1989 als Heizer Kohlen geschippt habe.[9]

Wir von der DDR setzten, zumindest in der Rückschau, zu leichtfertig auf einen Bonus für unsere außenpolitische Mannschaft, auf eine Offenheit der eingefahrenen Apparate gegenüber uns Neulingen aus den unverhofft demokratisierten Staaten, bestärkt durch Artigkeiten aus Bonn, als wir die diplomatische Bühne betraten. Wenn es Kopf auf Spitz kam, behandelten uns DDR-Vertreter die Bonner wie irgendwelche Menschen aus Drittstaaten.

Wir hatten eine gewaltige Tagesordnung. Im Grunde ging es bei den 2+4 - Verhandlungen, dem wichtigsten außenpolitischen Vorgang für die neue Regierung, um das große Thema Sowjetunion und Deutschland. Nach der vernichtenden Auseinandersetzung im Weltkrieg, nach der Siegerlösung "Teilung plus DDR-Satrap" war nunmehr zwischen Deutschen und Russen ein für Jahrzehnte tragfähiges neues Arrangement zu finden. Uns ging es, um eine im Jahr 1990 vielzitierte Formel Thomas Manns (dessen Urheberschaft kaum bekannt war) zu wiederholen, um "ein europäisches Deutschland, nicht ein deutsches Europa." Die Westmächte hatten sehr viel beschränktere Interessen. Ihnen ging es um die Abtragung eines überholten Zustandes. Mit der konservativen britischen Regierung, auch mit den in ihre Kernwaffen verliebten französischen Sozialisten war die neue europäische Sicherheitsstruktur nur schwer zu machen, in die hinein sich die DDR selber auflösen wollte, das war nach den ersten Gesprächen in Paris und London offenkundig. Umso mehr richteten sich unsere Blicke auf die Sowjetunion. Aufgrund der Geschichte blieb die neue DDR auf diesen Staat und die Bundesrepublik in besonderer Weise verwiesen. Daß Mitte Juli 1990 die Sowjets sich mit Bundeskanzler Kohl auf einen Jahrhundertdeal einließen und von sich aus die künftigen Beziehungen zwischen Deutschland und der UdSSR auf eine neue Grundlage stellten, verweist auf die Angemessenheit unserer Wertung. Nur wurden unsere Konzepte großenteils - was wir freilich im Frühjahr nicht ahnen konnten - von anderen als wir selbst und anders, als wir uns das gedacht hatten, in Politik umgesetzt. Das spricht nicht gegen die Konzepte, veränderte aber radikal die Handlungsspielräume der neuen DDR-Außenpolitik. Auch von dieser Entwicklung wird in diesem Buch die Rede sein.

Die sogenannte "Regelung der äußeren Aspekte der deutschen Einigung" galt mitnichten nur außenpolitischen Fragen. Es ging vielmehr um die Festschreibung einer Anzahl von Besonderheiten der ehemaligen DDR. Ein

Brief des Staatssekretärs im Landwirtschaftsministerium, Peter Kauffold, an seinen Parteifreund Markus Meckel mag dies verdeutlichen:

> "Im Mittelpunkt meiner Bemühungen um die Durchsetzung unserer Auffassung zu Eigentumsfragen in der DDR steht zur Zeit die Sicherung der Ergebnisse der Bodenreform... Könntest Du in den 2 plus 4 Gesprächen anregen, daß sich die Alliierten in den Abschlußdokumenten zur Vereinigung Deutschlands nochmals positiv zur Bodenreform äußern."[10]

Es wäre im Rückblick verfehlt, die mit Markus Meckel am Osterdienstag 1990 in Ostberlin antretende Equipe mit ihren außenpolitischen Vorstellungen für überambitioniert zu halten. Meckel, Misselwitz und andere DDR-Bürger, die nunmehr Politik gestalteten, hatten schließlich die Zwingburg SED/Stasi-Staat über den Haufen geworfen. Da konnte und durfte man erwarten, daß die neuen Leute auf den verschiedenen Politikfeldern mit neuen, etwa in der Außenpolitik der herkömmlichen Diplomatie ungewöhnlich erscheinenden Projekten, auftraten. Durch unsere gemeinsame Herkunft aus der Friedensbewegung waren wesentliche Inhalte der neuen Außenpolitik der DDR vorgeprägt. Die sicherheitspolitische Konzeption der Vergangenheit erschien uns als völlig absurd, Atomwaffen hatten aus Europa zu verschwinden.

An der Reaktion des Establishments merkten wir bald, daß wir hier auf Granit bissen. Die Genschers und Hurds waren im ersten Augenblick amüsiert, als die neuen DDR-Akteure die außenpolitische Bühne betraten. Die Räubergeschichten, die Markus Meckel bei Dinneransprachen etwa über die Gründung der Sozialdemokratischen Partei 1989 in der DDR und die Vorkehrungen gegen die Stasi zum Besten gab, wurden wohlgefällig aufgenommen. Wenn der gleiche Meckel von seiner Gegnerschaft etwa zu Kernwaffen sprach, gerieten die Mienen weniger heiter. Besonders der in der Presse oft angesprochene Gegensatz zwischen Bundesaußenminister Genscher und seinem DDR-counterpart Meckel, auch wenn er später in den Medien überzeichnet wurde, hat nach meinem Urteil hier seine Wurzel.

Zunächst hatte sich das Verhältnis zwischen den beiden deutschen Außenministern durchaus positiv angelassen, nicht nur nach unserer internen Einschätzung. Die *Zeit* etwa urteilte:

> "Das ungleiche Paar versteht sich. Genscher weiß um die bürokratische Blockade in Ost-Berlin, beweist Geduld, organisatorische Unterstützung, sogar eine Spur von Neid gegenüber dem jungen Außenpolitiker, der 'so viel Arbeit vor sich hat'."[11]

Zunächst herrschte ein recht kollegialer Ton. Als sich die beiden Außenminister nach der KSZE-Tagung in Kopenhagen Anfang Juni voneinander verabschiedeten, stellte Genscher amüsiert eine spezifische deutsch-deutsche Arbeitsteilung fest: ein Außenminister führe zur NATO, der andere zum Warschauer Pakt. Im nachhinein bemerkt Markus Meckel die ersten Spannungen, als deutlich wird, daß er auch eigene Ansätze verfolgen will:

> "Es gab am Anfang ein sehr großes Entgegenkommen von Herrn Genscher. Gleichzeitig gab es den Versuch, eigenständige außenpolitische Aussagen zu machen, nicht nur immerzu Ja zu sagen. Dies ist auch von Genscher anfangs akzeptiert worden. Schwierigkeiten gab es, weil er immer stärker davon ausging, den Prozeß allein zu gestalten, und nur wenig Platz ließ für andersdenkende Politik."[12]

Das Verhältnis änderte sich jedoch bald. Ein Gespräch der beiden Außenminister am 17. Juni, vor dem gemeinsamen Kirchgang und der Feierstunde beider Parlamente, verlief für Markus Meckel enttäuschend. Genscher kam am Sonntagmorgen eine Stunde später als vereinbart, ohne dafür eine Erklärung zu geben. Fünf Tage später würde in Berlin die wichtige zweite 2+4 - Außenministerkonferenz stattfinden, die eigentlich bei diesem Termin durchgesprochen werden sollte. Schon aus Zeitmangel kam es kaum zu einem gehaltvollen Gespräch. Markus Meckel bewertete hernach das Treffen bündig als "freundlich und unerfreulich". Um es undiplomatisch auszudrücken, wie dies auf den folgenden Seiten wiederholt geschehen soll: Die anderen Konzepte, mit denen die neue außenpolitische Equipe aus Ostberlin antrat, standen den Ansätzen der etablierten Außenpolitiker teilweise entgegen, zogen notwendig deren Gegnerschaft auf sich, und wurden bald mehr oder minder offen bekämpft. Wenn Presseorgane wie *Der Spiegel*[13] davon schreiben, daß der DDR-Außenminister mit sichtbarem Widerwillen im Kreise seiner Kollegen behandelt würde, so wird das ja nicht lediglich mit seiner Persönlichkeit zu tun haben (wie die Presse meinte), sondern auch mit der von ihm vertretenen Politik zusammenhängen, sowie wahrscheinlich mit einem gezielten Stück Bonner Pressepolitik. Nach Ende seiner Amtszeit hat Markus Meckel auf die Frage, ab welchem Zeitpunkt er "den bundesdeutschen Außenpolitikern eher lästig wurde mit seinen Vorstellungen", geantwortet:

> "Ich denke, Anfang Juni war ein solcher Punkt. Und das hat einen doppelten Hintergrund. Einmal natürlich dies, daß der Raum für eine eigenständige DDR-Politik nicht da war, und man ihn auch nicht so gern einräumen wollte, jedenfalls nicht so, daß dies wirklich eigene Gestaltungsräume sind. Zum anderen war es ein Fehler meinerseits, daß ich Anfang Juni mit diesem Projekt einer Sicherheitszone, die die Vorwegnahme gesamteuropäischer Strukturen für Polen, Deutschland und die Tschechoslowakei sein sollte, ins Gespräch kam."[14]

Die konservative Presse sprach offen aus, was in Bonner Amtsstuben gedacht wurde. *Die Welt* meinte mit Bezug auf Meckel, "daß seine einzig reale Aufgabe darin bestehen sollte, die Außenpolitik der DDR auslaufen zu lassen."[15] Die *Stuttgarter Nachrichten* gaben als angeblichen Konsens an, "daß es Meckels vorrangige Aufgabe sein werde, das Ministerium für Auswärtige Angelegenheiten zu verkleinern, um die Arbeitsfähigkeit eines künftigen gesamtdeutschen Außenministeriums zu erleichtern."[16] Als sich der Außenminister nicht an einer solchen Vorgabe orientierte, sondern aktiv Politik betrieb, kam es der *Welt* zufolge zu Verblüffung bei "Kollegen und Journalisten", "damit verärgerte er seinen anfangs sehr wohlwollenden Amtskollegen Genscher zunehmend", hin und wieder war der angeblich "fassungslos".[17] Die *Stuttgarter Nachrichten* meldeten, daß das persönliche Verhältnis der beiden Minister zwischenzeitlich "auf dem Gefrierpunkt angelangt" sei.[18]

Bei der Regierungsbildung nach den Märzwahlen 1990 hatten die Sozialdemokraten um Markus Meckel mit sehr spezifischen Vorstellungen darum gekämpft, den Posten des Außenministers zu besetzen. Im Wahlkampf war von der SPD die Forderung akzentuiert worden, daß niemand Furcht vor der Einheit haben sollte, im Lande nicht vor den sozialen Folgen, im Ausland nicht vor deutschen Soldaten. Bei der Kabinettsbildung ging es der SPD darum, durch die Besetzung der Ministerien für Soziales und für Auswärtiges diese Positionen umzusetzen. Die Innenpolitik, so die Überlegung Meckels, würde im wesentlichen im Kabinett gemacht, dort sei der Minister eher Ausführender, während seiner Auffassung nach die Außen- und Vereinigungspolitik im wesentlichen in einem offenen Prozeß stattfinden würde, der dem Minister erheblich mehr Gestaltungsspielraum ließ.

Personell war, nachdem die Ministerposten für Äußeres und Soziales der Partei zugestanden worden waren, durchaus noch nicht klar, wer in der SPD das begehrte Amt des Außenministers bekommen würde. Walter Romberg, in der Regierung Modrow Minister ohne Geschäftsbereich, konnte auf einen Erfahrungsvorsprung verweisen. Aufgrund seines langen Engagements in der Friedensbewegung wäre er gleichfalls gern Außenminister geworden (Romberg wurde dann Finanzminister). Meckel setzte sich mit seinen Intentionen und seiner Person durch: Die deutsche Einigung, das politische Leitziel des Kabinetts de Maizière, sollte europapolitisch begleitet werden von entscheidenden ersten Schritten hin zu neuartigen Sicherheitsstrukturen, auf der Grundlage deutlicher Abrüstung. Das alte Ost-West-Denken, die Suche nach Sicherheit durch Hochrüstung (wie sie die Politik in der ersten Hälfte der achtziger Jahre prägte) sollte abgelöst werden durch kooperative Formen des Politikaustrages. Für diese würde die Konferenz für Sicherheit und Zusammenarbeit in Europa den bevorzugten Rahmen abgeben. Die KSZE müßte zu diesem Zweck erste feste Institutionen erhalten. Vorzug dieser Einrichtung war es, daß sie neben den Angehörigen beider Militärbündnisse in Europa auch die Neutralen einschloß. Besonders wurde bei diesem Konzept das Verhältnis zu den östlichen Nachbarn Deutschlands betont, welches ähnlich intensiv wie die Westbindung der Bundesrepublik gestaltet werden sollte. Hier wurde, trotz mancher Äusserung des Bundesaußenministers in dieser Hinsicht, ein erheblicher Unterschied zur auswärtigen Politik Bonns gesehen. Kurz gefaßt: Markus Meckel versprach, daß unter seiner Leitung die Außenpolitik der neuen DDR eigenständige Züge zeigen würde.

Am Osterdienstag, dem 17. April, tritt die neue Regierung an. Markus Meckel stellt sich am Eingang des Ministeriums am Marx-Engels-Platz dem Posten als neuer Minister vor. Er wird begleitet von Hans Misselwitz, dem künftigen Parlamentarischen Staatssekretär, Carlchristian von Braunmühl, der Politischer Direktor werden soll, und einem Referenten. Eine Amtsübergabe findet nicht statt. Oskar Fischer, der von der Regierung Modrow nicht ausgewechselte Außenminister aus Honeckers Zeiten, läßt sich nicht blicken. In Ottawa hatte er im Februar 1990 noch das Konzept der 2+4 - Gespräche mit beschlossen. Ebensowenig wie Fischer lassen sich bis auf zwei die acht ehemaligen stellvertretenden Außenminister der DDR sehen. Sie haben ihre pompösen Büros gründlich geräumt. Die Schränke sind leer, alle Maschinen und Büroeinrichtungen außer den Telefonen sind verschwunden. Proben ergeben, daß auch das regierungsinterne Telefonnetz nicht mehr funktioniert. In den leeren Büros sitzen einige eingeschüchterte Sekretärinnen.

## 3. DER EINTRITT INS MINISTERIUM

Am 21. April 1990 findet ein meine Tätigkeit für das nächste Halbjahr rapide änderndes Gespräch im Außenministerium statt. Hans Misselwitz ruft mich am Nachmittag an, ob ich nicht eben mal nach Ostberlin kommen könne. Ich solle ruhig das Einfahrverbot vor dem Ministerium mißachten und mich bei den Volkspolizisten am Eingang melden (ich stellte bald fest, daß praktisch alle wichtigeren Einrichtungen, bis hin zu Fernsehstudios, nicht von Pförtnern oder anderen Aufsichtskräften, sondern von der Volkspolizei bewacht wurden).

Rein äußerlich hat sich im Außenministerium am Marx-Engels-Platz schon viel geändert. Der Ministerfahrstuhl gegenüber dem Haupteingang, zuvor für normale Sterbliche tabu, ist nunmehr für den allgemeinen Verkehr freigegeben. Das absurde Sicherheitsdenken der alten Garde macht diesen Lift jedoch zu einem nunmehr wenig nützlichen Beförderungsinstrument: Technisch ist er so eingerichtet, daß die Kabine ausschließlich in die Ministeretage fährt. Wer in ein anderes Stockwerk möchte, muß hernach die Treppe benutzen. - Minister Meckel, protokollarisch immerhin "Exzellenz", empfängt mich in Hausschuhen und im offenen Hemd. Der legere Stil gilt insgesamt für seine unmittelbare Umgebung, niemand außer den verschiedenen zu einem Termin antretenden Besuchern trägt eine Krawatte. Das riesige Arbeitszimmer des Außenministers erinnert an den despektierlich "Salon der Macht" genannten Raum im Springer-Hochhaus auf der anderen Seite der Mauer. Hier wie dort ist entgegen allen vom Laien vermuteten Regeln der Statik eines Hochhauses ein Großraum frei von tragenden Zwischenwänden geschaffen worden, mit dem Schreibtisch des Potentaten hinten, vom Zugang entfernt, so wie das auch in Chaplins Film vom "Großen Diktator" vorgeführt wird. Auf die Idee, seinen Besuchern die Kotau-Strecke zu ihm durch die Verlegung des Schreibtisches zu verkürzen, ist der neue Minister offenbar nicht gekommen.

Markus Meckel umreißt knapp, wie er sich die Struktur des Ministeriums vorstellt, welches er wenige Tage zuvor übernommen hat. Er skizziert ein Dreieck: Sein Ministerbüro, in das ich eintreten soll, bildet die obere Spitze. Auf der Ministeretage vertraut man einander voll, aufgrund gemeinsamer Erfahrungen in der Friedensbewegung und in der friedlichen Revolution vom Herbst 1989. - Das Ministerbüro gibt den rund dreitausend[19]

Beschäftigten des Ministeriums, zumeist angestammten SED-Genossen, detaillierte Aufgaben, deren Ausführung hernach vom Ministerteam durchgeprüft wird. Angesichts der Vergangenheit des Ministeriums bliebe nur die Wahl, zwischen dem alten Apparat und dem Ministerbüro eine scharfe Trennlinie zu ziehen (der Apparat bildet die zweite Spitze des Meckelschen Strukturdreiecks). Einer der ehemaligen stellvertretenden Außenminister, Horst Grunert, hatte freimütig auf die Frage geantwortet, ob es unter dem MfAA-Personal mit seinen vielfältigen internationalen Kontakten nicht doch eine tiefere Einsicht in den miserablen Stand des SED-Staates gegeben hätte:

> "Soweit ich weiß, gab es nichts, was jenseits der im privaten Kreis geäußerten Unzufriedenheit über dumme und primitive Vorgesetzte, über eine instinktlose, von den Realitäten meilenweit entfernte und eine arrogante, borniert und zudem ungebildete Führung gelegen hat. Disziplin, Treue, die Furcht als 'Verräter' zu gelten und entsprechend behandelt zu werden und gewiß auch eine gehörige Portion Opportunismus verhinderten aktives Handeln."[20]

Die dritte Spitze des Dreiecks ist diffus zusammengesetzt. Sie soll von Parteifreunden aus der West-SPD, DDR-Experten und anderen Wissenschaftlern sowie vom Bonner Auswärtigen Amt ausgeliehenen Beamten gebildet werden, welche demnächst antreten sollen. Zunächst gibt es dieses Beratungsgremium noch nicht. Es existiert nicht einmal eine Namensliste.

Hans Misselwitz, gleichfalls evangelischer Pfarrer, nunmehr Abgeordneter der SPD in der Volkskammer, ist nach Meckel die Nr. 2 im Führungsterzett des Ministers. Umständlich schleppt er ein Funktelefon mit sich herum - den verwanzten Diensttelefonen des Ministeriums ist nicht zu trauen, außerdem kann man so einfacher in den Westen telefonieren. Misselwitz soll Parlamentarischer Staatsekretär werden. Im Gegensatz zur Stellung der Parlamentarische Staatsekretäre in der Bundesrepublik, wo diese so etwas wie die Flügeladjutanten der Minister im Bundestag sind, sollen die neuen "Parlamentarischen" in der Regierung de Maizière nach dem Ressortchef die eigentlichen Herren im Hause sein, vor den Staatssekretären. Im Außenministerium birgt diese Aufwertung des Parlamentes einen demokratietheoretisch wichtigen Aspekt, weswegen ich mich gern dieser Lösung anschließe. Außenpolitik galt bis in dieses Jahrhundert als "domaine reservée" der Exekutive, in der die Volksvertretung wenig zu sagen hatte. Die Neubestimmung der Stellung des Parlamentarischen Staatssekretärs im Außenministerium signalisiert ein Stück Demokratisierungswillen für diesen Bereich.[21] - Noch ist nicht geklärt, wieviel Staatssekretäre es im Ministerium überhaupt geben soll, vielleicht gar drei. Die Konservativen beharren darauf, zumindest einen Staatssekretär in diesem Schlüsselministerium für die Wiedervereinigung zu bekommen.

Nach einiger Zeit kommt die dritte Kernfigur des Terzetts, welches das Außenministerium managen soll, ins Ministerzimmer. Carlchristian von Braunmühl, ein Bruder des von der RAF ermordeten Diplomaten, von Haus aus Psychotherapeut und in der Friedensbewegung sowie der SPD engagiert, soll Politischer Direktor werden, als im Alltag verantwortlicher Koordinator für die Umsetzung unserer politischen Vorhaben. Da von Braunmühl Bundesbürger ist, gibt es bald Widerstände gegen seine Bestallung.

Der erste Mitarbeiter im künftigen Planungsstab, Wolfgang Wiemer, den ich sogleich bei Beginn kennen lerne, kommt aus der Bonner SPD-Baracke. Er soll die Verbindung des amtierenden SPD-Vorsitzenden Meckel dorthin organisieren. Der ehemalige Berliner Regierende Bürgermeister Stobbe empfängt gewissermaßen als Relaisstation seine Berichte, um den Parteivorsitzenden Jochen Vogel und Horst Ehmke auf dem Laufenden zu halten. Diese etwas merkwürdige Aufgabe verschiebt sich bald: Wolfgang Wiemer wird die "rechte Hand" des Staatssekretärs und übt aufgrund seiner konzeptionellen Begabung und seiner professionellen Erfahrung bald erheblichen Einfluß aus. - Im Aufzug begegnet mir der SPD-Abgeordnete Egon Bahr, der seine guten Dienste als Berater anbietet.

In den Westmedien scheint man über die Personen an der Spitze des Außenministeriums herzlich schlecht informiert zu sein. Selbst im *Spiegel*, der sich etwas auf die Qualität seiner Recherchen zugute hält, enthält gleich die erste kurze Passage über die neue Amtsspitze Fehler. Der Staatssekretär kann schon aus Altersgründen nicht, wie das Blatt schreibt, "einst Meckels Philosophielehrer" gewesen sein.[22] Carlchristian ist auch nicht der älteste Bruder des von der RAF ermordeten Gerold von Braunmühl.

Meckel erläutert mir, daß die 2+4 - Verhandlungen den Mittelpunkt aller Aktivitäten bilden werden. In der Sache könnten wir der Solidarität des Ministerpräsidenten de Maizière sicher sein. Ich soll vor allem konzeptionell tätig werden.

Schon in den ersten Tagen wird sichtbar, daß der neue Außenminister sein Ministerium noch nicht wirklich im Griff hat. Ich habe bald genug Nachtsitzungen erlebt, in denen der Minister Resolutionen von Parteigremien oder Ausarbeitungen von Abteilungen eigenhändig auf stilistische Verbesserungsmöglichkeiten durchsah, wo es ansonsten auf eine politische Entscheidung für oder gegen eine Vorlage ankam. Auch gelang es uns zunächst nicht, den beiden Pfarrern an der Spitze regelmäßig in ihre Taschenkalender zu spähen, um Termine vorbereiten zu können. Tagesterminübersichten der Amtsspitzen werden erst Wochen später Routine.

Zwischendurch eine Szene, die die Veränderungen bunt beleuchtet: Ruth Misselwitz, die Frau unseres noch nicht ernannten Parlamentarischen Staatssekretärs, kommt mit den beiden halbwüchsigen Töchtern herein. Am "Runden Tisch" in Pankow, dem sie angehört, werden Verdächtigungen kolportiert, der neue Außenminister lasse sich durch einen einschlägigen Akquisiteur des alten Regimes bevorzugt eine Sieben-Zimmer-Wohnung in der Hauptstadt besorgen. Meckel kennt den Mann gar nicht, das Ganze ist offenbar eine Schmutzkampagne. Alle Anwesenden nehmen die Sache sehr ernst, es werden Gegenschritte erörtert. Die Misselwitz-Töchter erbetteln sich die Trauben auf der Anrichte im Ministerzimmer, solches Obst gibt es in einem Pfarrerhaushalt in der DDR normalerweise nicht.

## 4. ERSTE SCHRITTE

Am Montag war der neue Außenminister Meckel in Warschau, eine Prioritätssetzung für die erste Auslandsreise, die ihn sehr bewegte. Am Dienstag Bonn, Abklärungen mit Genscher und Mitarbeitern wegen den anstehenden Verhandlungen. Die Reaktionen der DDR-Vertreter auf das Bonner außenpolitische Establishment sind ganz anders als bei den Polen: differenziert, man wird nicht warm miteinander. Genscher lobt den neuen DDR-Außenminister. Werden dem Bundesaußenminister unangenehme Fragen gestellt (etwa wie souverän die Bundesrepublik bei amerikanischen Kern- und Chemiewaffen denn nun wirklich sei, und ob da der Abstand zur Situation der DDR gegenüber der Sowjetunion nicht gering sei), dann antwortet er eher non-verbal. - Bei der Auswertung der ersten Bonn-Reise ist das Echo in unserer Runde einhellig: Markus Meckel hat den Gesprächsgang von dem Profi Genscher zu sehr bestimmen lassen. Und wir drücken die Befürchtung aus, daß wir in der Zusammenarbeit mit dem Bonner Außenamt weiterhin Lehrgeld werden zahlen müssen.

Der nächste Tag ist eigentlich zum Nachdenken bestimmt. Die 2+4 - Verhandlungen stehen an. Wir sind verabredet, in diesen Prozeß nicht voraussetzungslos zu gleiten. Diese Verhandlungen bilden die Entscheidungsgröße für alle Außenpolitik der neuen DDR, ja für die raison d'etre der Restzeit dieses Teilstaates.

Über die Wurzeln der 2+4 - Gespräche, wie die Verhandlungen zunächst im Westen benannt wurden (um aber auch jeden Anklang an die von den Russen angestrebten Verhandlungen über einen Friedensvertrag zu umgehen), wird noch viel debattiert werden. Ende November 1989 hatte Bundeskanzler Kohl mit seinem "Zehn-Punkte-Programm zur Überwindung der Teilung Deutschlands und Europas"[23] die Forderung der Demonstranten nach Vereinigung als konkretes Element in die europäische Politik eingeführt. Zumeist wird der erste Schritt jedoch in Gesprächen Präsident Gorbatschows mit Kanzler Kohl und Außenminister Genscher am 10. Februar 1990 in Moskau gesehen. Gorbatschow äußerte damals, daß die Einheit Sache der Deutschen sei, und Außenamtssprecher Gerassimow soll erstmals die Formel "2+4" ausgesprochen haben.[24] Andere Quellen verlegen den ersten Impuls für diese für die Deutschen wichtigste diplomatische Initiative der Nachkriegszeit in Gespräche zwischen Bonn und Washington.

Uns schien die erste Variante die überzeugendste: Es lag nicht nur der Schlüssel für die Vereinigung und die Erlangung der Souveränität in Moskau - die Bundesrepublik und die Sowjetunion würden bei den Verhandlungen auch die Schlüsselpositionen besetzen, und den anderen Gesprächsbeteiligten, besonders der DDR, wenig Mitgestaltung zugestehen. Schon am folgenden Tage, dem 11. Februar, hatte Genscher auf dem Fluge zur sogenannten "Open-Skies-Konferenz" in Ottawa die Formel "2+4" aufgegriffen und über sie laut nachgedacht. Am Rande der Verhandlungen in Kanada stimmten die Außenminister der sechs Staaten sich untereinander ab (die DDR war damals noch durch Oskar Fischer vertreten). Es ging einigermaßen hart her, wie sich der sowjetische Außenminister Schewardnadse später erinnerte ("Ich glaube es war in Ottawa, daß sich Hans-Dietrich Genscher beklagte, ich sei 'steinhart'. Wir stritten, ohne einander zu schonen"):

"Den 13. Februar 1990 in Ottawa ... werde ich niemals vergessen. Fünf Gespräche mit Baker, drei mit Genscher - und zwar Gespräche, die für ihn, aber auch für mich überaus schwer waren -, Verhandlungen mit Dumas (Frankreich), Hurd (Großbritannien), Skubiszewski (Polen), mit Ministern anderer Mitgliedsstaaten des Warschauer Paktes, und all das innerhalb eines Tages, der mit der Geburt der Sechs seinen Abschluß fand."[25]

In einer knappen Erklärung kündigten die Sechs Verhandlungen über die "äußeren Aspekte der Herstellung der deutschen Einheit" an, einschließlich - was uns besonders beeindruckte - "der Fragen der Sicherheit der Nachbarstaaten."[26]

Die erste Runde der 2+4 - Gespräche auf der sogenannten Beamtenebene[27] (daneben würde es noch die Ebene der Außenminister geben) war am 14. März, vor der ersten freien Wahl in der DDR, in Bonn und ohne uns gelaufen. Die DDR war vom alten Apparat der Modrow-Regierung repräsentiert worden, unter der Leitung eines - wie die alte Nomenklatur lautete - "Stellvertretenden Außenministers". Diese Ministerstellvertreter wurden in der neuen DDR-Regierung durch Staatssekretäre abgelöst, die dem Parlament verantwortlich waren. Dem Protokoll des ersten der 2+4 - Gespräche entnahmen wir, daß der Vertreter der Bundesregierung die Runde dominiert hatte, daß die Sowjets zäh um Einzelaspekte feilschen würden, und daß die DDR-Vertreter durchaus loyal versucht hatten, Anliegen der neuen DDR einzubringen. Unsere neue Equipe wollte nicht lediglich durch einen teilweisen Wechsel beim Verhandlungspersonal auffallen. Wir strebten an, eigene Beiträge zur Regelung der deutschen Einheit einzubringen.

Es kommt an diesem Tage anders. Der sowjetische Botschafter Kotschemassow bittet dringlich um eine Unterredung, die binnen einer Stunde zustande kommt. Hans Misselwitz als Parlamentarischer Staatssekretär empfängt "Seine Exzellenz" (der Minister ist in Dublin). Der Leiter der UdSSR-Abteilung und ich bilden die Chargen. Das Protokoll fragt beflissen, ob es nach altem Ritus verfahren soll. Ausländische Botschafter, wenn sie das Außenministerium aufsuchten, mußten grundsätzlich einige Zeit warten, ehe sie vorgelassen wurden. Hans Misselwitz erinnert sich sehr gut daran, daß er seinerseits letzte Woche bei seinem Antrittsbesuch bei Kotschemassow eine halbe Stunde zu warten hatte. In der alten Regierung hatte der Sowjetbotschafter allerdings eine Art Durchmarschrecht, er wurde jederzeit vorgelassen. Wir verständigen uns kurz, die alten Demütigungsrituale fallen zu lassen, auch wenn Exzellenz Kotschemassow dies in seinem Fall mißverstehen könnte.

Der Sowjetbotschafter kommt vor allem wegen zweier Fragen. Die Amerikaner sind in Moskau vorstellig geworden, was mit den im Washingtoner Vertrag verbotenen Kurzstreckenraketen OTR-23 (Westbezeichnung SS-23) geschehen solle, die sich im Besitz der DDR, der CSFR und Bulgariens befinden. Er übermittelt den Wunsch Moskaus, eine Antwort an die Amerikaner untereinander abzustimmen. Das Problem ist: Die DDR hat längst geantwortet, das sowjetische Begehren kommt viel zu spät. Die Sache war deswegen heikel, weil der westlichen Aufklärung entgangen war, daß die DDR überhaupt solche modernen Raketen besaß. Uns im Außenministerium war auch nicht erklärlich, warum die zwei Dutzend Raketen mit ihren vier Werfern in ihrer Stellung in Demen bei Schwerin vom BND und der CIA bislang nicht wahrgenommen worden waren. Ein rasches Nachschlagen in Handbüchern wie der "Military Balance" des renommierten Londoner Instituts für Strategische Studien ergab, daß tatsächlich weder die Existenz der nuklearfähigen Geschosse bei der Volksarmee noch die Dauer ihrer Stationierung bekannt gewesen waren.

Die zweite Frage betrifft die anstehende Währungsunion. Darin gibt es sowjetische Interessen. Die UdSSR, so verstand ich das, hat bei der DDR-Staatsbank Ostmarkkonten, und der Botschafter will nunmehr wissen, ob er diese wie ein DDR-Lohnempfänger zum Kurs von 1:1 wird umtauschen können. Hinterher streiten wir, ob der recht nuschelnde Botschafter vielleicht nicht lediglich die Konten von Sowjetbürgern gemeint hat, die in der DDR arbeiten. Zudem fallen die Übersetzungen haarsträubend aus. Als Staatssekretär Hans Misselwitz einen in Österreich tätigen Russen, den nachfolgenden Botschafter der Sowjets in der DDR, Schikin, lobt, weil der den deutschen Sprachraum kenne, lautet die Übertragung, weil er die deutsche Sprache beherrsche. So muß offen bleiben, ob Exzellenz sich nach den Möglichkeiten für einen sowjetischen Schnitt bei der deutschen Währungsunion erkundigen oder aber nur die Interessen von einer Anzahl in Ostmark entlohnter Landsleute anmelden wollte. Da der Botschafter auch Wirtschaftsminister Pohl und Finanzminister Romberg aufgesucht hat und um Präzisierungen auf Regierungsebene nachsuchte, wird es sich wohl eher um die Staatskonten gehandelt haben.

Zum Schluß setzt der sowjetische Botschafter eine kleine Bombe. Er habe die Entwicklung im vergangenen Halbjahr, den Sturz des SED-Regimes und die Bildung der neuen DDR, stets korrekt eingeschätzt und sehr präzise nach Moskau berichtet. Die sowjetische Regierung habe stets über die besten Informationen aus der DDR verfügt, und wir wüßten ja, wie wichtig präzise Einschätzungen für politisches Handeln seien.

Kotschemassows Auslassungen lösen bei uns heftige Reaktionen aus, von anderer Art, als der Botschafter wohl angestrebt hat. Im Ministerbüro überlegen wir hastig, wie es mit der Sicherheit unseres Alltags steht. Müssen wir nicht alle Schlösser zu unseren Büros wechseln, weil uns unbekannt ist, wieviele Zusatzschlüssel es gibt? Muß nicht zumindest die Ministeretage von Wanzen befreit werden? Vielleicht werkelt weiterhin in einem uns unbekannten Stockwerk eine Abhörabteilung vor sich hin, einfach weil sie keine gegenteiligen Instruktionen erhalten hat. Fertigen unsere von früher übernommenen Chefsekretärinnen weiterhin, eben weil sie keine andere Weisung haben, nach wie vor Zusatzkopien jedes Briefes, eine für den KGB, eine für die Stasi oder das ZK?

Während der gesamten Phase der Regierung, von Ostern bis zur DDR-Auflösung Anfang Oktober, gelang es uns nicht wirklich, die Infiltration des MfAA durch das Ministerium für Staatssicherheit abzuklären. Die alten Spitzenkader überzeugten uns rasch, daß sie selber "sauber" seien, weil das Außenministerium mit seinem Netz von Botschaften und Nachrichtenübertragungsmitteln zugleich der SED-Führung für ihre internationale Betätigung diente (die Partei hatte dafür keinen eigenen technischen Apparat). Wegen des Umgangs mit vertraulichen Parteidingen stand deshalb die Spitzenetage des Außenministeriums über dem Ministerium für Staatssicherheit, welches ja als Ministerium lediglich Teil des nachgeordneten Regierungsapparates war. Das schloß zwar, so unsere Überlegung, nicht aus, daß einzelne Spitzenleute des alten Apparates als Individuen Mitarbeiter der "Stasi" waren, vielleicht gar als getarnte "Offiziere im besonderen Einsatz" oder, wie es im DDR-Jargon hieß, "Oibes". Glaubwürdig blieb indessen, daß das MfAA als vielleicht einziges DDR-Ministerium auf der obersten Etage vom Zugriff der Stasi ausgespart geblieben worden war.

Im Apparat selber war das Ministerium vielfach mit der "Firma", wie die Stasi benannt wurde, verbunden gewesen. Jede Auslandsvertretung der DDR verfügte über eine eigene Sicherheitsabteilung, deren Aufgabe unter anderem darin bestand, das eigene Personal vorm Abspringen zu bewahren. Meine Neugier, im Gefolge des Ministers bei Auslandsbesuchen in einer

DDR-Botschaft gelegentlich echte Stasileute kennenzulernen, wurde jedoch früh enttäuscht. Die Botschaftsangehörigen versicherten uns einhellig, daß diese Mitarbeiter spätestens mit dem Antritt der neuen Regierung ohne Abschied verschwunden seien. - Erst gegen Ende der Ära de Maizière/Meckel wurde intern bekannt, daß es im MfAA rund sechzig "Oibes" gab. Die Zahl der einfachen Stasizuarbeiter und -zuarbeiterinnen wurde meines Wissens im Ministerium nie festgestellt. Eine entsprechende Vorlage, welche in Auftrag gegeben wurde, kam nicht zustande. So blieben wir auf Einzelbeobachtungen verwiesen. Unsere Fahrer beispielsweise verfügten erkennbar über einschlägige Fertigkeiten im Personenschutz, etwa wenn sie bei Kolonnenfahrten uns ungefragt ihre Techniken der Abdrängung anderer Verkehrsteilnehmer demonstrierten. Auch werden die Sicherheitsbegleiter des Ministers vom MfS gekommen sein. Deren Weltläufigkeit erwies sich zuweilen als recht begrenzt: Im Dschungel des New Yorker Kennedy-Flughafens kam einem der beiden Personenschützer Meckels gar die Pistole abhanden. Ebenso wie dieses Mißgeschick beeindruckte mich die Kollektivreaktion der alten DDR-Mitarbeiter: "Was wird der arme Mann nun alles an Berichten anfertigen müssen!" Überhaupt keine Kenntnisse gab es auf der Ministeretage des MfAA über mögliche Verbindungslinien zum sowjetischen KGB.

Dabei stellt sich mehr und mehr heraus, daß die Sowjetunion in den kommenden Monaten unser Hauptproblem sein wird. Das Land befindet sich in einem raschen, von der Spitze anscheinend wenig kontrollierten Wandel. Sicherheitspolitisch bedeutet die Ablösung der baltischen Republiken, daß nach dem Verlust der Glacis von DDR, CSFR und Polen nunmehr die Preisgabe weiterer Vorfelder ansteht, und die UdSSR heute militärisch dort steht, wo sie sich 1939 vor der deutschen Invasion befand. Die von der Perestroika-Politik ausgelöste Krise führt zu dem innenpolitischen Zustand einer Folgekrise. Sicher bleibt nur, daß das Land sich weiter rasch ändern wird, daß wir aber von dieser sich rasch ändernden UdSSR in bezug auf Deutschland Antworten von einiger Dauerhaftigkeit erwarten, die die Union derzeit realistischerweise gar nicht zu geben vermag. Ich konfrontiere unsere Sowjet-Abteilung mit dieser These, ohne daß Widerspruch erfolgt. In den folgenden Tagen erfolgt verdrossene Zustimmung von verschiedenen Partnern des Warschauer Vertrages. Unser Bild der Situation der UdSSR scheint weithin geteilt zu werden.

Den Eindruck "alter" Politik, wie ihn Botschafter Kotschemassow mit seinem KGB-Gehabe vermittelt, bekommen wir permanent bestätigt, als wir uns der Prüfung der Beziehungen zuwenden, die militärisch zwischen der UdSSR und der DDR bestehen. Professor Süß, Leiter der Rechtsabteilung des Ministeriums, führt unsere Truppe in einen Irrgarten von völkerrechtlichen Abkommen. Um auch nur eine Grobübersicht der verschiedenen Verträge zu geben, welche die Präsenz der Gruppe sowjetischer Streitkräfte in Deutschland regeln, braucht es mehrere Seiten. Diese bilden allenfalls, so Professor Süß, einen Rahmen. Für Bauten und andere kostenwirksame Vorgänge gab es vielfältige lokale Übereinkünfte, auf Parteiebene gar oder mit der Stasi, über die insgesamt keine Information vorhanden ist. Über das Gesamtvolumen der Lasten, die der DDR aus der Präsenz von Truppen erwachsen, die der Zahl nach die Kopfstärke der Volksarmee bei weitem übersteigen, weiß im Regierungsapparat der DDR niemand Bescheid. Ob die SED-Spitze früher solche Kenntnisse hatte, weiß auch niemand.

Zudem waren die Russen schlechte Vertragspartner. Von der Reichsbahn reklamierte Standgelder für ihre Güterwaggons, die nach dem Antransport von Nachschubgütern nicht sogleich entladen wurden, gingen nie ein. Auch von Aufwendungen für den Erhalt der von ihnen belegten Gebäude hielten sowjetischen Truppen augenscheinlich wenig. Unsere Experten schlagen vor, die Kasernen der Sowjetsoldaten nach deren möglichem Abzug mit Null abzuschreiben, die Baumasse sei nicht rettbar. Solche Hinweise häufen sich. Zwar hat augenscheinlich auch die alte DDR hier keine reine Weste. Der überwältigende Eindruck bleibt aber, daß die SED-Führung heimlich eine weitgehende wirtschaftliche Stützung der Sowjetmilitärs betrieben oder zumindest gebilligt hat.

Auch im Ministerium gibt es Altlasten, die zu Gegensätzen führen. Schon in den ersten Tagen, in denen ich mich im Ministerium bewegte, irritierte mich die Selbstverständlichkeit, mit der engste Freunde die Feudalprivilegien der alten Garde übernehmen. Beim ersten Flug einer informellen Gruppe nach Prag, die DDR-Regierungsvertreter kamen zu spät, wurden die Passagiere des Linienfluges auf dem zugigen Flugfeld Schönefeld von Bodenhostessen in Schach gehalten, bis wir drei VIPs an Bord gegangen waren. Der Vorgang blieb absurd, besetzten die drei Spätankömmlinge ohnehin doch die ersten beiden Reihen des Flugzeuges, wären also gut als Späteinsteiger am Schluß aufnehmbar gewesen. Ich nehme mir vor, im Ministerbüro Vorschläge für das Abschneiden alter Zöpfe vorzulegen. Wolfgang Wiemer experimentiert schon in dieser Richtung. Als wir Mitternacht das Ministerium verlassen, salutiert der Posten am Eingang in strammer Haltung. "Ich hatte Ihnen doch schon gestern gesagt, daß Sie das lassen sollen!" faucht Wiemer den Polizisten an. Der ist völlig verwirrt und meint, er habe womöglich fehlerhaft gegrüßt. Daß er künftig nicht mehr "Männchen bauen" soll, ist dem Polizisten zu neu. Zuvor ist er wohl allenfalls mit Rüffeln für seine Haltung bedacht worden.

Eines Tages erhalte ich den Hinweis, daß die Instruktion über die Benutzung der verschiedenen Eingänge des Ministeriums bislang durch die neue Leitung des Hauses nicht aufgehoben worden sei. Je nach Rang hatte man in den alten Zeiten durch unterschiedliche Türen zum Arbeitsplatz zu gelangen. Ich frage den Staatssekretär. Hans schüttelt müde den Kopf: Wer immer noch nicht gemerkt habe, daß eine Revolution stattgefunden habe, der solle zur Strafe weiterhin durch den angestammten Eingang kommen. Wir müßten nicht alles und jedes neu regeln.

Wir sind uns über die alten Rituale nicht immer einig. Als wir einmal bei Hans sitzen, erscheint eine der "alten" Sekretärinnen, und trompetet in den Raum: "Staatssekretär zum Minister!" Ich moniere später diese Art und Weise, wie wohl vormals die acht stellvertretenden Außenminister herangepfiffen wurden. Den anderen war aber gar nichts aufgefallen.

Die Schilderung eines Fluges mit einer der Regierungsmaschinen bleibt geeignet, das Überkommen überholter Formen auf die neue DDR-Regierung zu illustrieren. Von Gefühlen der Fremdheit mit Techniken wie dem hemmungslosen Gebrauch der Regierungs-Flugstaffel waren wir alle nicht frei, bis hin zum Außenminister, der auf eine entsprechende Rückfrage antwortete:

"Ich weiß nicht, ob es das Flugzeug von Honecker war... Es ist auch ein merkwürdiges Gefühl die ganze Zeit über gewesen, nicht nur im Flugzeug, sondern überhaupt diese ganze Atmosphäre. Nach Gefühlen zu fragen, war überhaupt wenig Zeit, und die Frage, wie fühlst Du dich, habe ich am ehesten nicht beantwortet."[28]

Vor dem erwähnten Auslandsflug fuhr die Regierungslimousine mitnichten das Hauptgebäude des Flughafens an, sondern ein mitten auf dem Flugfeld gelegenes Gebäude, die VIP-Lounge. Eine Bodenstewardess und ein hochrangiger Offizier der Volkspolizei kümmerten sich um unsere Flugscheine und Pässe. Wie oft hatte ich auf diesem Flughafen Schlange gestanden! Und nun kümmerten sich zwei tschechische Diplomaten als Vertreter des zu besuchenden Landes um uns drei Figuren (bei der Rückkehr am Nachmittag standen sie wieder am Flugzeug). Bestellte man in diesem Sondergebäude allerdings einen Kaffee oder ein Würstchen, so mußte man die Pfennigbeträge dafür auch selber bezahlen - Privilegien voller Widersprüche.

## 5. DAS DREIECK BERLIN-WARSCHAU-PRAG

Beeindruckt von den Querelen in Bonn über die Anerkennung der polnischen Westgrenze und dem Wunsch Polens, an den 2+4 - Verhandlungen teilzunehmen, sowie mit Blick auf den Nachbarn Tschechoslowakei, entschlossen wir uns, mit diesen beiden Ländern in den nächsten Monaten eine sehr enge Kooperation anzustreben. Der polnische Ministerpräsident Mazowiecki hatte im März 1990 mit Verweis auf den zweiten Teil des Ottawa-Mandates für die Einigungsverhandlungen ("Fragen der Sicherheit der Nachbarstaaten")[29] gefordert:

> "Zu Beginn dieser Konferenz müßte es einen besonderen Gesprächskreis geben, der der Sicherheit der deutschen Nachbarn gewidmet ist; an diesem Gesprächskreis wollen wir teilnehmen. Wenn es Zeit ist, die Nachkriegsperiode abzuschließen, dann *muß Polen seine Alliiertenrechte geltend machen und sein Wort mitreden.*"[30]

Ich hatte schon vor meinem Eintritt ins Ministerium vorgeschlagen, mit Polen und der Tschechoslowakei so dichte Konsultationen zu pflegen, als ob sie faktisch an den Verhandlungen teilnehmen würden. Nach ihrer ersten Auslandsreise nach Warschau kamen Markus Meckel und Hans Misselwitz ganz erfüllt von dieser Grundvorstellung zurück. Krzystof Skubiszewski, der polnische Außenminister, hatte das Projekt skizziert, von Berlin über Warschau ins Moskau Gorbatschows eine Achse intensiver Kooperation zu erstrecken. Die Absicht, zwischen den Außenministerien in Warschau, Prag und Berlin besondere Beziehungen zu entwickeln, schälte sich rasch als erstes wichtiges eigenes Projekt des neuen Außenministers heraus. Vor dem Europarat verkündete er: "Wir werden *nicht*, im Vereinigungsprozeß nach Westen schauend, unseren Nachbarn im Osten den Rücken zukehren."[31]

In allen drei Hauptstädten sitzen völlig neue Regierungen, hervorgegangen aus der Opposition zum alten System. Aus Dissidentenzeiten kannten die neuen Spitzenpolitiker einander kaum - Kommunikation über die Staatsgrenzen hinweg war unter verschwörerischen Umständen fast nicht zu bewerkstelligen gewesen. Alle drei Regierungen verstehen sich als Übergangsregierungen, die den schwierigen Übergang vom diktatorischen Sozialismus zur liberalen Demokratie, wirtschaftlich den Übergang von zentraler Planung zur Marktwirtschaft bewältigen wollen. Die Regierung der DDR will zudem die deutsche Vereinigung betreiben, bei der besonders die beiden östlichen Nachbarstaaten keine Nachteile hinnehmen sollen. Die beiden angesprochenen Partner reagieren zuerst leicht verdutzt, greifen dann aber mit beiden Händen zu. Auf der Ministeretage stellt sich Befriedigung ein: Angesichts der vielfachen Sachzwänge, auf die wir ansonsten zu antworten haben, belebt uns bei dem Dreieck-Projekt das Gefühl, hier etwas wirklich Wichtiges als Beitrag zur internationalen Politik zu entwickeln.

Aus verschiedenen Gründen waren die neue tschechische und die polnische Regierung äußerst interessiert, bei der Neugestaltung der Sicherheitsstrukturen in Mitteleuropa infolge der deutschen Einigung verantwortlich beteiligt zu sein. An die Stelle der beiden Allianzen, an deren Spitze jeweils eine Supermacht regierte, sollte ein gleichberechtigteres Nebeneinander der europäischen Staaten treten. Das mächtige Deutschland sollte militärisch wirksam eingebunden werden - am besten in einer Weise, die Polen und der Tschechoslowakei eine Mitwirkung gestattete. Neu zu schaffende Strukturen sollten aber auch beide Länder gen Osten abschirmen, vor der UdSSR mit ihrer ungewissen Zukunft. Historisch betrachtet, befanden sich beide Länder zudem erneut in der unbefriedigenden Situation, zwischen zwei mächtigen Staaten, dem neuen Deutschland und der weiterhin zumindest militärisch potenten Sowjetunion, "eingeklemmt" zu sein, was aktive sicherheitspolitische Beziehungen mit den alten Garantiemächten Frankreich und Großbritannien als erstrebenswert erscheinen ließ. Die bloße Eingliederung des vereinten Deutschland in die NATO und hinfort die Teilung des Kontinents in Bündnis- und nicht-Bündnis-Staaten, die sich im Verlauf des Jahres 1990 abzeichnete, würde auf diese zentralen polnischen und tschechischen Interessen keine Antwort geben. Eile war geboten, sollten die europäischen Entwicklungen nicht an den beiden Staaten vorbeigehen, und so entschloß man sich in Warschau und Prag trotz der Einsicht in die Bescheidenheit der eigenen Mittel zu einer aktiven Außenpolitik.

Der Zeitpunkt für weitgehende Vorschläge schien günstig. Die sowjetische Regierung, welche den Schlüssel für die deutsche Einigung in der Hand hielt, laborierte mit Formeln wie der Errichtung eines "Zentrums zur Verminderung der Kriegsgefahr und zur Verhinderung eines Überraschungsangriffs in Europa" (schon 1988 vom Warschauer Pakt vorgeschlagen) oder einem Zentrum für "Kontroll-, Inspektions- und Beobachtungsfunktionen in bezug auf alle militärischen Aktivitäten auf dem Territorium Deutschlands", war aber selber nicht sicher, ob dieser Ansatz verfolgt werden sollte. So schlug die polnische Regierung einen "Rat für Europäische Zusammenarbeit" vor, die Tschechen hatten Vorstellungen von einer "Europäischen Sicherheitskommission" entwickelt. Der polnische Vorschlag zielte darauf, ein ständiges politisches Organ der KSZE einzurichten und dieses durch geeignete Unterorganisationen zu stützen, wie ein internationales Sekretariat und ähnliche technische Organe. Der Rat sollte nach polnischer Vorstellung für alle europäischen Probleme "im Zusammenhang mit der politischen, militärischen, ökonomischen, humanitären und umweltbezogenen Zusammenarbeit" zuständig sein. Man stellte sich in Warschau vor, daß dieses neue Forum Verbindung mit existierenden Europagremien in beiden Teilen des Kontinents aufnehmen und deren Verbindung fördern würde. Die Europäische Gemeinschaft und der RGW sollten so zusammengeführt werden, die Tätigkeit des Europarats belebt werden, usf. Interessanterweise sprachen die Polen eine Beziehung zwischen NATO und Warschauer Pakt nicht direkt an, zielten aber erkennbar auch auf eine solche Entwicklung.

Die tschechischen Vorstellungen stellten expliziter auf die KSZE ab. Außenminister Jiri Dienstbier hatte die Konzeption am 17. März den Außenministern des Warschauer Paktes vorgetragen und ein einschlägiges Memorandum[32] am 6. April an die Botschafter aller KSZE-Staaten verteilt. Am 2. Mai wiederholte Dienstbier diese Positionen vor den KSZE-Botschaftern. In einer Rede vor dem Europarat am 10. Mai griff Präsident Havel die zentralen Positionen erneut auf - fürwahr ein diplomatisch verdichtet betriebener Vorgang.

Ausgangspunkt der tschechischen Überlegungen bildete die Ansicht, daß aufgrund des rapiden Wandels in Europa "die bestehenden Institutionen (der politischen Entwicklung) nicht mehr entsprechen." Intellektuell beeindruckend wurde argumentiert:

> "Die Quellen der Ursachen für potentielle europäische Konflikte sind vielfältiger als bisher von dem bipolaren Konfrontationssystem vorausgesetzt wurde. Daraus ergibt sich die Notwendigkeit, die europäische Sicherheit breiter aufzufassen und neben der politischen und militärischen auch ökonomische, ökologische und humanitäre Aspekte sowie die Möglichkeit anderer Bedrohungen mit einzubeziehen."[33]

Ziel war "ein konföderiertes Europa der freien und unabhängigen Staaten"[34] mit Beteiligung der USA und Kanadas. Auch die Tschechen nahmen in der ersten Hälfte des Jahres noch an, daß beide Militärpakte weiterhin existieren würden. Diese sollten sich aber künftig an Abrüstungsaufgaben orientieren. Die eigentliche Sicherheitspolitik sollte die "Europäische Sicherheitskommission" übertragen bekommen. Auch bei diesem Ansatz war an technische Organe dauerhafter Art gedacht. Präsident Havel warb mit einem schönen alten Palais im Prager Regierungsviertel, das der Kommission überlassen würde.

Beide Vorschläge blieben in Bonn ohne besondere Resonanz. Dort hatte man im Frühjahr durchaus auch an die Fortentwicklung der KSZE gedacht.

"Enthält Parallelen zu den Vorstellungen Genschers über die Rolle der KSZE", hieß es beispielsweise in einer internen Ausarbeitung im MfAA.[35] So konnte möglicherweise auch der Gegensatz zwischen NATO und Warschauer Pakt in der Bündnisfrage aufgelöst werden. Angesichts des Widerstandes der Westmächte, die KSZE zu Lasten des Westbündnisses entscheidend aufzuwerten, konzentrierten sich die Überlegungen unserer Gesprächspartner in Bonn im Frühsommer aber eher auf die EG und den Weg zur politischen Union. Wir andererseits hatten den Eindruck, daß die Westdeutschen noch nicht begriffen hätten, daß mit der Vereinigung Polen und Tschechen direkte Nachbarn aller Deutscher werden würden, und daß besonders Polen kein durch einen Zwischenstaat abgetrenntes Land mehr sein würde. Alltagserfahrungen mit Polenmärkten und polnischen Schwarzarbeitern hatten die "Wessies" kaum. Wir wollten die guten Bindungen der neuen DDR nach Osten als belebendes Moment in die auswärtigen Beziehungen des vereinten Deutschland einbringen, und da schienen vor allem die sicherheitspolitischen Wünsche unserer Nachbarn rasch entwicklungsfähige Ansätze zu bieten.

Die Sackgasse, in die die Vorstöße der Nachbarn im Osten geraten waren, bildeten den Ausgangspunkt für konkrete Überlegungen in Berlin, zu dritt, trilateral, einen neuen Versuch zu wagen. "Vorschläge Polens ('Rat für Europäische Zusammenarbeit') und der CSFR ('Europäische Sicherheitskommission') sind, obwohl in Plenarrreden präsentiert," heißt es in einer "Empfehlung" der DDR-Delegation aus Wien, "gegenwärtig kein Gegenstand konkreter Verhandlungen. Es zeigte sich, daß 'Schnellschüsse' und 'nationale Alleingänge' nicht geeignet sind, den laufenden Verhandlungsprozeß zu beeinflussen."[36] Der Apparat dachte freilich eher an einen gemeinsamen deutsch-deutschen Vorstoß. Minister Meckel entschied sich jedoch für ein Zusammengehen mit Warschau und Prag.

Am 11. und 12. Mai trafen sich hochrangige Angehörige der drei Außenministerien in Schloß Niederschönhausen, zwecks Beratungen - wie es im Protokoll gewunden hieß - "zur Problematik gemeinsamer Initiativen in Vorbereitung auf das KSZE-Gipfeltreffen 1990".[37] In Wirklichkeit ging es um weitaus mehr.

Zunächst reagierten die Vertreter unserer östlichen Nachbarn mit einer gewissen Überraschung, daß ausgerechnet die abtretende DDR sich bei ihren stecken gebliebenen diplomatischen Offensiven engagieren wollte. Auch wirkte die gemeinsame staatssozialistische Vergangenheit nach. "Wollt Ihr das 'Eiserne Dreieck' neu beleben?" fragte am Rande der Sitzung ein polnischer Diplomat ironisch, auf den ideologiegeladenen Versuch verweisend, die drei Volksdemokratien in besonderer Weise miteinander zu verbinden. Damals gab es, wie der polnische Journalist Adam Krzeminski mit Blick auf die deutsch-polnische "Freundschaftsgrenze" an Oder und Neiße wertete, "zu viele Verfälschungen und Unterlassungen, wurde zuviel gelogen und verschwiegen in den Beziehungen dieser zwei Staaten, von denen der eine den Krieg verloren, der andere angeblich gewonnen hatte."[38] Wir betonten, daß wir aufrichtig an einem intensiven Dialog zu Dritt interessiert seien. Hans Misselwitz informierte als DDR-Verhandlungsleiter über Details der 2+4 - Abläufe, wie vorbesprochen völlig offen und rückhaltlos. Jerzy Sulek, im polnischen Außenministerium für Deutschland zuständig und später bei 2+4 - Chefunterhändler der Polen, läßt eine solche Chance nicht ungenutzt verstreichen. Als ob er die künftigen Schwierigkeiten mit Bonn voraussähe, plädierte Sulek dafür, "daß die DDR stärker als bisher zwischen den unterschiedlichen Standpunkten der BRD und Polens als Vermittler wirksam wird."[39] Die Polen fragten besonders, was wir mit Interesse registrierten, nach unserer Haltung "zu einer gemeinsamen Stellungnahme der 4 Mächte zum deutsch-polnischen Grenzvertrag."[40] Aufgrund der Härte der westdeutschen Position in der Anerkennung der Grenze hing eine solche internationale Garantie zur Aufwertung des deutsch-polnischen Vertrages wiederholt in der Luft. Sie wäre für Bonn eine schallende Ohrfeige gewesen.

Es wird eine gemeinsame trilaterale Initiative Polens, der CSFR und der DDR auf der Grundlage der polnischen und tschechischen Vorschläge beschlossen. Die Bundesrepublik soll angefragt werden, ob sie mitmachen würde. Schon zwei Wochen später will man sich erneut zusammensetzen. Die DDR-Teilnehmer machen ungewöhnliche Vorschläge: dann sollen "Zumutbarkeitsbedingungen für eine NATO-Mitgliedschaft der DDR (sic!) aus der Interessenlage Polens und der CSFR" erörtert werden. Auch solle es um "Zumutbarkeitsbedingungen für Polen und die CSFR hinsichtlich der aus der Einführung der Wirtschafts-, Währungs- und Sozialunion resultierenden ökonomischen und sonstigen Konsequenzen" gehen.[41]

Am 27. und 28. Mai findet in Prag eine weitere Expertenrunde der drei statt. Dienstbier übergibt Markus Meckel am Rande der KSZE-Außenministerkonferenz in Kopenhagen am 5. Juni die tschechische Endfassung. Zugleich scheitert der Versuch, die Bundesrepublik einzubeziehen. Mitte Juni geht der Vorschlag an die Hauptstädte der KSZE-Staaten und wird veröffentlicht.

Der wichtigste Adressat reagierte schroff ablehnend. Der DDR-Botschafter schickt am 18. Juni aus Washington ein Telegramm:

"Reaktion auf meine Erläuterungen zu trilateraler Initiative CSFR, Polen und DDR war negativ. Die USA vertreten Auffassung, daß eine vorzeitige Diskussion dieses Vorschlages für USA nicht akzeptabel."[42]

Wenige Tage später folgt eine ausführlichere Reaktion aus Washington. Die DDR-Botschaft beruft sich auf Gespräche mit dem "Außenministerium, Kongreß und politwissenschaftlichen Kreisen" (diese werden tatsächlich so angegeben). Es hätte freundliche Worte für die trilaterale Bemühung gegeben, die Gesprächspartner

> "bekräftigen jedoch ihre ablehnende Haltung zum Vorschlag in kurz- und mittelfristigen Zeitmaßstab, da dadurch NATO-Funktionen untergraben werden würden. Das sei angesichts Instabilitätspotential in SU/Osteuropa nicht akzeptabel... 3-Staaten-Initiative sei jedoch kein umfassendes Konzept zur Regelung außerordentlich komplizierter Fragen."[43]

Aufmerken ließ uns der Hinweis aus Washington, so das Telegramm weiter,

> "daß Opposition gegen Institutionalisierung KSZE-Prozeß insbesondere im Nationalen Sicherheitsrat entwickelt werde. Hier sei Befürchtung am ausgeprägtesten, daß Stärkung KSZE-Prozesses unweigerlich zur Schwächung NATO-Strukturen führen werde."[44]

In Paris reagierte man verbindlicher, nahm den Vorschlag aber eher als eine Bestätigung französischer Ideen auf, die ansonsten nicht weiter zu verfolgen wäre. Der DDR-Botschafter kabelte eine diplomatische Abfuhr:

> "Vermeidung über EG-Kommuniqué hinausgehender konkreterer französischer Positionsbestimmung... Richtung Initiative stimme mit franz. Gedankengängen zu zukünftiger Gestaltung Europa in wesentlichen Eckpunkten überein. Konföderationskonzept Mitterands strebe ähnliche Ziele an."[45]

Die britische Antwort fällt ähnlich aus: Man sei für regelmäßige KSZE-Gipfeltreffen, auch sei ein Rat für Sicherheit und Zusammenarbeit, nicht unbedingt unter dieser Bezeichnung, eventuell nützlich. Arbeitsgruppen zur Vertrauensbildung werden "nicht abgelehnt", und bezüglich eines Konfliktzentrums "wird auf ein bereits geäußertes britisches Interesse" verwiesen.[46] Der tschechische Ministerpräsident Marian Calfa betonte in einer Regierungserklärung am 3. Juli nochmals, daß sein Land aktiv an der Realisierung der trilateralen Initiative mitwirken werde. Der polnische Außenminister sprach am folgenden Tage mit Markus Meckel zwar auch über das Thema, aber es rangierte auf der Tagesordnung erst an dritter Stelle. "Polen stehe weiterhin zu dem gemeinsamen Entwurf der CSFR, Polens und der DDR", äußerte Skubiszewski verdachterregenderweise. Es folgte ein dunkler Hinweis: "Der von Premierminister Mazowiecki unterbreitete Vorschlag werde erst dann vorgetragen, wenn sich abzeichnet, daß die trilaterale Initiative keine Zustimmung findet."[47]

Es war nunmehr klar, daß der Vorstoß gescheitert war. Urplötzlich, nach der Einführung der Wirtschafts- und Währungsunion der beiden deutschen Staaten, beherrschten Wirtschaftsprobleme den Dialog mit den beiden östlichen Nachbarstaaten, und verwandelten die drei Initianten in eine Art Notgemeinschaft zum Auffangen der sozialen Folgen der Vereinigung. Nunmehr hatten polnische und tschechische Betriebe ihre Rechnungen in der DDR in Devisen zu bezahlen. Beim Besuch von Markus Meckel am 10. Juli sprach der tschechische Ministerpräsident als erstes die drängenden Wirtschaftsfragen an. Calfa verwies darauf, "daß zunehmend Vertragskündigungen von seiten der DDR-Betriebe erfolgten."[48] Im nachfolgenden Gespräch der beiden Außenminister "stellte die tschechoslowakische Seite die für sie negativen Folgen aus der Wirtschafts- und Währungsunion der beiden deutschen Staaten in den Mittelpunkt. Der Warenaustausch mit der DDR sei bereits um 20%, insbesondere aufgrund von Stornierungen der Importe aus der ČSFR durch DDR-Unternehmen, zurückgegangen."[49]

Es war offenkundig: Aufgrund der wirtschaftlichen Eigeninteressen, die die östlichen Nachbarn im Gegensatz zur DDR zu verfolgen hatten, verschob sich die Blickrichtung in Prag und Warschau immer stärker auf Bonn, und unserem Projekt einer besonderen Beziehung wurde mehr und mehr der Boden entzogen. Von der Sache her notwendig und früher erkennbar als im 2+4 - Prozeß schmolz das Handlungsvermögen der DDR-Politik im Verhältnis zu den östlichen Nachbarn dahin. Der Ministerbesuch in Prag am 10. Juli zeigte dies, bevor später bei den Verhandlungen Kohls mit Gorbatschow dieses Debakel allgemein sichtbar wurde. Im Einigungsprozeß würde die DDR kaum mehr die beabsichtigte Anwaltschaft für die Interessen der östlichen Nachbarn ausüben können. Folgerichtig konzentrierte man sich hernach in Prag auf Bonn, bislang mit magerem Echo (von einem Arbeitsbesuch Genschers in Prag im Frühjahr 1991 verlautete, beide Seiten "wollen nunmehr Expertengruppen beauftragen, Möglichkeiten für einen gemeinsamen Vorstoß zu prüfen", nämlich für einen "gemeinsamen Vorschlag zur Festigung der europäischen Sicherheit").[50]

# 6. AUFTAKT: DIE BEAMTEN-RUNDE VON 2+4

Am letzten Freitag im April 1990 bricht Wochenendstimmung auf der Ministeretage aus, obwohl nach acht Uhr eine mehrstündige Diskussionsrunde unserer Clique angesetzt ist. Im Badezimmer des Ministers wird der Wasserhahn aufgedreht. Markus Meckel läßt sich von seinem Referenten die Haare schneiden. Durch die großen Fenster fällt die milde Abendsonne voll in die Ministersuite. Alle machen es sich möglichst bequem. Wir Berater vertiefen uns in die verschiedenen Unterlagen zu den 2+4 - Verhandlungen.

Staatssekretär Hans Misselwitz hat seine Feuerprobe am letzten Apriltag, dem 30., als in Ost-Berlin Beauftragte die letzten Vorbereitungen für die 2+4 - Verhandlungen treffen. Er wird zum ersten Male als Vorsitzender eine internationale Verhandlung leiten. Entsprechend groß ist unsere Aufregung. Zugleich bringt dieses Ereignis eine erste Machtprobe mit sich, zwischen uns und dem auf seine Sachkompetenz pochenden alten Apparat des Ministeriums, sowie unter den neuen Ministern.

In der Regierung Modrow hatten die alten Kader die Gestaltung der Außenpolitik noch fest in der Hand gehalten. Im Februar 1990 waren die Festlegungen für die Eröffnung der Verhandlungen zur Vereinigung beider deutscher Staaten und zur Ablösung der Rechte der Siegermächte auf Seiten der DDR noch vom alten Apparat, dem "Stellvertretenden Außenminister" Krabatsch und dem Leiter der Hauptabteilung Recht, Professor Süß, getroffen worden. Wir Neuen versuchten zuerst zu erfassen, in welchem Sinne die beiden gehandelt hatten. Auf den Kragenaufschlägen dieser beiden Herren, die sich uns gegenüber um viel Konzilianz bemühten, vermeinen wir deutlich die Schatten der abgelegten Parteibonbons der SED zu erblicken. Besonders Carlchristian von Braunmühl betont, daß neue Gesichter her müßten, daß die neue Regierung auf der internationalen Bühne unmöglich mit den alten Gestalten auftreten könne. So entsteht das Konzept, daß er und ich Hans Misselwitz am Verhandlungstisch sekundieren sollen. Vorauszuschicken ist, daß bei solchen internationalen Verhandlungen ausschließlich der Delegationsleiter das Wort ergreift - die Zusammensetzung der Restdelegation hat mithin eher symbolischen Charakter, auch wenn eine solche Gruppe ihrem Verhandlungsführer zu sekundieren sucht. Dieses erste Konzept hat freilich keinen Bestand. Zu gewaltig ist der Aufschrei, daß neben dem Staatssekretär zwei Westdeutsche sitzen sollen. Die Konferenzliste liest sich nachher umgekehrt: Neben Hans Misselwitz sollen die beiden alten Funktionäre sitzen.

Ressortegoismen in der neuen Regierung laden die Delegationsfrage zusätzlich auf. Der Ministerpräsident möchte bei diesen Schlüsselverhandlungen beteiligt sein (muß zugestanden werden), der Abrüstungs- und Verteidigungsminister Eppelmann möchte einen Staatssekretär dabeihaben (wird abgewehrt). Bei diesen Debatten verstehen sich die Beteiligten recht profihaft als Wahrer der Eigenständigkeit des Ministeriums. - Am Morgen vor Verhandlungsbeginn entscheidet Minister Meckel die Zusammensetzung der DDR-Delegation (die Teilnehmerlisten für die anderen Länder liegen längst vor) durch einen Kompromiß. Ich schlage vor, mit Blick auf alte Forderungen zur Demokratisierung von Außenpolitik einen Abgeordneten der Legislative in die Verhandlungsdelegation der DDR mit aufzunehmen.[51] So werden der Volkskammer-Abgeordnete (und Vorsitzende des Vereinigungsausschusses) Edelbert Richter[52] und Krabatsch als vorheriger DDR-Delegationsleiter neben Hans Misselwitz in der ersten Reihe sitzen, von Braunmühl als Repräsentant unseres neuen Teams und Steinbach als Gesandter de Maizières nehmen dahinter Platz. Die Übrigbleibenden profitieren von einer zumindest mich überraschenden Fortschreibung alter Sitten: Insgeheim wird die vertrauliche Verhandlung im Regierungsgästehaus Berlin-Niederschönhausen mit Videokameras aufgenommen, und in der Suite der DDR-Delegation können wir den Ablauf der Dinge bequem am Bildschirm verfolgen. Die Regie, wohl weil sie noch keine neuen Instruktionen hat, lässt die Objektive überdurchschnittlich lange auf die DDR-Delegation gerichtet. Im gleichen Raum hatte zuvor der "Runde Tisch" getagt, und mir geht die Frage durch den Kopf, wer wohl damals die Debatten am Monitor verfolgt haben mochte.

Die Beamtenrunde hat wenig mehr als die Aufgabe, die Tagesordnung für das bald darauf stattfindende Treffen der Außenminister vorzuklären. Dennoch agiert die neue Führungsriege der DDR-Außenpolitik angespannt. Es wird ein Drehbuch mit Alternativszenarien für den Gang der halbtägigen Verhandlungen vorgelegt. Der Staatsekretär besichtigt am Sonntagmittag den Tagungsort, ob alles auch seine Richtigkeit habe. Am Sonntagabend treffen wir zu einer Art Rollenspiel letztmalig zusammen, um die Ablaufplanung zu testen.

Die tatsächlich ablaufende Runde muß nicht sonderlich nachgezeichnet werden. Der sowjetische Vertreter meldete sich tatsächlich zu den vorab vermuteten Interventionen, und unsere Strategie wurde strapaziert, ihn nicht zu oft in eine Konfrontation mit den anderen Verhandlungsteilnehmern insgesamt geraten zu lassen. Am Ende stand die Tagesordnung der

2 + 4 - Gespräche. Als erstes sollten "Grenzfragen" behandelt werden, worunter allgemein die Zustimmung Kanzler Kohls zur Ostgrenze des zu vereinigenden Deutschland verstanden wurde. Wir DDRler beäugten ungläubig das Verhalten der Vertreter der Bundesregierung. Würde sich diese tatsächlich erst unter Zwang, gestoßen von der Weltmeinung, zu einer solchen Anerkennung bequemen, um möglichst lange rechts im Wählerspektrum Gewinne zu machen? Oder würde Bonn, und da gab es mit Blick auf die Genschersche FDP manche Spekulation, zu einer verantwortungsvolleren Haltung fähig sein, und vorab ein befreiendes Wort zu der für die Polen so quälenden Grenzfrage sagen?

Der zweite Tagesordnungspunkt, "politisch-militärische Fragen", schloß nach unserer breiten Interpretation das sowjetische Begehren ein, über ein künftiges europäisches Sicherheitssystem mit zu verhandeln, welches die Blöcke ablösen sollte. - Der dritte Punkt der vereinbarten Tagesordnung galt der Berlin-Problematik, der vierte, in wenig schönem Deutsch, den "Vier-Mächte-Rechten und Verantwortlichkeiten". Der sowjetische Wunsch, auch über einen Friedensvertrag zu reden, stieß bei den Westmächten nicht auf Widerstand (den USA sei es "ganz egal" ob der Einigungsprozeß mit einem förmlichen Friedensvertrag ende oder nicht, wurde berichtet).[53] Anders die Bonner: An einem Friedensvertrag konnten Dutzende von einstigen Kriegsgegnern beteiligt sein wollen, mit unübersehbaren Reparationsforderungen. Sie lehnten einen solchen Vertrag ab. Die *Frankfurter Allgemeine Zeitung* schrieb: "Für Bonn gilt es, eine Form zu finden, die einen Friedensvertrag - der nach dem Londoner Schuldenabkommen von 1953 gewaltige Schadensersatzzahlungen an zahlreiche Staaten der Welt zur Folge hätte - überflüssig macht."[54] Per Kompromiß kam es so zu einer Aufblähung des vierten Punktes. Nunmehr war über "Abschließende völkerrechtliche Regelungen sowie die Ablösung" der Rechte der Sieger zu verhandeln.

Am 4. Mai flogen wir zur ersten Konferenz der Außenminister zum Thema Wiedervereinigung nach Bonn. Um die Zusammensetzung der Delegation hatte es das nunmehr bekannte Gezerre gegeben. Nicht nur der Ministerpräsident, auch der Abrüstungs- und Verteidigungsminister wollte erneut durch einen Abgesandten am Auftakt der Ministergespräche beteiligt werden. Markus Meckel legt sich quer; Eppelmann kommt nicht zum Zuge.

Meckel meinte in unserer Vorbereitungsrunde, daß unsere kleine DDR-Delegation billiger mit dem Linienflugzeug ab Tegel nach Bonn reisen würde, anstatt die Regierungs-Tupolew zu benutzen. Staatssekretär Hans Misselwitz widerspricht: Für das Bonner Protokoll wird es einfacher, wenn wir mit der Regierungsmaschine anreisen. Auch wird schon wegen der Teilnahme des sowjetischen und des amerikanischen Außenministers mit verschärftem Sicherheitsaufwand gerechnet. Ich füge hinzu, daß schon unser Anspruch auf Gleichrangigkeit vor den Medien den Anflug mit dem eigenen Flugzeug nahelege. Am Ende wird die rot-weiße Tupolew benutzt. Diesmal erfolgt in der VIP-Lounge auf dem Schönefelder Flugplatz ein mir bislang nicht bekannter Akt des Protokolls. Wir werden mit Valuta ausgestattet, um in der Bundesrepublik nicht in Verlegenheiten zu kommen. Jeder erhält (wie ich ausfrage) exakt DM 82,50 in einem Briefumschlag - weiß der Himmel, nach welchen Sätzen ermittelt. Das Protokoll verteilt auch die Sitzplätze in den vier Kabinen der Regierungsmaschine. Der SPD-Vorsitzende und Außenminister Meckel nimmt die militärische Meldung des Piloten für die Bereitschaft zum Start entgegen und nimmt in der Luxuskabine vorn im Flugzeug in einem großen Ledersessel Platz (bei seinem Amtsantritt hatte Meckel die militärisch grüßenden Posten noch um zivilere Umgangsformen gebeten).[55] Nummer zwei und drei im neuen Außenministerium, Hans Misselwitz und Carlchristian von Braunmühl, werden ebenfalls in dieser Kabine untergebracht. In diesem Abteil wird nicht nur gearbeitet, sondern nach anstrengenden Sitzungen auch geschlafen. - In der zweiten, gleichfalls luxuriös ausgestatteten Kabine, auch wenn diese nicht so bombastisch bestuhlt ist, nehmen neben mir andere topdogs Platz: die beiden Abteilungsleiter des alten Apparates, der Abgesandte des Ministerpräsidenten, der Vertreter des alten SED-Beraterstabes. Natürlich kommt niemand von dieser Truppe auf die Idee, während des Fluges die Prominentenkabine zu betreten. Das bleibt dem persönlichen Referenten des Ministers sowie im Verlaufe des Fluges den Vertretern der DDR-Medien vorbehalten. Als diese an uns zum allfälligen Interview mit dem Minister vorbeitraben, schießt es mir durch den Kopf, daß dies vor Jahresfrist bei Honeckers Auslandsreisen eben genauso abgelaufen sein wird. - Hinter uns folgt eine Kabine mit wie bei Linienflügen üblicher Bestuhlung für Protokoll, Sicherheitsbeamte, Referenten und anderen Troß. Beim vorgetäuschten Marsch zur Toilette nach hinten versuche ich herauszufinden, wie die ehemals in der Friedensgruppe Pankow aktiven beiden Mitarbeiterinnen sich als Dritter Stand in so einem Regierungsflugzeug fühlen. Völlige Fehlmeldung, die charmante vormalige Friseuse, nunmehr in der Protokollabteilung aufsteigend, ebenso wie die promovierte Landwirtschaftstechnikerin, die persönliche Referentin von Hans, finden alles in Ordnung. Im Heckteil schließlich hocken wie seit jeher die Reporter - da, wo sie immer untergebracht waren. Auch ihnen ist keinerlei Kommentar zu entlocken. Ich erwähne, daß Genscher sich bei Auslandsflügen unter die Pressemeute mische, daß überhaupt solch eine Vier-Stände-Gesellschaft in Flugzeugen westlicher Demokratien ganz unüblich sei. Keiner zeigt Lust, sich mit mir komischem Vogel über ein solches Thema zu unterhalten.

Bei der Rückkehr gelange ich gerade rechtzeitig auf meinen Platz, um das Einheitsmittagsmenü zu fassen. Es gibt Rindsrouladen mit Rotkohl und Kartoffeln, quer durch alle Stände, dazu Sprudel oder Juice. In unserer Kabine liegen in den luftverkehrsüblichen Mini-Flaschen diverse Alkoholika aus, die niemand anrührt. Auf dem Rückflug probiere ich den Aufstand, nehme einen Drink und stelle weitere Fläschchen auf den Tisch. Beim Landeanflug muß ich alles zurückpacken. Ich weiß nicht recht, ob ich nun als Alkoholiker gebrandmarkt bin, oder ob die anderen Insassen meiner Kabine mich insgeheim wegen meiner Kühnheit bewundern, mit der ich mich an den Schaustücken aus dem Westen vergriffen habe.

# 7. 2 + 4 - MINISTERRUNDE IN BONN

Am ersten (inoffiziellen) Tag der ministeriellen 2 + 4 - Eröffnungsrunde in Bonn stehen persönliche Begegnungen auf dem Programm. Zuerst geht es zu Außenminister Genscher. Der empfängt im Gästehaus auf dem Bonner Venusberg, im Garten. Das der Mann am Vortage einen Schwächeanfall hatte, sieht man ihm nicht an. Wie bei förmlichen diplomatischen Verhandlungen üblich, reden fast ausschließlich die beiden Spitzen, zu sehr ungleichen Teilen. Markus Meckel spricht hinterher von einer "Vorlesung", die Genscher uns gehalten habe. Wenn, was selten vorkommt, einer von Genschers Begleitern, immerhin den höchsten Beamten im Außenministerium, was sagen möchte, setzt er mit einer devoten Formel an: "Herr Minister, wenn ich darf...", und Genscher erteilt das Wort. Genscher schaut sich, wohl weil ihn Gesprächsbeiträge anderer eher langweilen, die Begleiter von Markus Meckel hin und wieder an, aber mit einem Blick, der lebensgesättigt eher durch die Personen hindurchschaut. Als wir abgehen, vor dem Hause warten die Russen, versuche ich zu erfassen, ob er überhaupt die DDRler anschaut, die er mit Handschlag verabschiedet.

In der Sache sind sich beide deutsche Seiten weitgehend einig. Gegen den von den Sowjets vorgetragenen Wunsch, einen förmlichen Friedensvertrag mit dem geeinten Deutschland abzuschließen, spricht eine Anzahl von Gründen. Da ist erstens der Zeitablauf - 45 Jahre nach Ende eines Krieges wäre es recht ungewöhnlich, diesen vertraglich für beendet zu erklären. Auch ist nicht klar, wer in der Staatenwelt alles Kriegsgegner gewesen ist und zu einem Vertragsschluß eingeladen werden müßte. Und was für Ansprüche würden diese diversen Kriegsgegner plötzlich anmelden? Offene Fragen, etwa Reparationen, sollten nicht notwendig erörtert werden, denn die Antworten gingen mutmaßlich zu Lasten der Deutschen. Dagegen sprechen etwa Dokumente, die die endgültige Regelung der deutschen Grenzen direkt von einem Friedensvertrag abhängig machen. Auch ginge es um den förmlichen Abschluß der Nachkriegsepoche.

Genscher gibt sich optimistisch. Mit der Obergrenze von 195 000 sowjetischen Soldaten außerhalb der UdSSR ergebe sich, daß der Warschauer Pakt nicht mehr angreifen könne. Die NATO brauche keine Rundum-Verteidigung mehr, die militärischen Strukturen gerieten ins Fließen. Meckels Hinweis auf neue nukleare Waffen, die sogenannten TASM, wiegelt Genscher hurtig ab - deren Einführung sei noch offen. In bezug auf den schwierigsten Verhandlungspartner, die Sowjets, ist in diesem deutsch-deutschen Gespräch wenig zu erfahren. Der Bundesminister will ausloten, zu was die Russen bereit sein könnten. Nach der Erörterung der Tagesordnung fragt Genscher den DDR-Außenminister nach Neuigkeiten aus Moskau. Meckel ist überrascht, er gibt die Frage an einen von seinen Begleitern weiter. Hinterher sind wir uns einig, daß dies ein Patzer war, und daß wir diese Genscher-Frage bei jeder künftigen Begegnung zu gewärtigen haben werden.

Beim amerikanischen Außenminister sind zumindest die Fronten klar. Bevor wir in seiner Suite im "Maritim" in Königswinter vorgelassen werden, müssen wir eine Weile warten. Das gehört wohl zum Ritual. Baker gibt sich dann zuvorkommend. Er überläßt seinem Gast Markus Meckel die Wahl der anzusprechenden Punkte und deren Reihenfolge. Am nächsten Tag, nachdem Baker seine Grundsatzrede bei den Gesprächen gehalten hat, wird sogleich sichtbar, als wir den Text mit unseren Aufzeichnungen von dem internen Gespräch vergleichen, daß die amerikanische Position überaus klar ist. Der frühere Banker Baker hatte knallhart bei beiden Gelegenheiten eben die gleichen Punkte vorgetragen. Neben allen Zuckerstücken zur künftigen Souveränität die deutlichen Ankündigungen: Die großen Vier agieren als "steering group", wenn die beiden Deutschlands nicht Vernünftiges auf die Beine bringen. Uns beeindruckt besonders die Ankündigung, die geographische Definition dessen, was das vereinigte Deutschland ausmache, notfalls durch die Alliierten vornehmen zu lassen (das vereinte Deutschland würde aus der Bundesrepublik, der DDR und Berlin bestehen, und nichts weiter - was als Zurückweisung von Ansprüchen an Polen bald wichtig werden sollte).[56] Baker äußert, daß man bereit sei, "Deutschland bei der Erreichung von Freiheit und Einheit zu helfen" - offenbar bedürfen die tumben Deutschen da gewisser Hilfestellungen. Mit Blick auf die Kernfrage der Bündniszugehörigkeit des vereinten Deutschland äußert Baker, unsere Hoffnungen auf die KSZE als Alternative zur NATO durchkreuzend, daß alle KSZE-Konstruktionen nur akzeptabel seien, wenn sie "komplementär" zur Westallianz gebildet würden. Die Amerikaner seien auf Wunsch der Europäer hier, im Gegensatz zu den Russen. Selbst diese und andere osteuropäische Staaten wünschten eine amerikanische Präsenz in Europa. Der Mechanismus für die US-Präsenz sei und bleibe die NATO. Falls das nicht akzeptiert würde, blieben die Amerikaner ohne Verständnis. Andererseits seien die USA zu einer bedeutenden Umstrukturierung der Allianz bereit. - Das Gespräch, wenn man dieser Positionszuweisung diese liebenswürdige Charakterisierung zukommen lassen will, endet recht abrupt. Der britische Außenminister wartet im Hof, wir werden, gerade fragte Baker nach der tatsächlichen Kopfstärke der Volksarmee, hinauskomplimentiert.

Am Abend des ersten Tages in Bonn lädt der französische Außenminister Roland Dumas in seine Residenz ein. Mir fällt auf, daß nie einer der westlichen Außenminister Markus Meckel etwa in dessen Residenz aufsucht, außer bei dem einen Mal, wo er Verhandlungsleiter in Berlin ist. Das internationale Protokoll sollte diese feine Herabstufung während der gesamten Verhandlungen nie außer Acht lassen.

Am nächsten Tag, dem 5. Mai, werden die 2+4 - Verhandlungen förmlich im Auswärtigen Amt eröffnet. Die DDR-Delegation kommt in den beiden leergeräumten Zimmern eines Unterabteilungsleiters unter. Von der vorab im *Spiegel* festgestellten Qualität dieser Unterbringung ("Geräumigkeit", "Vorzimmer") merken wir wenig, in den beiden Räumen geht es recht eng her.[57] Das Blatt ist wohl zu sehr der Vorab-Darstellung des AA gefolgt und scheint zu meinen, Meckel beziehe die beiden Räume für sich allein. In einem Zimmer tippt unsere Protokoll-Sektretärin die Rede des Außenministers mit den letzten handschriftlichen Änderungen nach Diktat sauber ab, wofür sie mehrere Stunden braucht. Der Versuch zu telefonieren scheitert - wir kommen zunächst mit der Schaltung des Hausapparates nicht zu Rande. Das Protokoll des AA schafft bald Abhilfe und ist eilfertig um uns bemüht. Zwischendurch gibt es Würstchen und Brötchen. Es herrscht eine Art sozialistischer Gleichbehandlung: Die wartende Pressemeute und die zahlreichen Fahrer und Sicherheitsleute werden gleichermaßen beköstigt, wenn auch in anderen Räumen.

Den Auftakt der 2+4 - Gespräche bilden die Grundsatzreden der Außenminister. Eigentlich gibt es statt der erwarteten sechs Beiträge nur fünf Reden. Die britische Delegation hat nicht mit einem solchen Auftakt gerechnet, Außenminister Hurd improvisiert. Anscheinend meinten die Engländer, die von den Deutschen, ja von der Welt mit soviel Spannung erwarteten Verhandlungen über die Wiedervereinigung würden hinter verschlossenen Türen sogleich mit einem großen Feilschen einsetzen.

Genscher redet als Gastgeber als erster. Er hatte uns schon am Vortage wissen lassen, daß er sich bedeckt halten und nur kurz sprechen würde. Der alte Taktiker wollte erst einmal die anderen kommen lassen und sehen, wie die verschiedenen Partner das Feld besetzen würden. Die genaue Nachanalyse der Rede ergab, daß der Bundesaußenminister sorgfältig die Essentials der Westdeutschen eingebettet hatte: weiterhin Zustimmung zur NATO, Zuordnung zum KSZE-Prozeß, kein Tempoverlust bei der Einigung. Mir fällt ein leicht schepperndes Pathos in der Genscher-Rede auf ("Weitsichtige Staatsmänner und mutige Völker haben ..."), aber das wird in der DDR-Delegation eher für mein Problem gehalten.

Die Rede von Meckel war zunächst vom alten Apparat konzipiert worden. Wir finden rasch, daß sie schon sprachlich zu sehr an den Singsang Honeckers erinnerte. Ich hatte sie dann völlig neu geschrieben.[58] Meckel betonte zunächst die Herkunft der neuen DDR aus der Opposition und begründete, warum wir auf eine aktive Außenpolitik setzen. Später lese ich die Auswertung aller Reden durch den Apparat im Ministerium und notiere vergnügt die Spuren der Vergangenheit. Die Rede von Meckel wird am ausführlichsten wiedergegeben, so als ob sie die wichtigste gewesen sei. Das mußte früher wohl so sein. Die apellativ-subjektiven Aussagen des Ministers werden nicht referiert, die wertete der Apparat augenscheinlich als Floskeln, wie sie die frühere Führung ihren Aussagen voranstellte.

Schlimmer ist das Echo auf die Rede bei den 2+4 - Verhandlungen. Wir merken rasch, daß das Konzept daneben liegt. Während Markus Meckel seinen Text vorträgt, setzt sich die Zuhörerschaft sichtbar ab. Die prominenten Außenministerkollegen wenden sich während des Vortrages ihren Papieren zu. Daß in der DDR eine Revolution stattgefunden hat, daß neue Menschen hier Politik machen, daß die abtretende DDR eine aktive Außenpolitik machen will - das alles sind Mitteilungen, welche dem außenpolitischen Establishment eher contre coeur gehen. Es bleibt ein Mißklang nach dem Beitrag des neuen Kollegen Meckel/DDR. Er hat mit seinem Pathos nicht die Tonlage getroffen, wie sie in diesem Herrenclub bevorzugt wird.

Die wichtigste Rede beim Auftakt der Verhandlungen zur deutschen Einheit hält zweifelsohne der sowjetische Außenminister. Ziemlich genau in der Mitte seiner Ausführungen, zuvor ging es um Abweisungen, was seine Regierung nicht möchte, verblüfft Schewardnadse seine hochrangigen Zuhörer mit dem Satz, er bitte

"zu verstehen, daß wir hier nichts vormachen und auch nicht bluffen."

Sehr persönlich schließt er auch:

"Ich habe an vielen Verhandlungen und Begegnungen teilgenommen. Jedoch die Teilnahme an der Arbeit der 'Sechs' halte ich für die wichtigste und entscheidenste Sache, die mir je übertragen wurde."

Und das Bluffthema variierend, schließlich:

"Ich kann Sie versichern, daß ich mich zu ihr (der Verhandlung über die deutsche Vereinigung, U.A.) mit höchster Verantwortung verhalten werde."

Verständlicherweise erregten die Passagen der Schewardnadse-Rede, die zwischen diesen Beschwörungen standen, die intensivste Aufmerksamkeit der Analytiker. Der sowjetische Außenminister wies nach der Bluff-Passage die bei den Westmächten vorherrschende Auffassung zurück, es ginge lediglich um zwei Punkte, die Ablösung der Rechte der vier alliierten Siegermächte und um Berlin. Den Sowjets ging es um sehr viel mehr. Wie Julij Kwizinski, vormaliger Botschafter in Bonn und einer der gescheitesten Köpfe in einer beeindruckenden Schar glänzender sowjetischer Deutschlandexperten, bald hernach rundheraus formulierte, stand als eigentliches Thema das Verhältnis zwischen der UdSSR und Deutschland auf der Tagesordnung. Die Westmächte hatten beschränktere Interessen an diesen Gesprächen. Und die Sowjets waren bereit, sich grundsätzlich und neu mit den Deutschen einzulassen. Schewardnadse formulierte: "Meines Erachtens müssen wir, wenn wir den Deutschen vertrauen, ihnen auch bis zum Ende vertrauen."

Der sowjetische Außenminister überraschte in Bonn vor allem mit dem Vorschlag, die Abläufe für die innere und die völkerrechtliche Vereinigung Deutschlands zu trennen:

> "Nach unserer Vorstellung muß die Lösung der inneren und äußeren Aspekte der deutschen Einheit nicht unbedingt zeitlich zusammenfallen, also innerhalb derselben Übergangsperiode beendet werden.
>
> Auch nach der Schaffung eines einheitlichen Parlaments und einer einheitlichen Regierung in Deutschland werden offensichtlich für eine Reihe von Jahren bestimmte Maßnahmen im Zusammenhang mit der Lösung der äußeren Regelung gelten."

Wir getrauten uns zunächst nicht, diese Äußerung wörtlich zu nehmen. Wenn die Sowjets meinten, die deutsche Vereinigung könne sogleich vollzogen werden, ohne daß die komplizierten sicherheitspolitischen Fragen geklärt sein mußten, so steckte sicher ein Pferdefuß dahinter. Valentin Koptelzew, hochrangiger Deutschlandexperte im Moskauer Zentralkomitee, verstärkte auf einer Nachbereitungstour zu der Rede unsere Zweifel. Österreich nach 1945, so Koptelzew, spiegele die sowjetische Vorstellungen perfekt wider. Das Land hatte damals eine einheitliche Regierung plus ein Besatzungsregime, welches für Auswärtiges zuständig war. Bei diesen Auslassungen sträubten sich selbst bei unseren Altkadern die Nackenhaare. Österreich vor vierzig Jahren sei nun wirklich keine attraktive Perspektive für uns, befand man. Koptelzew setzte noch einen drauf: "Wiedervereinigung und Russen raus", so wörtlich, hätten die Deutschen nun wirklich nicht verdient, das sei zuviel.

Der Wortlaut der Rede Schewardnadses ließ kaum andere Deutungen zu als daß die Siegerrechte der Vier auch nach der Vereinigung eine Zeit lang fortgeschrieben werden sollten. Wir bleiben in den nächsten Tagen von einem worst-case Szenario beherrscht: Wie stellt sich die ehemalige Vormacht Sowjetunion das Leben mit einem vereinigten Deutschland vor, welches sie nicht aus ihrer Aufsicht entläßt? Und teilen andere ehemalige Verbündete in der Anti-Hitler-Koalition etwa solche Ambitionen? Wir beschließen, daß wir alle nicht-deutschen Beteiligten an den Gesprächen aufsuchen und sie intensiv konsultieren sollten. In der Lebensfrage der deutschen Politik, so rasch die allgemeine Auffassung, müsse der Außenminister der neuen DDR eh allen vier Mächten seine Aufwartung machen, jenseits aller diplomatischen Routinen. In den nächsten Tagen werden intensiv Reisepläne geschmiedet und abgeklärt. Aus Warschau erfahren wir ferner, "daß Polen der Überlegung Schewardnadses zur Einrichtung eines Kontrollorgans der 4-Mächte in Deutschland zwiespältig gegenübersteht und auf gesamteuropäische Lösungen orientiert" bleibe.[59]

In der Nachbereitung des ersten Außenministertreffens wird aus Bonn gemeldet, daß selbst dort eine Übergangsperiode mit einer Trennung zwischen innerer und äußerer Einigung nicht absolut ausgeschlossen wird. Offiziell lehnte die Bundesregierung den Vorschlag ab. Nach einer Sitzung der CDU/CSU-Fraktion äußerte der Bundeskanzler, die Entkoppelung "sei eine 'fatale Entwicklung', die seinen Vorstellungen nicht entspreche."[60] Vom FDP-Vorsitzenden Graf Lambsdorff wurde jedoch berichtet, er beharre darauf, die Bundesregierung dürfe den Entkoppelungsvorschlag nicht in Bausch und Bogen verwerfen, auch wenn der Vorschlag in seiner jetzigen Form nicht akzeptabel sei. Über Genschers Reaktion hieß es, er "sympathisiert offenbar mit der vorgeschlagenen Entkoppelung, um nicht den Prozeß der deutschen Einheit zu verzögern und zu erschweren."[61]

Die Außenminister, am Schluß ihres ersten Bonner Treffens zur Vereinigung mit dem Text ihres Abschlußkommuniqués überbeschäftigt, unterlassen es glatt, ihren Beauftragten irgendwelche Aufträge für das weitere Vorgehen mitzugeben. Wir wissen gerade den Termin der nächsten Sitzung, etwas mehr als zwei Wochen später. Das Quai d'Orsay, welches diesmal den Vorsitz führt, antwortet ausweichend auf Fragen nach der Tagesordnung. So ergibt sich der merkwürdige Zustand, daß der eigentliche Auftakt der Gespräche der großen Vier mit den Deutschen über ihre Vereinigung auf der Arbeitsebene recht unvorbereitet erfolgt.

Auf dem dritten Beamtentreffen der 2+4 - Gespräche, verabredungsgemäß im Wechsel mit Niederschönhausen in Bonn, herrscht im Verhandlungsraum eine entspannte, unverbindliche Atmosphäre. Selbst der von uns gefürchtete sowjetische Delegationsleiter Bondarenko, altgedienter harter Experte zu Statusfragen Berlins und mir aus den Verhandlungen über das vierseitige Abkommen über Berlin erinnerlich, gibt sich charmant. Er räsonniert weitschweifig, und jedermann begreift: Der angekündigte sowjetische Text ist in Moskau nicht fertig gestellt worden. Wie sie dies ansonsten bei komplizierten Verhandlungen auch tun, wollten die Sowjets durch die Vorlage eines umfassenden Vertragswerkes, welches alle offenen Fragen beantwortet, den Gang der Verhandlungen in ihrem Sinne prägen. Es verlautet, Moskau bestehe auf einem förmlichen Friedensvertrag, und werde einen Entwurf vorlegen. Teil des Friedensvertrages würde auch die Begrenzung der Zahl der Soldaten eines vereinigten Deutschland sein. Valentin Falin, Leiter der internationalen Abteilung im Apparat des Zentralkomitees der KPdSU und langjähriger Deutschlandkenner, korrigiert intern, an einem solchen Text würde gearbeitet, der sei aber nur eine unter mehreren Varianten. Wir schließen daraus, daß es doch bei den Sowjets einige Flexibilität in den Verhandlungspositionen gibt. Auf einem Treffen der Leiter von Planungsstäben in europäischen Außenministerien läßt der sowjetische Kollege wissen, daß der Verweis von Schewardnadse auf die alliierten Militärmissionen als mögliche Bausteine für ein deutsches Überwachungszentrum fallen gelassen worden sei - hier habe man zu technisch gedacht, und deutsche Befürchtungen vor einer möglichen Fortschreibung des Besatzungsregimes unterschätzt.

Nach der Bonner Beamtenrunde begegne ich Ruth Misselwitz auf dem Flur. Sie bringt ihrem Mann frische Wäsche. Wir tauschen uns rasch aus: so geht es nicht weiter. Staatssekretär Hans ist ständig übermüdet. Morgens um sieben beginnt der Arbeitstag im Ministerium. Nach der von uns respektlos "Morgenandacht" benannten Runde mit den Abteilungsleitern des Apparats und der Presseschau geht es rund um die Uhr fort. Nach 21 Uhr abends herrscht die "blaue Stunde", in der auf der Ministeretage ausführlich und persönlich diskutiert wird. Der Außenminister setzt sich zwanglos zu uns. Es wird teilweise eindrucksvoll durchargumentiert, wie Außenpolitik gemacht werden sollte. Hin und wieder wird es so spät, daß der Bereitschaftsdienst die Fahrer aus den Betten herbeitelefonieren muß, damit wir nach Hause kommen.

## 8. ERSTE ZEICHEN DER STAATSAUFLÖSUNG

Voll souverän ist die DDR trotz aller gegenteiligen Bekundungen nie gewesen. Besonders die Sowjets hatten da ihre eigenen Ansichten, etwa in bezug auf die Rechte der von ihnen stationierten Truppen. Im Frühjahr 1990, nach der Wende, wurde die Regierung der DDR zum Beispiel über den Abzug sowjetischer Truppen von ihrem Territorium nicht amtlich informiert. Ob die Sowjets Truppen abzogen, erfuhr die Regierung von der Reichsbahn, weil dort die Sowjets dann Waggons anforderten.

Im Mai 1990 werden wir von dieser Seite zum ersten Male mit konkreten Anzeichen konfrontiert, daß wir in einem abtretenden Staat amtieren. So früh hatten wir das nicht erwartet.

Der erste Schlag erfolgt am 17. Mai in Moskau. Der neu ernannte stellvertretende Außenminister Julij Kwizinski, den wir zu Konsultationen wegen 2+4 aufgesucht hatten, fragt uns recht unverblümt, was wir nach dem Abschluß des Staatsvertrages mit der Bundesrepublik über die Wirtschafts- und Währungsunion eigentlich noch wollten. Ausdrücklich darauf verweisend, daß er einen Höherstehenden zitiere, fragt Kwizinski, wieviel Handlungsautonomie die Regierung der DDR denn noch habe. Wir reimen uns zusammen, daß für gute Marxisten die Aufgabe der eigenständigen Ökonomie dem Verlust an Souveränität gleichkomme.

Mitte Juni werden die Anzeichen von Verlust an Eigenstaatlichkeit mit Händen greifbar. Da ich täglich durch die Mauer fahre, beeindruckt mich der rasche Verfall der Grenzkontrollen als bislang hervorgehobenem Ausdruck von DDR-Eigenstaatlichkeit. Mitte Juni 1990 genügt es plötzlich den Grenzern, wenn ihnen die aufgeklappten Ausweise entgegengehalten werden, um den Fahrer und mich passieren zu lassen. Kurzfristig reicht das Hochheben des geschlossenen Passes. Nachts wird hin und wieder schon auf Grenzkontrollen ganz verzichtet. Nach der spektakulären Aufhebung von "Checkpoint Charlie", dem Übergangspunkt für Ausländer, am 22.6., wird auf Personenkontrollen gegenüber Deutschen an den Passierstellen durch die Mauer ganz verzichtet. Informell war dieser traditionsreiche Übergangspunkt mittlerweile auch für Deutsche freigegeben worden. Zunächst wurde gemeckert, wenn ich diesen Übergang wählte, bald aber konnte man kommentarlos passieren. Die Grenzer begnügen sich damit, den Verkehr zu regulieren. An vielen Stellen wird hinfort die Mauer geöffnet. In Ostberlin werden die ersten Streifenwagen der Westberliner Polizei gesichtet. In der Nacht zum 1. Juli wurden die Grenzkontrollen in Berlin ganz eingestellt - "Die Grenzsoldaten haben," so der Ministerpräsident in einer fast sentimentalen Formulierung, "ihren Dienst für immer aufgegeben."[62] Zwischen den beiden deutschen Staaten war die Grenze nunmehr völlig offen.

Vor allem die ökonomische Grundlage von DDR-Existenz schwand rapide dahin. Die private Nachfrage im Lande entwickelte sich so extrem westorientiert, daß heimische Anbieter kaum mehr eine Chance hatten. Die Nachfrage von Unternehmen für Investitionen wurde durch die Liquiditätsausstattung mit DM von Bonn her stranguliert. "Anstatt der beantragten 24 Mrd. DM wurde nur 10 Mrd. DM an durch die Treuhandanstalt verbürgten Krediten ausgereicht; die gesamte Lohnsumme der DDR liegt allein schon bei etwa 8 Mrd.", hieß es mit Blick auf den Juli in einem SPD-internen Papier.[63] Ferner verzeichnet diese Aufzeichnung: "Die traditionell bedeutende Auslandsnachfrage der RGW-Staaten ist infolge der Umstellung auf eine konvertible Währung nahezu weggefallen."[64]

Außenpolitisch wurden wir zuerst von unseren östlichen Nachbarn auf die einbrechenden Positionen der abtretenden DDR im internationalen Verkehr verwiesen. Am 10.Juli fragte der tschechische Ministerpräsident Calfa unseren konsternierten Außenminister unverblümt, "ob es noch Sinn habe, bilaterale Gespräche mit der DDR zu führen."[65] Bei der gleichen Gelegenheit erfuhr Markus Meckel von seinem Amtskollegen Dienstbier, daß die Tschechen ihre Sorgen in bezug auf die Wirtschaftsfolgen der Vereinigung schon an kompetenteren Orten vorgetragen hätten: "Die CSFR habe diese Frage bereits gegenüber Genscher und der sozialdemokratischen Fraktion des Europaparlamentes angesprochen. Genscher habe betont, daß er sich des Ernstes dieser Situation bewußt sei. Die Sozialdemokraten hätten zugesichert, diese Frage im Bundestag auf die Tagesordnung zu setzen, um gemeinsam mit der DDR, BRD und CSFR Lösungen zu finden."[66] Im Juli heißt es in einem Pressekommentar mit Bezug auf die Hauptstütze der DDR-Politik:

"Die Sowjetunion rechnete nicht mehr mit der DDR, auch nicht mehr mit ihrem Außenminister."[67]

Ungefähr zur gleichen Zeit ließ der britische Staatsminister im Foreign Office, Waldegrave, die DDR-Volkskammerpräsidentin Bergmann-Pohl Ähnliches wissen: Die DDR sei "kein verhandlungsfähiger Mitspieler mehr".[68] Und der Bonner Ex-Diplomat Hans Arnold, für wenige Wochen als Meckel-Berater im MfAA tätig, urteilte in einem Interview Anfang August

49

(Reaktion des Apparates bei der morgendlichen Abteilungsleiterrunde: "War das autorisiert?"): "Für eigene außenpolitische Beiträge der DDR bleibt kein Spielraum mehr... Die meisten Staaten behandeln inzwischen Fragen, die die DDR betreffen, vorrangig mit der Bundesrepublik."[69]

Die Akteure setzen die Anzeichen von Gewichtsverlust ohne Verzug in ihren Redeweisen um. Ministerpräsident de Maizière hatte bislang stets von "zwei souveränen Staaten" im Einigungsprozeß gesprochen. Ab Mitte Juli wiederholte er die Formel nicht. - Außenminister Meckel hatte vorgeschlagen, mit den Sowjets Verhandlungen über die Bedingungen der weiteren Präsenz der Westgruppe aufzunehmen, und war gemeinsam mit Verteidigungsminister Eppelmann dann mit der Vorbereitung solcher Verhandlungen beauftragt worden. Anfang August zog de Maizière dieses Mandat zurück (vermutlich infolge Drucks aus Bonn). Die Position, den Amerikanern und Briten ein Stationierungsverbot für ihre Kernwaffen im künftigen Deutschland abzuverhandeln, wurde selbst bei internen Besprechungen im Regierungsapparat der DDR nicht mehr ernst genommen. "Das Profil einer eigenständigen DDR-Außenpolitik, es wird fortan noch kleinere Schatten als vorher schon werfen", wertete die *Zeit*. Träume würden die DDR-Akteure nunmehr "weniger und leiser artikulieren."[70] Markus Meckel befand hernach:

"Der immer kürzer werdende *Zeitraum des Handelns* hat einfach auch Handlungsspielräume weggenommen, so daß spätestens seit Ende Juni ... außenpolitisch eigentlich nichts mehr zu tun (war), außer noch abzuwickeln."[71]

## 9. PROBLEME VON BUNDESBÜRGERN IN DER DDR-REGIERUNG

Die Mitwirkung von Deutschen, die nicht die DDR-Staatsbürgerschaft haben, in der Regierung erzeugt fortwährend Probleme. Nach außen hin werden wir vom Protokoll als "Berater" geführt. Intern hatte Carlchristian von Braunmühl die Aufgabe eines Politischen Direktors übertragen bekommen, was bei Ministerpräsident de Maizière auf hinhaltenden Widerstand stößt. Bundesbürger sollen gegenüber DDR-Bürgern keine Weisungsbefugnisse bekommen. Mich benennt unsere Führungstroika zum Leiter des Planungs- und Beratungsstabes, mit dem Vorverständnis, daß dieser ja dem Apparat keine Anweisungen geben würde. Augenscheinlich sind die ersten Tage des Sturms und Drangs vorüber, wir richten uns ordentlich mit unserem komplizierten Status ein.

Besonders der Ministerpräsident hat aber als korrekter Jurist fortwährend Probleme mit der Mitwirkung von Ausländern in seiner Regierung. Bei der Tagung des Politisch-Beratenden Ausschusses des Warschauer Vertrages Anfang Juni in Moskau verfügt er im Verhandlungsraum, daß von Braunmühl nicht in der zweiten Reihe hinter ihm sitzen solle, sondern weiter hinten. Ich hatte eh meinen Platz dort gesucht, schon weil man dort ein Tischchen zum Schreiben vor sich hatte. Die polnische Delegation zumindest hatte uns beiden "Wessies" in der DDR-Delegation wahrgenommen. Hernach reichte Präsident Jaruzelski eine informelle Anfrage herüber, ob es zuträfe, daß für die DDR zwei hohe Beamte aus Bonn an den Beratungen teilgenommen hätten. Als ich dies als Anekdote im Bonner Planungsstab des Auswärtigen Amtes berichtete, erfolgte ein Verweis auf die informelle Kompetenz westlicher Nachrichtendienste. Diese hatten das interne Meeting des Warschauer Paktes genügend genau observiert, um in Bonn eben dieselbe Frage zu stellen.

Mitte Juni, die Regierung ist gerade zwei Monate im Amt, kommt es offen zu Spannungen mit de Maizière. Unter verschiedenen Klagepunkten des "Premierministers", wie die DDR-Medien ihn liebevoll nennen, über Koordinationsmängel mit dem MfAA tauchen auch Meckels Westberater auf. Diese dürften keine leitenden Funktionen ausüben und nicht für die DDR im Ausland auftreten. Solche Probleme gibt es nicht nur mit der SPD. Die DSU ist ungleich westorientierter. Sie möchte gar einen bayrischen CSU-Abgeordneten zum Staatssekretär machen, sehr zum Mißfallen de

Maizières. Wir entschließen uns, wegen der Titulaturen nachzugeben und diese Frage nicht zum Streitpunkt auswachsen zu lassen. Hauptbetroffener ist Carlchristian von Braunmühl, unser Politischer Direktor. "Poldi", wie wir ihn mit Blick auf seine süddeutsche Herkunft nennen, heißt nunmehr trotz aller seiner Verdienste, trotz seiner Mitwirkung im Führungstrio des Ministeriums vom ersten Tage an, nurmehr "Berater". - Gehaltvollere Konflikte stellen sich in Personalfragen ein. Die Auseinandersetzung um die Neubesetzung des Botschafterpostens in Washington gerät in die Presse. Meckel und de Maizière haben unterschiedliche Personalvorstellungen. Auf einer Routinesitzung des Kabinetts wird Meckels Kandidat bestätigt, während der Ministerpräsident sich in den USA aufhält. Im Außenministerium versteht man allgemein nicht, warum de Maizière sich in Washington und New York die Begleitung der dortigen DDR-Vertreter verbittet. Wieder zu Hause, stemmt sich de Maizière gegen die Botschafterentscheidung seines Kabinetts, und setzt sich augenscheinlich durch.

Den Kern des sich aufbauenden Konflikts bildet freilich ein notwendiger Gegensatz in der Grundfrage der Außenpolitik der neuen DDR, der Vereinigung. Natürlich muß der Ministerpräsident versuchen, in dieser Schlüsselfrage der Politik der abtretenden DDR das Steuer in der Hand zu behalten. Ebenso natürlich muß der Außenminister, der obendrein der um die Macht rivalisierenden Partei im neuen Gesamtdeutschland angehört, eben diesen Anspruch unterlaufen. Es geht um weit mehr als die Prämie, wem in der Sicht der Wahlöffentlichkeit am Ende der größere Verdienst um die Vereinigung zukommt, der CDU des Ministerpräsidenten und CDU-Chefs oder der SPD des Außenministers (und zu Zeiten amtierenden Parteivorsitzenden). De Maizière und die DDR-CDU folgen weitgehend den Auffassungen der Bonner Bundesregierung über den Weg zur Vereinigung, während die Ost-SPD Positionen der "neuen" DDR verkörpert.

Die beiden Parteien verfolgen unterschiedliche Konzepte. CDU-Linie war der Beitritt der in der DDR neu zu bildenden Länder oder der DDR insgesamt gemäß dem Artikel 23 des Grundgesetzes ("In anderen Teilen Deutschlands ist (das Grundgesetz) nach deren Beitritt in Kraft zu setzen"). Dieser Verfahrensweg hätte die "alte" Bundesrepublik mitsamt ihrer Regierung unverändert gelassen und diese lediglich durch den Beitritt "erweitert". Die SPD hätte die Vereinigung über den Artikel 146 bevorzugt ("Dieses Grundgesetz verliert seine Gültigkeit an dem Tage, an dem eine Verfassung in Kraft tritt, die von dem deutschen Volke in freier Entscheidung beschlossen ist"). Markus Meckel hatte im März in einem Streitgespräch mit Innenminister Schäuble unterstrichen:

"Unser Ziel ist ein Vereinigungsprozeß nach Artikel 146 des Grundgesetzes, der mit einer gemeinsamen neuen Verfassung endet, ausgehend vom Grundgesetz."[72]

Inhaltlich strebten die Protagonisten des Herbstes 1989 mit der Vereinigung ein neues Deutschland an, nicht eine bloße Erweiterung der Bundesrepublik. Bärbel Bohley antwortete einmal auf die Frage, wie Deutschland nach der Einigung aussehen sollte:

> "Was danach kommt? Das wird keine DDR und das wird keine Bundesrepublik sein. Etwas ganz anderes."[73]

Angesichts der realen Machtverhältnisse zwischen Bundesrepublik und "neuer" DDR schien frühzeitig absehbar, daß wir in Ost-Berlin den Berg herauf zu kämpfen hatten und daß kaum Aussicht bestand, unsere Konzepte in den Einigungsvorgang einzubringen. Im Sommer 1990 waren aber viele in der DDR noch von dem Selbstbewußtsein erfüllt, die erste Volksrevolution in Deutschland mit überwältigendem Erfolg zuwege gebracht zu haben. Bärbel Bohley etwa setzte weiterhin auf revolutionären Schwung ("Der Regierung de Maizière, Meckel usw. wird gar nichts anderes übrig bleiben, als Rückgrat gegenüber Bonn zu entwickeln, wenn die Bevölkerung hier reagiert").[74] Die Realität entwickelte sich anders. Das mit der Vereinigung über Artikel 146 verbundene Konzept eines Neuanfangs in der deutschen Geschichte schwand rasch dahin. Stattdessen sollte es mit dem Beitritt gemäß Artikel 23 zum Anschluß kommen, tatsächlich zur Abwicklung der sich im Wandel befindenden DDR. Insgesamt ging es mit den unterschiedlichen Konzepten zur Vereinigung keineswegs lediglich um die Machtverteilung im künftigen Deutschland. Weder durch die alte noch durch die neue DDR wollte sich die Bonner Republik auch nur einen Augenblick in Frage stellen lassen.

# 10. OPTIONEN

Dies einfache Teilungsschema wird durch den Umstand kompliziert, daß wesentliche Vorentscheidungen vorab gefällt worden waren. Mir ist immer unklar geblieben, und im Regierungsapparat der DDR auch nie verständlich gemacht worden, wieso ausgerechnet die SPD die im folgenden angegebene NATO-Bindung in das Koalitionsabkommen gebracht hat:

> "Es ist davon auszugehen, daß das vereinigte Deutschland für eine Übergangszeit bis zur Schaffung eines gesamteuropäischen Sicherheitssystems Mitglied der sich in ihren militärischen Funktionen verändernden NATO sein wird."[75]

Vor Regierungsantritt hatten die Sozialdemokraten das noch differenzierter gesehen. Als die Spitzen der neuen SPD im März ihren ersten Vorstellungsbesuch in Washington absolvierten, wollte Markus Meckel allenfalls "Grundelemente (der NATO) in eine künftige Europäische Friedensordnung überführen"; eine Fortführung der Mitgliedschaft Deutschlands im Bündnis sei "nur in der Übergangsperiode vernünftig, bis wir all die gemeinsamen Sicherheitsinstitutionen eingerichtet haben."[76] Andererseits, meinte Meckel damals, könnte die Westallianz nach einer gründlichen "Wandlung zu einem primär politischen Bündnis auch osteuropäische Länder einschließen und so zum Kern einer neuen europäischen Sicherheitsordnung werden."[77]

Mit der Koalitionsvereinbarung war eine andere Lage gegeben. Merkwürdig bleibt allerdings, daß führende Protagonisten der DDR-Außenpolitik die NATO-Bindung nicht so recht wahrhaben wollten. Die *Zeit* schreibt von einem "Ministerpräsidenten der DDR, der nicht angetreten ist, um die neu gewonnene Selbständigkeit der DDR in der alten NATO-Struktur verschwinden zu sehen,"[78] und in seiner ersten (und einzigen) Regierungserklärung zur Außenpolitik forderte de Maizière, daß "das Sicherheitsbündnis, dem Deutschland künftig angehören soll, ... vorrangig politischen Charakter haben (muß)."[79]

Auch die Position Außenminister Meckels bei seinem Besuch im NATO-Hauptquartier in Brüssel weist in diese Richtung: "Die NATO müsse der DDR", so wurde der Minister zitiert, "schon überzeugend klarmachen, warum der Ostteil Deutschlands eintreten solle und was das für die Sicherheit in Osteuropa heiße."[80]

In der Bevölkerung der DDR wurde die Mitgliedschaft in der Westallianz deutlich abgelehnt. In einer vom MfAA in Auftrag gegebenen Meinungsumfrage hatten sich im Sommer lediglich 10 Prozent der Befragten für die mit dem 3. Oktober eintretende Variante ausgesprochen, die NATO-Mitgliedschaft des vereinten Deutschland, obendrein mit der Bedingung, daß die Bündnisse "sich aber in überwiegend politische Organisationen umwandeln müßten." 73 Prozent waren der Meinung, die beiden Militärpakte sollten zeitgleich verschwinden.[81] Eine andere Umfrage etwa zur gleichen Zeit erbrachte recht ähnliche Ergebnisse: 11,2 Prozent Befürworter der NATO-Mitgliedschaft, während 86,9 Prozent der Befragten "einem neu zu schaffenden System europäischer Sicherheit den Vorzug" gaben.[82]

Die konservative Presse forderte unverblümt dazu auf, den Neudemokraten in der DDR, so sie Vorbehalte gegen die NATO äußerten, diese schleunigst abzugewöhnen:

"Auch wird die DDR-Bevölkerung genügend Zeit haben, sich die von Meckel konstatierte 'große Aversion' gegen eine NATO-Mitgliedschaft abzugewöhnen... Da die NATO im Gegensatz zum Warschauer Pakt ein reines Verteidigungsbündnis ist, können solche 'Aversionen', wenn sie wirklich existieren sollten, nur ein Ausfluß verlogener SED-Propaganda sein."[83]

Das PDS-Umfeld setzte verständlicherweise den gleichen Tatbestand gänzlich anders um. Die *Junge Welt* fragte, "wie sich die vorprogrammierte NATO-Mitgliedschaft mit der dazu ablehnenden Haltung von nahezu Dreiviertel der DDR-Bevölkerung verträgt."[84] Auch wurde - zu Recht - gefragt, wie eine NATO-Zugehörigkeit des künftigen Deutschland die Entstehung gesamteuropäischer Sicherheitsstrukturen befördern könne, ja ob sie auf diesem Wege nicht eher hinderlich sei.

Aus gänzlich anderen Gründen als der Wiedervereinigung steht freilich das Westbündnis längst vor einer Reform. Besonders die dominante Rolle der USA geriet schon vor der Wende in Osteuropa in die Kritik. David P. Calleo vertrat in einer breit angelegten Schrift als einer der Wortführer in dieser Debatte die Auffassung, daß Bündnis benötige, um zu überleben, ein anderes Gefüge als die Hegemonie Amerikas. "Das Selbstverständnis, die Aufgabenstellung und Verantwortungsbereiche, aber auch die finanziellen Lasten einer anderen, einer neuen Allianz stehen zur Disposition."[85] Es scheint freilich, daß infolge der Ereignisse im Osten der Reformdruck von der NATO genommen wurde, und sie unter konservativer Führung selbst die Anpassung der Militärdoktrin schleifen ließ ("Man ändert die Doktrin nicht, wenn man 10:0 führt").[86]

Inoffiziell war das power-play, welches die Debatte um die NATO-Mitgliedschaft anzeigte, längst sichtbar. In einem Papier von SPD-Experten heißt es klarsichtig: "Tatsächlich wird bei (den 2+4 - Gesprächen) darüber entschieden, welchen Einfluß die Vier Mächte in Europa noch haben werden, wenn sie nicht mehr über ihre Basen in den beiden deutschen Staaten verfügen können. Das ist der Punkt, der sich hinter dem Streit um die NATO-Zugehörigkeit Gesamtdeutschlands verbirgt. Betroffen ist in erster Linie die Sowjetunion: Wenn es keine DDR mehr gibt, wird ihr Recht der Truppenstationierung in diesem Land hinfällig. Die drei Westalliierten könnten dagegen über die NATO-Mitgliedschaft Deutschlands mit ihren Truppen in Mitteleuropa präsent bleiben."[87]

Auch in der sowjetischen Sicht bildete die Frage der Bündniszugehörigkeit das Kernproblem der Verhandlungen. Alles andere sei zweitrangig gewesen, wurde uns hinterher bedeutet. Zunächst weigerte sich die sowjetische Regierung hartnäckig, die Möglichkeit der Zugehörigkeit des vereinten Deutschland zur NATO auch nur in Erwägung zu ziehen. Außenminister Schewardnadse nannte die Frage gar "zumindest völlig taktlos."[88] Aus dem Frühjahr 1990 liegt eine Reihe von massiven Äußerungen von sowjetischen Spitzenpolitikern gegen eine NATO-Mitgliedschaft vor. "Niemand kann doch heute in der sowjetischen Führung aufstehen," äußerte wiederholt mein Gegenüber im sowjetischen Außenministerium, der Leiter des Planungsstabes Sergej Tarasenko, "und erklären: 'Alles bestens, wir lassen die Deutschen in die NATO'."[89] Schon im März wurde freilich sichtbar, daß die Sowjetunion im Warschauer Pakt mit dieser Ansicht allein stand, und daß alle ihre Verbündeten anderen Auffassungen folgten. Diese traten eher für eine Einbindung Deutschlands ein, durchaus über die Westallianz. Auf dem Außenministertreffen des Warschauer Vertrages Mitte März konnte keine Einigkeit erzielt werden, mit welcher Option UdSSR und DDR in die 2+4 - Gespräche gehen würden.[90] "Nach der letzten Sitzung der Außenminister des Warschauer Pakts könnte man den Eindruck haben," grollte Dimitri Tulschinski, Deutschlandexperte von *Nowosti*, "das künftige Gesamtdeutschland sei schon jetzt von mehreren osteuropäischen Bündnispartnern der NATO zugeschlagen worden. Von der Überlegung ausgehend, ein vereintes Deutschland müsse auch zukünftig innerhalb eines militärischen Systems 'kontrolliert' werden, geben die Warschauer-Pakt-Staaten wesentliche Positionen preis."[91]

Wirkung zeigten besonders Aussagen direkt Betroffener, etwa zweier sowjetischer Oberstn, wie sie der *Spiegel* berichtete:

"Wir sind doch nicht als Besatzer hierhergekommen, sondern als Befreier von Faschismus und Hitlerismus. Wir haben alle die Jahrzehnte die DDR beschützt, und wir waren Freunde. Jetzt aber müssen wir uns beschimpfen lassen wie Verbrecher. Halbstarke werfen uns Steine nach, schmeißen uns die Fensterscheiben ein, unsere Frauen und Kinder müssen schon Angst auf der Straße haben!"[92]

Unser Hauptansprechpartner zur Abklärung solcher Grundsatzfragen und zur kontinuierlichen Konsultation, Wladimir M. Grinin, hochrangiger Sowjetdiplomat in der Ostberliner Botschaft, antwortete Mitte Juni auf die Frage nach "unverzichtbaren Punkten" mit einem

"klaren Nein zur Mitgliedschaft Deutschlands in der jetzigen NATO. Die SU hat keinen Punktekatalog zur Veränderung der NATO, weil klar ist, daß die NATO sich nicht bis zum Ende der 2+4 - Gespräche gewandelt haben wird."[93]

Im Westen wurde allerdings schon früh vermutet, daß die Sowjetführung in der Bündnisfrage nachgeben würde. Der Moskauer Korrespondent der *Zeit* schrieb Anfang Mai:

"Manches spricht deshalb dafür, daß Gorbatschow die vehemente Weigerung, eine NATO-Mitgliedschaft des künftigen Deutschland zu akzeptieren, zunächst als längsten taktischen Hebel eingesetzt hat: Um präsentierbare Rückversicherungen, Reduzierungszusagen und symbolische Gesten der Verkoppelung für den Truppenabzug zu erreichen - um der Perestroika 'Zeit und Würde' zu gewinnen."[94]

Schon im März waren erste sowjetische Stimmen zu vernehmen, die eine NATO-Migliedschaft nicht mehr ausschlossen. Professor Wjatscheslaw Daschitschew, hochrangiger Berater in Moskau, erklärte *Bild am Sonntag*, "daß sich niemand widersetzen können wird, wenn dort Regierung und Volk wünschten, der NATO anzugehören."[95]

Bundesaußenminister Genscher meinte bei internen Beratungen gleichfalls, die Sowjets würden in der NATO-Frage eines Tages "umfallen", und er flocht an einem, wie er dies nannte, "Datenkranz" von Gaben, die der UdSSR dieses erleichtern sollte. Allgemein wurde dieser Schritt für den September 1990 erwartet (so äußerte sich im Gespräch auch US-Außenminister Baker). Als Mitte Juli die Zustimmung der Sowjetregierung zu einer NATO-Mitgliedschaft Deutschlands erfolgte, war das allgemeine Echo unter den Insidern, diesen Schritt habe man erwartet, allerdings nicht so früh.

Die Mitgliedschaft des vereinten Deutschland in der Westallianz stellte nur eine von mehreren Möglichkeiten dar, die "äußere" Frage nach dem künftigen Status des vereinten Deutschland zu beantworten, und für lange Zeit schien sie angesichts des Widerstandes der UdSSR die unwahrscheinlichste. Im Frühjahr hatte die sowjetische Regierung noch die Neutralisierung Deutschlands favorisiert. Danach verlegte sie sich auf eine mögliche

Doppelmitgliedschaft Deutschlands in beiden Allianzen. Markus Meckel suchte ferner durch eine eigene Konzeption, die unter der Bezeichnung "Sicherheitszone" bekannt wurde, in der Frage der äußeren Regelung einen großen Schritt nach vorn zu tun. Auch über die völkerrechtliche Gestalt einer äußeren Regelung gab es unterschiedliche Auffassungen. Präsident Gorbatschow forderte noch im Mai 1990, in einer groß angelegten Rede am Vorabend des Jahrestags der Siegesfeier, den Abschluß eines förmlichen Friedensvertrages. Am Entwurf eines solchen Dokumentes wurde in Moskau bis weit in den Sommer hinein gearbeitet. Zu Zeiten wurde eine Vier-Mächte-Garantie[96] von Teilen des abschließenden Vertrages erwogen oder auch in Aussicht genommen, daß die Konferenz für Sicherheit und Zusammenarbeit in Europa (KSZE) statt der Sechs zum vertragsschließenden Gremium wird.

Die verschiedenen alternativen Optionen beschäftigten die Politikplaner erheblich, auch wenn sie nicht Wirklichkeit wurden. Die Debatten über diese Ansätze bereiteten den Weg zu dem Konsens vor, der schließlich gefunden wurde. Auch bleibt eine knappe Nachzeichnung der verschiedenen Lösungsvorschläge sinnvoll, um eine Antwort auf die Anfrage zu finden, ob sich im Vereinigungsprozeß mehr für die Bildung einer neuen europäischen Friedensordnung hätte bewerkstelligen lassen. Schließlich ist nicht nur für den Politikwissenschaftler das Ergebnis einer Untersuchung reizvoll, warum sich welches der alternativen Konzepte schließlich durchsetzte.

**Neutralisierung**

Besonders in den sowjetischen Konzeptionen spielte die Neutralisierung eines vereinten Deutschland bis in den Frühsommer 1990 hinein die ausschlaggebende Rolle, sie galt als "*die Lösung*."[97] Der Moskauer Korrespondent der *Zeit* hebt hervor:

"In der gesamten Nachkriegsgeschichte waren alle sowjetischen Angebote und Denkansätze zur Überwindung der Teilung gekoppelt mit der Forderung nach Neutralität und Entmilitarisierung Deutschlands."[98]

Österreich, Finnland waren nach eben diesem Modell in die beschränkte Souveränität entlassen worden. Auch war die Neutralisationsoption in der DDR populär. Die erwähnte Meinungsumfrage des "Unabhängigen Instituts" ergab im Juli: "Die Hälfte aller Befragten ist der Meinung, daß beide deutsche Staaten sobald wie möglich zeitgleich aus ihren jeweiligen Blöcken austreten, neutral und entmilitarisiert werden sollten."[99]

Ganz ausgeschlossen wurde die Möglichkeit einer Neutralisierung auch in Bonn nicht. So wurde berichtet, daß man dort den sowjetischen Vorschlag einer "Übergangsperiode" mit dem Neutralismuskonzept verknüpft wertete: "In der CDU/CSU besteht die Sorge, hinter dem Vorschlag Schewardnadses stecke das Ziel, ein vereinigtes Deutschland zu neutralisieren."[100] Die Befürchtungen der CDU hatten einen berechtigten Kern. "Übergangsperiode" war neuerdings bei den Sowjets die Sammelformel für den Ansatz, in Verbindung mit dem deutschen Einigungsvorgang in recht knapper Frist eine deutlich spürbare Verschiebung der Problematik der europäischen Sicherheit zu bewirken, weg von der Blockstruktur durch deren Auflösung. Unsere sowjetischen Gesprächspartner verstanden den Widerstand in der Bundesrepublik gegen eine Lockerung der Bindungen an die NATO recht gut, und sprachen mit ihren Überlegungen recht geschickt Diskussionen in der deutschen Friedensbewegung an.

In Wirklichkeit hatte der Neutralisierungsansatz nie eine Chance. Er war zu sehr als sowjetischer Versuch diskreditiert, Deutschland als wesentlichsten Nutznießer des Endes des Kalten Krieges keiner Seite, auch nicht dem Westen, als Prämie zufallen zu lassen. Auch war Neutralisierung das Schlüsselkonzept der Außenpolitik der kurzlebigen PDS-Übergangsregierung von Hans Modrow gewesen. In seiner "Einig-Vaterland"-Rede Anfang Februar hatte der Ministerpräsident erstmalig Abstand von der Erwartung einer weiteren Eigenständigkeit der DDR genommen, im Übereinklang mit den Sowjets aber die Neutralität des künftigen Gesamtdeutschland gefordert. Die beiden deutschen Staaten hätten eine Konföderation bilden sollen, als deren "Notwendige Voraussetzung" knapp angegeben wurde:

"Militärische Neutralität von DDR und BRD auf dem Wege zur Föderation."[101]

In einer kurz darauf folgenden Erklärung hatte Modrow selber die Neutralitätskonzeption abgeschwächt ("So gibt es Widerspruch zur Idee einer militärischen - ich wiederhole: militärischen - Neutralisierung des künftigen Gesamtdeutschland. Nun, dann soll man doch über diesen Streitpunkt diskutieren").[102]

Besonders die kleineren Nachbarstaaten Deutschlands im Osten machten zum Teil heftig gegen die Neutralisierungsidee Front. Der tschechische Außenminister Dienstbier nannte sie die "schlimmste Variante" der möglichen Optionen.[103] Ähnlich äußerte sich der ungarische Außenminister. Besonders deutlich fiel die Ablehnung in Polen aus. Premierminister Mazowiecki äußerte im März 1990 mit nachdenklich stimmender Begründung:

"Wir glauben langfristig nicht an die Möglichkeit eines neutralen Deutschlands, das Land ist zu groß. Wir unterstützen die Idee einer Neutralität im klassischen Sinne des Begriffs nicht."[104]

Sein Außenminister Skubiszewski hielt Neutralität Deutschlands für "nicht wünschenswert", weil dadurch das künftige Deutschland isoliert und auf einen Weg geführt werden könnte, der für Europa nicht gut sei. "Wie kann denn," fragte er, "der Neutralitätsstatus erhalten werden, wenn dieser Staat, eine wirtschaftliche Großmacht, sich eines Tages für eine ... expansive Politik entscheidet?"[105]

## Doppelmitgliedschaft

Die Ansicht, ein vereintes Deutschland würde zunächst Doppelmitglied in den östlichen und westlichen Integrationsgemeinschaften, sowohl den militärischen wie den wirtschaftlichen, ist keineswegs eine DDR-Erfindung oder eine Konstruktion der sowjetischen Diplomatie. Sie war in Mittel- und Osteuropa weit verbreitet. Der neu angetretene tschechische Außenminister Dienstbier meinte Ende Januar 1990:

"Es könnte leicht der Fall eintreten, daß morgen Demonstranten in Berlin und Leipzig entscheiden, die Grenzen allesamt niederzureißen, und plötzlich gibt es ein Land, das halb im Warschauer Pakt und halb in der NATO ist, und niemand wird das verhindern können. Und zwar nicht, wenn eine Nation von 80 Millionen einfach entscheidet, so zu verfahren."[106]

Später argumentierte Dienstbier weniger populistisch. Seine Kernthese wurde im MfAA wiederholt vertreten. Im Juni wurde die Frage erörtert, ob Deutschland weiterhin dem Rat für gegenseitige Wirtschaftshilfe (RGW) angehören sollte, und der alte Apparat sprach sich deutlich dafür aus.[107] Bald jedoch wurde unter "Doppelmitgliedschaft" allgemein nur noch die sicherheitspolitische Problematik diskutiert.

Der vom sowjetischen Außenminister Schewardnadse im Juni in Berlin vorgelegte Plan mit einer Übergangsperiode, in der sämtliche internationalen Verträge der Deutschen für fünf Jahre weiter gelten sollten, galt als letzter Vorstoß, eine Zugehörigkeit Deutschlands zu beiden Bündnissen zu erreichen ("Faktisch liefe dies auf eine von der UdSSR seit längerer Zeit gewünschte Doppelmitgliedschaft Deutschlands in beiden Bündnissystemen hinaus", so ein Kommentar),[108] oder zumindest als "Versuch, das Problem der Bündniszugehörigkeit zu entschärfen."[109] Zuletzt hatte kurz vor dem

Kohl-Gorbatschow Gipfel Mitte Juli der stellvertretende Direktor des Europa-Institutes der Akademie der Wissenschaften, Karaganow, den Vorschlag der Doppelmitgliedschaft unterstrichen:

> "Worin läge der mögliche Kompromiß, die dringend nötige, gesichtswahrende Lösung? Für mich liegt sie für Gesamtdeutschland in einer Kombination seiner NATO-Mitgliedschaft mit einer irgendwie gearteten Assoziierung an den Warschauer Pakt - etwa einer Mitgliedschaft in dessen politischen Gremien oder einem Beobachterstatus, vielleicht sogar nur für eine Übergangszeit."[110]

Kurz zuvor, auf dem geheimen Gipfeltreffen des Warschauer Paktes am 7. Juni 1990 in Moskau, hatte Michail Gorbatschow persönlich noch einmal eine Lanze für das Konzept gebrochen:

> "Es liegt im Interesse aller europäischen Völker und Deutschlands selbst, daß es seine Zukunft nicht mit einer Blockstruktur verknüpft, sondern sich gleich im Westen und im Osten fest verankert und zu einem zuverlässigen Partner für ausnahmslos alle Europäer wird."[111]

Nach längeren Ausführungen (in seinem Redemanuskript drei Seiten) über das mögliche Echo im Westen sprach Gorbatschow die Idee erneut an:

> "So könnte auf neue Weise auch die Frage der Sicherheit des vereinigten Deutschland gelöst werden. Und zwar, sagen wir mit Hilfe seines Aufbaus auf zwei Stützpfeilern, dem Westen und dem Osten. Als vorläufige Überlegung könnte das irgendeine Form der assoziierten Mitgliedschaft in zwei Blöcken sein, solange sie bestehen. Eine derartige doppelte Mitgliedschaft könnte zu einem verbindenden Element, eine Art Vorläufer neuer europäischer Strukturen werden."[112]

Hernach wendete Gorbatschow diese allgemeine Position in praktische Ausführungen, die unmittelbar den 2+4 - Prozeß ansprachen:

> "Ein vereinigtes Deutschland könnte erklären, daß es im Verlauf einer Übergangsperiode all die Verpflichtungen einhalten wird, die von der BRD und der DDR hinterlassen werden, daß die Bundeswehr nach wie vor der NATO und die Streitkräfte der DDR der Regierung des neuen Deutschland untergeordnet sind. Gleichzeitig würden auf dem Territorium der heutigen DDR die sowjetischen Truppen verbleiben. Und all dies könnte durch eine Vereinbarung zwischen dem Warschauer Vertrag und der NATO ergänzt werden, durch eine Vereinbarung speziell zu dieser Frage."[113]

Im weiteren Verlauf seiner Ansprache, die er zunächst frei hielt, griff Gorbatschow zu seinen Unterlagen ("Offensichtlich habe ich hier noch zusätzliche Materialien, die in Washington genutzt wurden, und ich möchte einiges davon verwenden") und führte, zu unserem Erstaunen seine Ausführungen zur Doppelmitgliedschaft relativierend und nicht immer klar verständlich, an:

"Insgesamt möchte ich daran erinnern, daß es gerade innerhalb des NATO-Blocks mindestens fünf/sechs verschiedene Arten der Mitgliedschaft gibt. Es gibt das französische Modell, das dänisch-norwegische Modell der Nichtstationierung von ausländischen Stützpunkten und Kernwaffen in Friedenszeiten, das britische Modell der Teilnahme an der militärischen Organisation ohne Unterordnung der nuklearen Streitkräfte Großbritanniens unter das Vereinte Oberkommando - äußerst harte Begrenzungen der Souveränität, insbesondere bezüglich des Luftraumes, das amerikanische Modell und andere."[114]

Gorbatschow forderte dann eine "Suche nach neuen Modellen", welche - so verstanden wir - möglicherweise für das künftige Deutschland auch "äußerst harte Begrenzungen der Souveränität" beinhalten konnten.

Markus Meckel entschloß sich, in einer Presserklärung den Vorschlag Gorbatschows für eine Doppelmitgliedschaft förmlich zu begrüßen. Da der von ihm redigierte Text seine Vorstellungen und seine Redeweise überaus deutlich wiedergibt, sei er etwas länger zitiert:

"Der Außenminister der DDR, Markus Meckel, begrüßt den am 12.6.1990 neu eingebrachten bündnispolitischen Vorschlag des Präsidenten der UdSSR, Gorbatschow. Der darin enthaltene Gedanke, über eine assoziierte Teilnahme des vereinten Deutschlands in beiden vorhandenen Bündnissen, den deutschen Einigungsprozeß mit dem europäischen Prozeß zu verbinden, zeigt das Bemühen der UdSSR, konstruktiv zur Diskussion um Lösungen der Probleme des deutschen Vereinigungsprozesses beizutragen.

Wichtigste außenpolitische Ziele im Rahmen der staatlichen Vereinigungspolitik der Regierung der DDR sind die Überwindung der Blöcke sowie die Schaffung einer gesamteuropäischen Sicherheitsstruktur. Dabei kann und soll Deutschland eine Brückenfunktion zwischen den ökonomisch, kulturell und politisch unterschiedlich entwickelten Teilen Europas spielen. Der Vorschlag Gorbatschows sollte Anlaß zum Nachdenken sein, ob auf diese Weise eine verbindliche Übergangslösung geschaffen wird."[115]

In Bonn fielen bei der Nachbereitung der Außenministerkonferenz die Voten nicht eindeutig negativ gegen eine mögliche Mitgliedschaft Deutschlands in beiden Bündnissen aus. Von Genscher wird berichtet, daß er einen solchen Weg nicht ausschloß ("Selbst die in der CDU/CSU geäußerte Befürchtung, der sowjetische Vorschlag könnte die paradoxe Situation eines einigen Deutschland mit doppelter Mitgliedschaft zu NATO und Warschauer Pakt hervorbringen, schreckt den Außenminister nicht").[116] Auch westliche Analytiker vermochten einer Doppelmitgliedschaft Vorteile abzugewinnen. Walther Stützle, Direktor des Stockholmer SIPRI-Instituts für Friedensforschung, argumentierte im Mai 1990:

> "Die Vorteile einer Doppelgemeinschaft liegen auf der Hand: Deutschland wäre eingebunden und hätte Durchblick durch beide Allianzen, während beide Bündnisse das deutsche Geschehen überschauen könnten. Aus Deutschland, dem Symbol der Spaltung Europas, würde das Symbol für das zusammenwachsende Gesamteuropa."[117]

Ähnlich wertet Lothar Rühl als "Kern" für eine Friedensordnung in Europa "eine Sicherheitspartnerschaft zwischen der atlantischen Allianz und der Sowjetunion."[118] - Stützle sieht auch Nachteile ("müßte wie eine Sonderlösung für Deutschland wirken", "würde den ehemaligen Verbündeten der Sowjetunion zumuten, den Warschauer Pakt wiederzubeleben in einem Augenblick, da sie danach trachten, dieses Symbol von Unterordnung und Einflußlosigkeit endlich loszuwerden").[119] In verschiedenen Kommentaren wurden weitere Gründe gegen eine Doppelmitgliedschaft angeführt (originell etwa Karl-Heinz Baum in der *Frankfurter Rundschau*: "Schon deshalb nicht realistisch, weil der künftig eine deutsche Verteidigungsminister zugleich in zwei Bündnissen wäre und letztlich gegen sich selbst stimmen könnte").[120] Tatsächlich schwanden alle Realisierungschancen für das intellektuell reizvolle Konzept eines Doppelbündnisses wegen des raschen Zerfalls des Warschauer Paktes zunehmend dahin.

Überlegungen zur Umsetzung des Konzeptes haben dem DDR-Außenminister viel öffentliche Schelte eingetragen. Die Ansicht von Markus Meckel, daß auf dem Gebiet der neuen fünf Länder eine von der übrigen Bundeswehr abgesonderte Territorialtruppe unter einem unabhängigen Oberbefehl eingerichtet werden sollte, stieß auf gehässige Kommentare (*Der Tagesspiegel*: "Grotesker Versuch, sowjetischer als Gorbatschow zu sein"; "Schildbürgerstreich"; "Ob es sich hier nur um persönliche Eitelkeit oder im Zusammenspiel mit dem DDR-Verteidigungsminister Eppelmann um das Bemühen zweier pazifistisch gesinnter Pfarrer handelt, ihre spät entdeckten militärischen Talente für die Nachwelt zu erhalten, sei dahingestellt").[121]

Dennoch blieb dieser Ansatz nicht bedeutungslos. Nach dem 3. Oktober 1990 ergab sich für die fünf neuen Bundesländer im ehemaligen DDR-Gebiet faktisch eine Situation, wie sie mit diesem Vorschlag vorbedacht worden war: Obwohl es sich um NATO-Territorium handelt, gehörte die größte dort zu findende Streitmacht, die Westgruppe der Sowjetischen Streitkräfte, zum Osten, ja stellte eine seiner wichtigsten Gruppierungen dar. Auch wenn dies nur für eine Übergangsphase Realität bleibt, so zwingt doch die absurde Situation beiden Militärorganisationen in Deutschland eben jenes Maß an Kooperation auf und veranlaßt sie zu Umdispositionen in ihrer Taktik, die von den Befürwortern einer vollen Doppelmitgliedschaft angestrebt wurde. - Weiter in die Zukunft weisend ist ferner die Idee einer blockübergreifenden Bindung zwischen Ost und West. Ansätze, wie sie etwa Walther Stützle mit einer europäisch-amerikanischen Allianz, von ihm "EATO" benannt, oder Egon Bahr mit seinem Vorschlag einer "Europäischen Sicherheitsgemeinschaft" (ESG) unter Einschluß der UdSSR vorgelegt haben, greifen gedankliche Substanz der Konzeption einer Doppelmitgliedschaft weitgehend auf. Sowjetberater Valentin Koptelzew gab in einer öffentlichen Veranstaltung in Potsdam eine weithin überzeugende Begründung: Würde die UdSSR Mitglied der Atlantischen Allianz, verstünde jeder im Westen, daß "wir keine Bedrohung darstellen und daß die uns beschäftigenden Probleme gänzlich anderer Art sind." In das von ihm vorgeschlagene West-Ost-Bündnis müßten nach Stützle "auch die ehemaligen Verbündeten der Sowjetunion im Warschauer Vertrag, zumindest aber Polen, die CSFR und Ungarn" aufgenommen werden; Polen fühlte sich nicht "erneut zwischen Deutschland und der Sowjetunion eingeklemmt"; "Deutschland bliebe integriert, unter Teilhabe aller für das sicherheitspolitische Geschehen in Europa wichtigen Staaten, und dies nicht nur zugunsten des Westens"; "Gorbatschow könnte seinen innenpolitischen Widersachern einen Erfolg vorweisen." Die Nähe zu dem sowjetischen Vorschlag einer Doppelmitgliedschaft sieht Stützle selber ("Daran könnte auch Außenminister Schewardnadse gedacht haben, als er vor wenigen Wochen überraschend vorschlug, Deutschland solle Mitglied in beiden Allianzen werden").[122] Im Ergebnis freilich mußte die UdSSR von all ihren Vorstellungen einer förmlichen deutschen Zwitterstellung - von der Neutralität ebenso wie von der Doppelmitgliedschaft in beiden Bündnissen - aus verschiedenen Gründen Abschied nehmen.

**Sicherheitszone**

Das Konzept einer bald so genannten "Sicherheitszone" war eine Idee, die Markus Meckel sehr beschäftigte. Nach seiner Überlegung könnte die Sowjetunion ihre ablehnende Haltung gegen eine NATO-Mitgliedschaft des vereinten Deutschland aufgeben, wenn die Rolle der künftigen Bundeswehr in bestimmter Weise festgelegt würde. Die Vorsicht Moskaus hatte in der Sicht des Außenministers mit der Befürchtung zu tun, daß sich in Mitteleuropa, unter dem Schirm der NATO, eine neue Überlegenheit aufbauen könnte - "ein Trauma für die Sowjetunion", wie er wiederholt hervorhob. Eine militärische Verbindung Deutschlands mit unseren Wunschpartnern

Polen und CSFR als "Bündnis zwischen den Bündnissen", so der Grundgedanke, sollte geeignet sein, nicht nur bei den Sowjets, sondern bei allen Nachbarn Ängste vor dem Militärpotential des vereinten Deutschland gar nicht erst aufkommen zu lassen.

Anfang Juni äußerte Markus Meckel vor der KSZE in Kopenhagen seine Ansichten zum ersten Male öffentlich. In Interviews faßte er sein Bestreben zusammen, "verschiedene Gedanken in ein Konzept zu bringen."[123] Der erste Schritt in seinen Überlegungen war ein formaler: "Wir brauchen nicht nur klare Aussagen, wir brauchen auch Verbindlichkeiten." Vor allem ginge es darum, sich "konkrete Gedanken (zu) machen, wie Sicherheit Richtung Osten von Deutschland aus organisiert werden kann":

> "Vorstellbar ist auch (neben einem Vertrag zwischen den Bündnissen, U.A.), daß es eine Sicherheitszone gibt, die für eine Übergangszeit, in der die sowjetischen Truppen noch auf deutschem Boden stehen, den östlichen Teil Deutschlands, Polen und die Tschechoslowakei umfaßt. Hier sollte eine Zone geschaffen werden, die klar vertraglich geregelt und durchaus auch als militärische Zone gedacht ist."[124]

Nach Meckels Vorstellung sollte ein Vertrag über eine solche Sicherheitszone zwischen den drei zentraleuropäischen Staaten ausgehandelt und den beiden großen Militärbündnissen zur Anerkennung vorgelegt werden. Er sah selber die wie bei dem Konzept der Doppelmitgliedschaft widersprüchlichen Momente in seinem Ansatz, wertete diese als geschulter Dialektiker jedoch als Triebmomente hin zu wünschenswerteren Strukturen:

> "Eine solche Zone würde der Sowjetunion auch eine gewisse Sicherheit geben. Wenn man so will: ein Bündnis zwischen den Bündnissen. Das muß so konstruiert sein, daß dieses neue Bündnis sagt, wir würden uns nach beiden Seiten verteidigen, wenn es Probleme gibt. Dies ist vielleicht in der Struktur etwas absurd, könnte aber für eine Übergangszeit eben Sicherheit schaffen. Gleichzeitig würde es aber deutlich machen: Hier muß weiter gedacht werden in Richtung gesamteuropäischer Strukturen."[125]

In einem Interview mit dem *Neuen Deutschland* akzentuierte Meckel, daß es ihm besonders um die Fortentwicklung des KSZE-Prozesses ging:

> "Wir wollen grundsätzlich europäische Sicherheitsstrukturen, also unsere Priorität liegt bei der KSZE und eben nicht bei der NATO. Das heißt, Sicherheit muß gesamteuropäisch gedacht werden, und die DDR hat zusammen mit Polen und der CSFR einen trilateralen Vorschlag zur Institutionalisierung des KSZE-Prozesses erarbeitet. Zugleich sollte Sicherheit aber auch stärker regionalisiert werden."[126]

Kurz darauf wiederholte Außenminister Meckel seine Überlegungen, wie "in Richtung Osten Sicherheit verbindlich gedacht und organisiert werden kann", am 14. Juni vor der Volkskammer. Er spitzte seine Argumentation in dreifacher Hinsicht zu:

> "Es müssen Übergangsstrukturen für eine gesamteuropäische Sicherheit gefunden werden. Bei einer solchen Zone - so war der Gedanke - wäre eine Verflechtung der jetzigen Bündnissituation geschaffen... Gleichzeitig wäre es aber eine trilaterale ... Verabredung, ... ein Sicherheitsvertrag, Nichtangriffsvertrag mit Verifikationssystemen."[127]

In der Weiterentwicklung des Ansatzes spielten diese drei Aspekte eine wesentliche Rolle. In unserer Sicht fehlte es erstens in der europäischen Politik, auch und gerade in Bonn, an konzeptionellen Überlegungen, welche "Übergangsstücke" denn zu einer gefestigten europäischen Friedensordnung führen könnten. Zum zweiten schien Meckels Idee einer "Verflechtung der jetzigen Bündnissituation" über mehrere Staaten konsensfähiger als die sowjetische Position einer Doppelmitgliedschaft lediglich Deutschlands. Eine deutsche Sonderrolle würde so vermieden. Drittens würde eine wesentliche Funktion der Streitkräfte künftig in der Verifikation von Rüstungsminderungen liegen - warum diese Aufgabe nicht von vornherein übernational organisieren, etwa trilateral gemeinsam mit Tschechen und Polen, um so zu sehr viel mehr an Vertrauensbildung zu gelangen, als die sogenannten "vertrauensbildenden Maßnahmen" der Vergangenheit dies ermöglichten?

Unter Meckels Beratern fand die Idee des Außenministers zunächst wenig Anhänger. "Poldi" von Braunmühl äußerte sich gar strikt ablehnend. Mir leuchtete das Anliegen jedoch ein, und ich bekam den Auftrag, das Konzept auszuarbeiten. In seiner letzten Fassung, die der tschechischen und der polnischen Regierung zugänglich gemacht wurde, zielte das Konzept der Sicherheitszone auf die Errichtung eines besonderen Verifikationsregimes in Mitteleuropa und war eng verbunden mit Überlegungen zur Weiterentwicklung der KSZE. Weil das Dokument Denk- und Mitteilungsstil im MfAA jener Tage direkt widerspiegelt, sei es etwas ausführlicher zitiert, zunächst aus der Vorbemerkung:

> "Infolge der demokratischen Revolutionen in Mittel- und Osteuropa verändert sich der Kontinent. Auch in der Sicherheits- und Friedenspolitik sind die neuen Regierungen aufgerufen, durch eigene Konzepte die europäische Politik mit zu gestalten. Die im folgenden skizzierte Idee stellt den Versuch einer solchen Antwort für die DDR dar. Die DDR ist unter den neuen demokratischen Regierungen diejenige, welche nicht von Dauer sein wird, weil sie in der Vereinigung der Deutschen aufgeht. Deswegen auch das Voranschreiten mit der folgenden Initiative. Sie wird getragen von dem Motiv, die Vereinigung so zu gestalten, daß besonders unsere Nachbarn im Osten durch diesen Schritt ein deutliches Mehr an Sicherheit gewinnen, daß sie keine Furcht vor dem militärischen Potential eines vereinigten Deutschland haben müssen, daß der

europäische Prozeß insgesamt von der deutschen Einigung profitiert, und daß der KSZE-Prozeß der Bildung von Sicherheitsstrukturen kollektiver Art angeregt wird."

Es folgen Ausführungen, wie dieser Vorschlag in die Ausarbeitung des Mandats für eine Fortführung der Verhandlungen in Wien eingebracht werden könnte. Infolge der revolutionären Veränderungen im Osten würde sich eine zweite Wiener Abrüstungskonferenz, soviel war im Frühsommer 1990 absehbar, nicht mehr hauptsächlich auf die beiden Militärallianzen stützen können. Bei internen Beratungen hatte Egon Bahr besonders den Gedanken vertreten, das Konzept "Sicherheitszone" über die Bildung des Mandats für eine Fortführung der Wiener Verhandlungen in die internationale Diskussion einzufädeln. Angesichts der Gedankenarmut bei den westlichen Politikplanern schien dies durchaus aussichtsreich. - Das Ländertrio Deutschland-Polen-CSFR wurde als Subregion zu der bei den Wiener Verhandlungen definierten "Region Zentraleuropa" angelegt, zu der ferner noch die Benelux-Staaten, Dänemark und Ungarn gehören:

"Dieser Subregion gilt unter dem Stichwort 'Nachbarschaftsregelungen' der folgende Vorschlag für die Bildung einer Sicherheitszone neuer Art.

Das Projekt einer Sicherheitszone in Zentraleuropa ist nicht neben oder gar gegen das Bestreben zu setzen, die KSZE zu einer Institution europäischer Sicherheit zu entwickeln. Im Gegensatz stellt es einen Ansatz dar, die Idee vom Europa der Regionen friedenspolitisch umzusetzen."

Im folgenden ist von der Gefahr einer Balkanisierung des europäischen Kontinents die Rede, die nach der Auflösung der Blöcke eintreten könnte, und der durch geeignete internationale Schritte entgegen getreten werden solle. Auch wird der künftige militärpolitische Zustand des ehemaligen DDR-Territoriums, in welchem die NATO keine vollen Rechte haben würde und aus dem die Sowjets abzögen, als "labile Übergangsphase" gewertet.

Auch Berater aus dem alten Apparat begannen, sich für das Projekt des Außenministers zu erwärmen. Deutschland solle Kern einer Reduzierungszone von Rüstung werden, in der Abrüstung regionalisiert und multinational betrieben werden könnte, lautete der Vorschlag eines früheren stellvertretenden Außenministers. In einem Arbeitspapier aus dem Apparat heißt es defensiv, die polemischen Stichworte aus der 2+4 - Debatte aufgreifend: "Es handelt sich nicht um die 'Singularisierung' des Gebiets der CSFR, der Republik Polen und der jetzigen DDR, auch nicht um eine 'Pufferzone', sondern um die beschleunigte Realisierung einer zukünftigen Friedens- und Sicherheitsstruktur. Kernelemente einer zukünftigen KSZE-Friedensstruktur werden vorweggenommen. Damit werden beispielhaft zwischen Gebieten (jetzige DDR, zukünftig Ostteil Deutschlands), die völkerrechtlich zur NATO gehören werden, und Staaten, die gegenwärtig Mitglied der Warschauer Vertragsorganisation sind, besondere Bindungen hergestellt."[128] Am besten würde der Vorschlag als Vorstoß der drei, der DDR gemeinsam mit Polen und der CSFR, in Wien eingebracht.

Die Außenminister Polens und der CSFR erhielten spezielle Ausarbeitungen zur "Sicherheitszone". Als erster reagierte der polnische Außenminister, mit vorsichtiger Zurückhaltung. In einem Brief versicherte Skubiszewski, "daß ich voll und ganz die Motive und Ziele, denen sie dienen soll, würdige. Zweifelsohne bereichert sie die Diskussion um zukünftige Sicherheitsstrukturen in Europa." In der Sache meinte Skubiszewski freilich, die polnische Regierung

"steht auf dem Standpunkt, daß jegliche Mitteleuropa betreffende Lösungen von der Rolle Polens als Subjekt bei der Wahl des völkerrechtlichen Status ausgehen müssen. Sie dürfen die Verwirklichung des strategischen Ziels der Annäherung und Integration mit Westeuropa nicht erschweren. Sie dürfen den Sicherheitsstatus Polens gegenüber dem übrigen Europa nicht mindern."

Der polnische Außenminister äußerte Unterstützung für "die Idee der Schaffung vertrauensbildender Maßnahmen zwischen benachbarten Staaten. Wir sind bereit, in dieser Hinsicht über die Wiener Verhandlungen hinauszugehen." Er endete aber skeptisch: "Ich bitte daher, meine Vorsicht, ja manchmal Zweifel in bezug auf Lösungen in Form von engen Zonen zu verstehen."[129]

Deutlicher äußerten sich die Tschechen. Bei denen hatten wir noch am stärksten auf positive Resonanz gerechnet. In einem Interview hatte Präsident Havel etwa geäußert: "Ich sehe Mitteleuropa heute als spezifisches Versuchsfeld an."[130] Solche Äußerungen verstanden wir als Bestätigung unserer Experimentierfreude. Nach einer ersten Präsentation des Vorschlages einer Sicherheitszone in Prag durch Peter Schlotter, einen Mitarbeiter des Planungsstabes und Meckel-Berater, war das Echo noch freundlich ("interessantes Projekt, dem die CSFR in allen wesentlichen Punkten zustimmen könnte"). In einer internen Information für den tschechischen Außenminister und seine Stellvertreter heißt es freilich:

"Das einzige, wo die CSFR 'nicht mitgehen könnte', wäre die Beteiligung an der Stationierung von gemischten Truppen. Angesichts der immer noch nachwirkenden Empfindlichkeiten aus der Okkupation von 1968 würde vom tschechoslowakischen Volk eine Beteiligung tschechoslowakischer Einheiten an multilateralen Verbänden nicht verstanden werden."[131]

Zudem wünschte man in Prag zu erfahren (mich beeindruckte die Reihenfolge), "wie man in Washington, Moskau und Warschau" über Meckels Vorschlag dächte. - Kurz darauf fuhr der DDR-Außenminister selber in die Tschechoslowakei, um sein Projekt zu erläutern. Zunächst trug Meckel Ministerpräsident Marian Calfa seine Idee vor, umfassende freiwillige Verifikationsmaßnahmen zwischen den drei Staaten seines Zonenkonzeptes vorzunehmen, "die weit über das Resultat der sogenannten Wien-I-Verhandlungen hinausgehen würden."[132] Außenminister Jiri Dienstbier antwortete für die tschechische Regierung und betonte, "daß die CSFR davon ausgehe, keinen Sonderstatus für Deutschland im vereinigten Europa zu schaffen. Vielmehr sollte die jetzige Situation für einen wirklichen Neuanfang in ganz Europa genutzt werden. Zwar liege die Begrenzung der deutschen Streitkräfte im Interesse aller europäischen Staaten, doch müsse dies mit dem Abbau der Streitkräfte der anderen Länder einhergehen. Provisorien, die durch Teilschritte geschaffen würden, bergen die Gefahr, sich zu verfestigen, und letztlich die Herstellung gesamteuropäischer Strukturen zu erschweren. Pufferzonen könnten sich als sicherheitspolitische Grauzonen erweisen, die im Konfliktfall den Erstschlag förmlich auf sich ziehen würden. Die tschechoslowakische Seite sei der Auffassung, daß bisher vorgenommene Teilschritte an der strategischen Gesamtsituation in Europa nichts geändert hätten."[133]

Dienstbier meinte weiter, daß "die CSFR ... nicht grundsätzlich gegen den Gedanken (sei), Zonen militärischer Entflechtung zu schaffen." Er machte im Folgenden jedoch deutlich, daß es seiner Regierung darum ginge, einen Status wie irgendein anderes (west-) europäisches Land zu haben, ohne Sonderbedingungen, und daß ferner in jede neuen Vorschläge die beiden Kernwaffengroßmächte eingebunden sein sollten ("Deshalb habe nach tschechoslowakischer Auffassung die Bildung gesamteuropäischer Strukturen unter Einbeziehung der Sowjetunion den Vorrang vor der Bildung von Zonen").[134]

Markus Meckel verteidigte seinen Ansatz nochmals: Es ginge bei dem DDR-Vorschlag darum, "mit Sicherheitszonen den gesamteuropäischen Prozeß zu stimulieren und die besondere Situation in Mitteleuropa, insbesondere die Überwindung der deutschen Teilung, dafür zu nutzen. Der Vorschlag gehe über eine reine vertrauensbildende Maßnahme hinaus und bedeute keinesfalls eine 'Pufferzone', die nur zwischen zwei hochgerüsteten Blöcken einen Sinn mache und die von Außenminister Dienstbier genannten Gefahren tatsächlich beinhalten würde. Vielmehr sollen mit diesem Vorschlag gesamteuropäische Strukturen vorweggenommen werden, um sie auf ganz Europa auszudehnen."[135]

Zeitungsberichten zufolge sah sich zudem "die CSFR-Seite von den Details der Meckel-Vorschläge überrascht. Offenbar hatte ihr der Entwurf zuvor nicht vorgelegen."[136] Das traf zwar nicht zu - Markus Meckel hatte Peter Schlotter als einen seiner Berater vorab mit einem Konzeptpapier nach Prag geschickt. Die Pressekritik spiegelt dennoch einen wiederholt vorgetragenen Kritikpunkt an der Meckel-Initiative wider: Es habe an diplomatischer Routine gemangelt, einen solchen umfassenden Vorschlag geschickt genug einzubringen. Jedenfalls wurde im Juli deutlich, daß Meckels Idee bei Polen und Tschechen nicht hinreichend Unterstützung fand. Auch wurde innenpolitisch die Ablehnungsfronde breiter. Markus Meckel mußte sich in einem Rundfunkinterview vorhalten lassen, daß "de Maizière beklagte, daß er nichts davon gewußt habe."[137] Verteidigungsminister Eppelmann nannte den Vorschlag von Meckel "nicht besonders hilfreich." Die ganze Kraft der Blöcke müsse vielmehr auf die Schaffung eines einheitlichen Systems gerichtet sein. Im Juli entschloß Markus Meckel sich, das Projekt "Sicherheitszone" nicht weiter zu verfolgen.

Der westdeutsche Außenminister hatte auf Meckels Ideen zunächst, so meint dieser jedenfalls, nicht ablehnend reagiert:

"Ich hatte in Kopenhagen Herrn Genscher davon erzählt und freundlich zurückhaltendes Interesse gehört und die Frage, was wird die Sowjetunion dazu sagen?"[138]

Später kam Meckel selber diese Wertung zu einfach vor:

"Es war wahrscheinlich auch meine eigene diplomatische Unerfahrenheit, daß ich dieses freundlich zurückhaltend Sein nicht klarer als Ablehnung, von vornherein Ablehnung, verstanden habe, wenn mir natürlich auch klar war, daß dies völlig neue Wege geht - und die Absicht, völlig neue Wege zu gehen, war nicht so sehr groß."[139]

Die *Welt* sprach von einem "allen Bonner Ansichten zuwiderlaufenden Vorschlag".[140] Schon Anfang Juni war deutlich geworden, daß es im Westen kein positives Echo geben würde. Am 5. Juni hatte Markus Meckel zum Beispiel den amerikanischen Außenminister Baker getroffen. Als dessen Reaktion auf die "Sicherheitszone" wird festgehalten:

"Außenminister Baker bekundete seine Skepsis bezüglich dieses Plans. Er warf die Frage auf, wer denn im Falle eines Angriffs auf das dann ehemalige Gebiet der DDR dieses verteidigen müsse. Im übrigen sei es fraglich, wie die Mitgliedschaft Gesamtdeutschlands in diesem Fall auszugestalten sei."[141]

Intern wurde später besonders die Art und Weise kritisiert, in der das Konzept der "Sicherheitszone" gehandhabt wurde (Wolfgang Wiemer äußerte sich am deutlichsten: "Undurchdacht, kam viel zu früh heraus und hat unsere Seriosität in Frage gestellt. Die Presseaufmerksamkeit war da, aber wirkte verheerend").[142] Markus Meckel hat diese Kritik später aufgegriffen und frei akzeptiert ("Fehler meinerseits")[143], allerdings - ich meine, zu Recht - unterstrichen, daß er "nach wie vor denke, daß, wenn man mehr Zeit gehabt hätte, in dieser Richtung sicherheitspolitisch weiter zu denken ist, daß irgendwo angefangen werden muß, gesamteuropäische Sicherheit nicht nur von allen zu erwarten, sondern selber zu tun."[144]

Die verschiedenen Vorschläge - Neutralisierung, Doppelmitgliedschaft in verschiedenartiger Gestalt, Sicherheitszone - galten einem gemeinsamen Problemzustand, der nach unserem Eindruck im Westen so nicht anerkannt wurde, sondern der durch den vollständigen Abzug der Sowjets entfallen sollte. Meckel faßte dies im Juni 1990 so zusammen:

> "Auch ein künftiges europäisches Sicherheitssystem braucht regionale Strukturen. Gleichzeitig haben wir im Osten Deutschlands eine Sondersituation. Auch wenn wir davon ausgehen, daß in einer gründlich geänderten NATO Deutschland Mitglied sein kann, haben wir für eine begrenzte Zeit sowjetische Truppen in Deutschland, im Osten Deutschlands zu stehen. Und dies könnte gewissermaßen ein Nukleus für Lösungen sein, die auf gesamteuropäische Strukturen hinweisen."[145]

Der gemeinsame Nenner der verschiedenen Optionen läßt sich damit umreißen, daß es den Sowjets darum ging, die Frage nach der Fortexistenz der Bündnisse im Rahmen einer europäischen Neuordnung möglichst schrittweise und symmetrisch zu lösen. Sie strebten eine Änderung der Militärallianzen an, damit diese miteinander koexistieren könnten. Die Sowjets wußten, daß besonders der Warschauer Pakt weitgreifender Reformen bedurfte. Kontakte und Kooperation zwischen beiden Militärblöcken sollten als Zwischenstufen zu einer blockübergreifenden Struktur europäischer Sicherheit überleiten. Die Rolle der DDR und Deutschlands, darin waren wir im Außenministerium mit dem Ministerpräsidenten einig, sollte die einer Brücke sein. Deutschland sollte zwischen Ost und West eine Art Scharnier bilden, formulierte de Maizière gelegentlich vor dem Warschauer Pakt. Wir nahmen an, daß Bundesaußenminister Genscher, dem ein Denken vorrangig in Prozessen nachgesagt wird, auf solche Überlegungen eingehen könnte. Immerhin hatte Genscher im Gespräch mit Schewardnadse Mitte Juni in Münster, wie wir einem sowjetischen Papier entnahmen, als konsensfähig bezeichnet: "Die Schaffung von Zonen 'verdünnter' Rüstungen in Europa an der Trennlinie der beiden Blöcken in dieser oder jener Form, der Ausbau der vertrauensbildenden Maßnahmen und ihre Ausdehnung auf Militärausgaben und die Rüstungsproduktion".[146] Die Annahme, Genscher würde sich somit für Meckels Ideen aufgeschlossen zeigen, bestätigte sich allerdings nicht. Andere westliche Außenminister äußerten hingegen Gedanken, die den Intentionen von Meckels "Sicherheitszone" nahekamen, besonders der belgische Außenminister Eyskens. In einem Arbeitspapier, welches er Markus Meckel persönlich überreichte, schlug er u.a. die Errichtung europäischer regionaler Rüstungskontrolleinrichtungen sowie von militärischen Einheiten vor, die von Ost und West gemeinsam bemannt werden sollten.[147]

Im politischen Ergebnis findet sich das vereinte Deutschland tatsächlich in jener Situation doppelter Loyalität, Richtung West über die NATO und Richtung Ost über die neuen Sonderbeziehungen zur UdSSR, die von Seiten der DDR mit mehreren Ansätzen zu gestalten versucht worden war - und die in Bonn im Laufe der Verhandlungen immer abweisender behandelt worden waren. Ähnliche Aufgaben, wie sie eine Doppelmitgliedschaft in beiden Paktsystemen erbracht hätte, hat das neue Gesamtdeutschland nunmehr infolge der Verhandlungsergebnisse des Jahres 1990 zu erfüllen, besonders im Verhältnis mit Moskau. - Die spätere Entwicklung in Polen und der CSFR zeigt gleichfalls an, daß Meckels regionales Sicherheitskonzept Probleme ansprach, die bei den östlichen Nachbarn eh anstanden. Anfang 1991 wurde bekannt, daß die Regierungen in Warschau, Prag und Budapest eine Regionalallianz vorbereiten, auch um den Warschauer Pakt und den Rat für Gegenseitige Wirtschaftshilfe abzulösen. Diese neue Verbindung sei "nicht gegen Deutschland gerichtet", wird bezeichnenderweise hervorgehoben.[148]

## 11. DIE ZWEITE AUSSENMINISTERKONFERENZ DER 2+4

Am 22. Juni findet in Berlin das zweite Treffen der Außenminister im Rahmen der 2+4 - Gespräche statt. Wir hatten uns überlegt, daß wegen des Tagungsortes vielleicht etwas Besonderes für Berlin herausspringen sollte. Genscher wurde angetragen, den Vier von Seiten der Bundesrepublik und DDR gemeinsam die vorzeitige Ablösung des Berliner Sonderstatus vorzuschlagen. Wir meinten, daß nach der demokratischen Revolution in der DDR die Notwendigkeit des alliierten Schutzes für die Stadt entfiele. Auch müßte Bonn, so unsere Überlegung weiter, an einer künftigen Hauptstadt ohne alliierte Besatzung interessiert sein. Bei den Vorabklärungen hatten die Sowjets ihre Zustimmung signalisiert (tatsächlich schlug Schewardnadse während der Konferenz den Abzug aller Alliierten aus Berlin binnen sechs Monaten nach der Vereinigung vor). Genscher lehnte im Vorgespräch allerdings brüsk ab. Ihm ging es darum, wie er formulierte, die Tagesordnung der Gespräche "so schlank wie möglich" zu halten, schon um sie zügig zu Ende zu bringen. In der Gesprächsauswertung meinten wir freilich, der FDP-Politiker wollte unseren DDR-Außenminister nicht zu sehr hochkommen lassen.

Das Berlin-spezifische Spektakel dieser Außenministerkonferenz wurde von unerwarteter Seite auf den Weg gebracht. Die Amerikaner schlugen ein offizielles "showing" des Abbruchs der Mauer durch die 2+4 - Minister vor, am traditionsreichen "Checkpoint Charlie". Die Inszenierung geriet albern. Der Fall der Mauer bleibt das Verdienst der Revolution in der DDR, mit diesem gewiß gewichtigen Ereignis haben die Siegermächte nichts zu tun. Mit sicherem Gespür für die Medienwirksamkeit einer solchen Fälschung greifen aber die Amerikaner zu: der Fall der Mauer als Station der 2+4 - Gespräche. Wir merken, daß Widerstand zwecklos ist. Das Medienereignis rollt ab. Die große Lüge, daß Diplomatie all dies ermöglicht, soll wirken. Markus Meckel sagt ein paar Sätze (die Mauer als "Pfahl, der 28 Jahre im Fleisch Europas gesteckt" habe), ebenso die anderen Minister. Im Fernsehen werden lächelnde Außenminister gezeigt, die huldvoll Kranarbeiten am Checkpoint beobachten. Die ARD verkürzt in den Fernsehnachrichten die Reden mit vollem Recht auf die Frage, wie jeder der sechs das Wort "Checkpoint Charlie" ausspricht.

Ansonsten verliefen die Verhandlungen nach übereinstimmendem Urteil von Beteiligten wenig befriedigend. Im internen Bericht der DDR-Delegation ist von einem "völlig unzureichenden Stand der Arbeiten"[149] die Rede; im Pausengespräch befanden westliche Beteiligte den Gesprächsablauf als "zäh und mühselig". Zwei Wochen vor dem NATO-Gipfel in London mochte niemand auf westlicher Seite einen entscheidenden Schritt machen, und für die Sowjetregierung stand der für sie schwierige, für zehn Tage terminierte 28. Parteitag der KPdSU vor der Tür.

Außenminister Schewardnadse legte gleich zu Beginn einen umfangreichen Text mit der Überschrift "Grundprinzipien für eine abschließende völkerrechtliche Regelung mit Deutschland" vor, der zuvorkommenderweise in Übersetzungen verteilt wurde. In einer längeren Rede, mit der er den Text einbrachte, unterstrich Schewardnadse zunächst, daß sich am heutigen Freitag der Überfall des faschistischen Deutschland auf sein Land zum 49. Male jährte, und stellte eine Kontinuität zu den Konferenzen von Jalta und Potsdam her ("Wie in Jalta und Potsdam entschieden wurde, darf sich ein solcher Zusammenprall nie wiederholen"). "Wir alle haben es wohl an Weisheit, Willenskraft und umfassender Sicht der Dinge mangeln lassen, um der Situation entgegenzutreten, daß auf vier Jahre heißer Krieg mehrere Jahrzehnte Kalter Krieg folgten," setzte Schewardnadse fort. In längeren Ausführungen legte er dar, wie in neuerer Zeit sich eine Wende ergeben habe. Er schloß mit einer Charakterisierung des Prozesses der deutschen Einigung, "von dem die Deutschen und alle anderen Völker unseres Kontinentes einen Gewinn und keinen Verlust haben sollten." Schewardnadse stimmte zu, daß die Ergebnisse der Verhandlungen dem KSZE-Gipfel im November vorgelegt werden sollten (hier stieg die allgemeine Aufmerksamkeit im Saal sprunghaft), "um Frieden, Stabilität und Wohlfahrt in Mitteleuropa in einer stärker (und nicht weniger) verläßlichen und weitsichtigen Weise zu sichern, als dies bei früheren Entscheidungen und Abkommen über deutsche Belange geschah." Dies bezeichnete Schewardnadse pathetisch als "heilige Pflicht aller an den gegenwärtigen Verhandlungen Beteiligten gegenüber ihren Völkern und den Völkern anderer Länder." - Genscher hatte erst wenige Tage zuvor, beim Treffen mit Schewardnadse in Münster am 18. Juni, sehr vorsichtig - wie das sowjetische Protokoll der Begegnung widerspiegelt - gebeten, "die Möglichkeit zu erwägen, das gesamteuropäische Treffen bereits im November durchzuführen." Die Sowjets hatten auch, ausweislich dieses Protokolls, begriffen, warum: "Dahinter verbirgt sich zweifellos der Wunsch, noch zuvor die Gespräche der 'Sechs' abzuschließen, auf diesem Treffen ihre Ergebnisse zu billigen und somit den Weg zur Durchführung gesamtdeutscher Wahlen Anfang Dezember zu ebnen."[150]

Hernach wandte sich der sowjetische Außenminister der künftigen Rolle des vereinten Deutschland in Europa zu. Wenn sich nicht Entscheidendes in Europa ändere, würde sich das vereinte Deutschland nicht einfügen lassen: "Die deutsche Einheit würde sich dann simpel als eine zusätzliche Macht auf Seiten einer der beiden Gruppierungen herausstellen, die einander gegenüberstehen, es würde das Gleichgewicht beseitigen, welches sich in den vergangenen Jahrzehnten herausgebildet und stabilisiert hat, würde zu schärferen Widersprüchen und zum Hineinschlittern in Konflikte führen." Zwei Bedingungen müßten erfüllt werden, um ein "einheitliches Europa" aufzubauen:

"Erstens muß sich die Philosophie, Ideologie und die Denkweise, welche der Fortexistenz der beiden einander gegenüberstehenden Blöcke zugrunde liegen, ändern, und die materiellen Strukturen der Blöcke müssen entsprechend angepaßt werden.

Zweitens muß ein neuartiger Kodex für das Verhalten der Bündnisse und ihre Mitglieder untereinander formuliert und beschlossen werden."

Da diese Entwicklung erst einsetze, ginge es nicht so sehr um ihre Richtung, sondern stärker um ihre Dynamik und die Größe der Änderungen. In Turnberry sei eine erste positive Reaktion erfolgt, aber ein gut Teil hänge von den Entscheidungen des bevorstehenden NATO-Gipfels ab. Schewardnadse betonte, daß solche Schritte Zeit bräuchten. "Ich kann allen Anwesenden versichern, daß wir zu radikalen und weitreichenden Schritten bereit sind." Nach weiteren längeren Ausführungen: "Wir alle konnten aus den Ausführungen der Vertreter der beiden deutschen Staaten schließen, daß diese es nicht vorziehen würden, die Frage ihrer Vereinigung im Rahmen des Abschlusses eines förmlichen Friedensvertrages (zu klären)." Es käme auf den Inhalt, nicht die Gestalt einer Lösung an. Damit war die Forderung nach einem Friedensvertrag vom Tisch.

In der zweiten Hälfte seiner Rede erläuterte Schewardnadse das von ihm anstelle eines Friedensvertragsentwurfs eingebrachte "Grundprinzipien"-Dokument. Dessen vierzehn Punkte waren von sehr unterschiedlicher Natur. Im ersten Punkt wurde auf die Ostgrenzen Deutschlands und die erforderlichen Änderungen des Grundgesetzes eingegangen. Unter 2. wurde Deutschland auferlegt, daß es "seine Politik dermaßen gestalten (wird), daß von seinem Boden nur Frieden ausgehen wird". Im späteren Abschlußdokument findet sich dieser merkwürdige Satz als Selbstverpflichtung der Deutschen wieder. Der sowjetische Text präzisierte mit Bezug auf Deutschland: "Auf dessen Gebiet dürfen ebenso militärische Aktivitäten von Drittstaaten nicht stattfinden, gegen wen sie auch gerichtet sein mochten."[151] Wir ahnten, daß besonders die Amerikaner sich eine solche Beschränkung ihrer Handlungsfreiheit etwa gegenüber dem Nahen Osten nicht gefallen lassen würden, ebensowenig wie die folgende Spezifizierung: "Ihrerseits werden sich das Vereinigte Königreich von Großbritannien, die Vereinigten Staaten von Amerika und die Union der Sozialistischen Sowjetrepubliken dem vereinten Deutschland gegenüber von demselben leiten lassen." Die Hast, mit der dieser Text augenscheinlich konzipiert wurde, wird illustriert durch den Tatbestand, daß überraschenderweise Frankreich in dieser Aufzählung fehlt.

Die "Grundprinzipien" wandten sich 3., den Rang dieses Aspekts für die Sowjets signalisierend, der Truppenstärke des künftigen Deutschland zu. Diese "wird die summarische Obergrenze von 200 bis 250 Tausend Mann ... nicht überschreiten."[152] Kernbegriffe der deutschen Friedensforschung aufgreifend, ist von "struktureller Nichtangriffsfähigkeit" sowie von "Niveaus vernünftiger Hinlänglichkeit" bei der künftigen Rüstung Deutschlands die Rede. Der Atomwaffenverzicht der künftigen Bundeswehr wurde um einen Verzicht auf Fremdstationierung erweitert ("Das vereinte Deutschland wird keine ABC-Waffen ... auf seinem Gebiet stationieren"). Auch sollen die Deutschen vom Besitz von Trägermitteln ablassen und, wie es etwas holprig heißt, "über Arten von diesen Waffen weder vollständig noch teilweise verfügen wie auch sich bei Beschlußfassung hinsichtlich deren Anwendung nicht beteiligen."

Mit dem 4. Punkt ging es den Sowjets um den Erhalt von Entscheidungen aus der Besatzungszeit ("Die Rechtmäßigkeit dieser Beschlüsse einschließlich der Vermögens- und Bodenfragen, wird einer Überprüfung bzw. Revision durch deutsche Gerichte bzw. andere deutsche Staatsorgane nicht unterliegen"). Gemäß einzelnen Ankündigungen, die wir zuvor erhalten hatten, wurde weiter die Entschädigung von Zwangsarbeitern gefordert: "Die deutschen Behörden werden dazu beitragen, daß die während des Zweiten Weltkrieges in Deutschland als Zwangsarbeiter eingesetzten Personen eine gerechte Entschädigung erhalten." Dieser Passus sollte die einzige Stelle bleiben, bei der in den 2+4 - Gesprächen von Zwangsarbeitern im Dritten Deutschen Reich die Rede war.

In den folgenden Punkten ging es den Sowjets um Details, die ihnen augenscheinlich emotional wichtig waren. Im "Grabschänderparagraphen", wie wir intern diese Forderung bald nannten, ging es um die Fortexistenz und Pflege sowjetischer Ehrenmäler. Tatsächlich hatte die Sowjetbotschaft im MfAA schon interveniert, nachdem verschiedenenorts in der DDR Denkmäler durch die Entfernung von Parolen "entstalinisiert" oder die fünfzackigen Sowjetsterne von Grabmälern abgeschlagen worden waren. - Ferner lag den Sowjets an einem Verbot neonazistischer Aktivitäten.

Der für uns eigentlich interessante Kern, bald mit der Kurzformel "Übergangsregelung" bezeichnet, fand sich im siebten Punkt der "Grundprinzipien". Für fünf Jahre, gerechnet "nach der Gründung eines einheitlichen deutschen Parlamentes und einer einheitlichen Regierung"[153] sollen "sämtliche" Verträge, die die Bundesrepublik und die DDR je abgeschlossen haben, weiterhin gültig bleiben, auch die Mitgliedschaften in den beiden Militärallianzen. Spätestens nach 21 Monaten sollen zwischen Deutschland und den Vier "Verhandlungen durchgeführt werden, die Präzisierung, Änderung oder Einstellung von gültigen Verpflichtungen und deren Ersatz durch neue Verpflichtungen nach gegenseitiger Zustimmung zum Ziel haben werden."

Die folgenden Punkte enthielten teilweise komplizierte militärische Regelungen. Unter 8. wurde festgelegt, daß in der Übergangsperiode ("die nicht weniger als 5 Jahre ... dauern wird") alle vier Hauptsiegermächte Truppen in Deutschland unterhalten werden. Die Stationierungsverträge sollen für alle Vier neu ausgehandelt werden. Die alliierten Truppen sollen ausgewogen vermindert werden, auf am Ende nicht mehr als 50 Prozent der Kopfstärke der künftigen deutschen Armee. Punkt 9 hielt die Genscher zugeschriebene[154] Formel fest: Die Truppenkontingente der Westalliierten "werden die mit der jetzigen Staatsgrenze zwischen der DDR und der BRD zusammenfallende Linie, mit Ausnahme der Verschiebung ihrer Truppen aus den in den Westsektoren Berlins stationierten Verbänden, nicht überschreiten." Sektoren sollte es also in Berlin auch künftig geben. - Zum künftigen militärpolitischen Status des DDR-Territoriums hatte es auch konkurrierende Vorschläge gegeben. Mich beeindruckte besonders die Idee, in der DDR nach einem vorhandenen Modell deutsch-französische Brigaden zu stationieren. Ohne Integration in die NATO sollten diese gemischten Verbände mit etwa 50 000 Mann möglicherweise einen Kern für ein künftiges gemeinsames Sicherheitssystem in ganz Europa abgeben. Das französische Element, so die Erwartung, würde besonders beim östlichen Nachbarn Polen positive Reaktionen auslösen.[155] Wie andere Überlegungen auch fiel dieser Vorschlag durch den Rost. Die Verantwortlichen nahmen ihn simpel nicht wahr. - Unter 10. wurde für die deutschen Streitkräfte mit einer komplizierten Ergänzung festgelegt:

"Die Gebiete der ständigen Stationierung der Truppenkontingente der Bundeswehr werden in drei Jahren nach der Unterzeichnung dieses Dokuments westlich der Linie Kiel - Bremen - Frankfurt-am-Main - Heilbronn - Stuttgart - Konstanz und die Gebiete der ständigen Stationierung der Truppenkontingente der Nationalen Volksarmee östlich der Linie Rostock-Leipzig-Gera-Schleiz liegen. Solche Regelung bleibt in Kraft bis zur Auflösung der NATO und der Organisation des Warschauer Vertrages bzw. bis zum Austritt Deutschlands aus diesen Bündnissen."[156]

Verständlicherweise setzten hernach umfangreiche Untersuchungen ein, was der Hintergrund für die bemerkenswerte Städtelinie sein mochte (am plausibelsten: Dies sollte die Westgrenze der integrierten sowjetischen Luftverteidigung markieren). Auch notierten wir, daß entgegen dem Wortlaut des Warschauer Vertrages der unmittelbare Austritt aus der Ostallianz möglich wäre. Die endgültige Abklärung dieser Fragen entfiel, weil schon drei Wochen später die Sowjets auf der nächsten Außenministerkonferenz kein Wort mehr über diese "Grundprinzipien" verlieren werden.[157]

In weiteren Punkten wurde der Abzug aller Truppen der Vier aus Berlin binnen sechs Monaten sowie die Aussetzung des Vierseitigen Abkommens vom 3. September 1971 zum Berlinstatus vorgeschlagen. Aufhorchen ließ die Bemerkung, "die Möglichkeiten Berlins für die Schaffung der gesamteuropäischen Strukturen der Sicherheit und Zusammenarbeit zu nutzen, einschließlich der Unterbringung von entsprechenden Organen in dieser Stadt." Auch ging es um die "optimale Synchronisierung" des Einigungsprozesses mit der Entwicklung der KSZE.

Die Nacharbeit zu den Berlin-bezogenen Punkten in dem Vorschlag des sowjetischen Außenministers brachte wichtige Schritte vor der Ministerkonferenz ans Licht. Die Sowjets ließen uns wissen, sie hätten sichere Kenntnis, daß die Westmächte, besonders die Amerikaner, die Bundesregierung "gebeten" hätten, sie doch brieflich zu längerem Verbleib in der alten Reichshauptstadt einzuladen. Zunächst war freilich aus Bonn zu hören gewesen, es gäbe keine Hauptstadt der Welt, in der andere Mächte Militärkontingente unterhielten. Solche Aussagen verstummten plötzlich, und dem Wunsch der Westmächte wurde stattgegeben. Hernach präsentierte der amerikanische Außenminister Baker auch der DDR-Seite umweglos die Feststellung, die Westmächte stünden auf Einladung der Deutschen in Berlin und würden bleiben, während die Sowjets nicht eingeladen seien (und, so die Implikation, zu verschwinden hätten). Die Russen, so kam beim Nachgespräch heraus, hatten mit ihren Berlinvorschlägen diese Situation zu unterlaufen versucht.

Schließlich wurde die aus Punkt sieben bekannte 21-Monate-Frist für Neuverhandlungen nochmals thematisiert. Die mißtrauischen Sowjets wünschten eine Art Review-Konferenz der Außenminister über die erreichten Fortschritte, ehe die Deutschen in die Souveränität entlassen würden:

"Die Konferenzteilnehmer bestimmen danach den Ablauf und Zeitpunkt der Unterzeichnung eines Schlußprotokolls über die Beendigung der Rechte und Verantwortlichkeiten der Vier Mächte für Berlin und Deutschland als ganzes und vereinbaren notwendige Schritte zur Rücknahme von Klauseln, die von Vier Mächten bei der Aufnahme beider deutscher Staaten in die Organisation der Vereinten Nationen vorgebracht wurden."[158]

## Die DDR-interne Bewertung:

"Die Hauptelemente des Entwurfs und die besondere Betonung ihres Paketcharakters widerspiegeln das ausgeprägte sowjetische Interesse, die eigenen Sicherheitsbelange durch die abschließenden Regelungen in einem längeren Prozeß durchzusetzen."[159]

Markus Meckel sprach hernach politischer aus, "worum es Moskau im Kern geht. Es ist die Befürchtung, den Zweiten Weltkrieg heute nachträglich zu verlieren."[160]

Die westlichen Außenminister, nachdem sie am "Checkpoint Charlie" soeben mal Einigkeit mit Schewardnadse demonstriert hatten, lehnten das Konzept einer Übergangsperiode in Bausch und Bogen ab. Genscher verwahrte sich besonders gegen eine (der Begriff beherrschte fortan die Diskussion an diesem Tage) "Singularisierung" des künftigen Deutschland aufgrund der sowjetischen Vorschläge. Wir "Ossis" kamen zumindest aus zwei Gründen aus dem beobachtenden Staunen nicht heraus: Zum einen war ja Deutschland bisher in vielfacher Weise "singularisiert", durch die Besatzungsrechte, den Verzicht auf ABC-Waffen, den Berlin-Sonderstatus, usf. Das war doch nichts Neues. Auch sowjetische Fachleute reagierten amüsiert. Der von uns sehr geschätzte stellvertretende Direktor des Europa-Institutes der Akademie, Sergej A. Karaganow, meinte, der Einwand von der "Singularisierung" sei "nicht ganz ernst zu nehmen. Denn Deutschland wäre ja voll und ganz in das westliche System, einschließlich der NATO, integriert. Wenn die Assoziierung mit dem Warschauer Pakt aber eine Singularisierung bedeutete, wäre dies eine positive Singularisierung. Sie könnte Deutschland nämlich zusätzlichen politischen Einfluß verschaffen."[161]

Wichtiger: In Münster und Brest hatten Genscher und Schewardnadse kurz zuvor stundenlang miteinander diskutiert. Der Bundesaußenminister war dennoch, so unser übereinstimmendes Urteil in der DDR-Delegation, durch die Vorlage der "Grundprinzipien" und die Ausführungen des sowjetischen Außenministers genauso überrascht wie jedermann sonst im Saal.[162] Wir fragten uns, was denn die so medienwirksamen Begegnungen des Bundesaußenministers mit seinem sowjetischen Kollegen in Brest und Münster Besonderes für die 2+4 - Gespräche erbracht haben könnten, mit skeptischem Resultat.

Genscher betonte, entsprechend seinem Konzept einer "schlanken" Fassung der Verhandlungsmaterie, daß der Kern der "abschließenden völkerrechtlichen Regelung" in der Ablösung der Siegerrechte und der Erlangung der vollen deutschen Souveränität läge. Der britische Außenminister Hurd brachte ein Argument, welches ansonsten häufig von seinem amerikanischen Kollegen vorgetragen wurde: Man dürfe nicht von einer Symmetrie zwischen NATO und Warschauer Pakt ausgehen, wie dies in dem sowjetischen Entwurf des Abschlußdokuments geschähe. US-Außenminister Baker nannte die sowjetischen Vorschläge "nicht überwältigend" und kritisierte, daß im sowjetischen Konzept sich eine zeitliche Lücke zwischen der Vereinigung und dem deutschen Zugang zu voller Souveränität auftue. Es wäre aber kontraproduktiv, wenn es einen Widerspruch zwischen Verantwortung und Souveränität des künftigen Deutschland gäbe. Sowohl Hurd wie auch Baker betonten, daß es darum gehe, im deutschen Einigungsprozeß "keine Fehler" zu machen - eine Anspielung auf die Entwicklungen in Europa, die sich aus der diplomatischen Beendigung des Ersten Weltkrieges durch den Vertrag von Versailles und die anderen Pariser Vorortverträge nach 1918 ergaben.

In einer ausführlichen, kontrovers geführten Diskussion wurde keine Annäherung der Positionen erreicht. "Die Hoffnung des Bundeskanzlers, die Gespräche könnten im September abgeschlossen werden," wertete der *Spiegel*, "wird sich kaum erfüllen."[163]

DDR-Außenminister Meckel engagierte sich besonders in den militärisch-politischen Fragen und versuchte im übrigen, Brücken zu schlagen ("Wir halten es angesichts der in dieser Kernfrage offenkundig noch weit auseinanderliegenden Auffassungen für einen Fortschritt, wenn wir zu einem vertieften Verständnis der bestehenden Meinungsunterschiede finden und Perspektiven für Lösungsmöglichkeiten finden könnten").[164] Die Übergangsperiode auf dem Weg zur vollen Souveränität hielt er für "erträglich, wenn klar ist, wie lange sie dauert und wodurch sie abgelöst wird."[165] Meckel schloß sich gemäß der Koalitionsvereinbarung der DDR-Regierung der sowjetischen Forderung nach einem Stationierungsverzicht für Kernwaffen im künftigen Deutschland an (für die Westmächte nicht akzeptabel) und regte die Halbierung der Kopfstärke beider deutscher Armeen auf 300 000 Mann an (in Genschers Sicht, wie wir hernach erfuhren, kam ihm dieser Neuling aus der DDR mit solchen Vorstellungen unnötigerweise in die Quere). Meckels Vorschlag, die Verringerung der deutschen Streitkräfte als Eigenleistung in die Wiener VKSE-Verhandlungen einzubringen, wie dies zuvor Sowjets und Amerikaner in Ottawa mit der Ankündigung ihrer Truppenreduzierungen in Europa getan hatten, wurde freilich später aufgegriffen. Ansonsten liefen unsere Konzeptionen zur Lösung sicherheitspolitischer Fragen im europäischen Kontext, an denen uns so sehr lag, ins Leere - die Westalliierten lehnten die Aufnahme irgendwelcher Aussagen zum künftigen militärpolitischen Status Deutschlands und zu anderen militärisch-politischen Fragen wie Ansätzen zu gesamteuropäischen Sicherheitsstrukturen strikt mit dem Hinweis ab, dies sei entweder vom vereinten Deutschland selbst oder auf anderen Verhandlungsforen zu entscheiden.

Das Ende der Sitzung kam abrupt. Ministerpräsident de Maizière wollte die sechs Außenminister empfangen, der Termin der Pressekonferenz war angesetzt. Schewardnadse meinte, die Aufgaben der 2+4 seien so schwierig und der Termindruck bis zum November so groß, daß die Beamten eigentlich täglich an dem Abschlußdokument arbeiten müßten. Sein Vorschlag, förmlich einen "ständigen Verhandlungsmechanismus" zu schaffen, wurde nicht aufgegriffen, aber man verständigte sich, daß die Delegationen zunächst mehrtägig verhandeln sollten. Die Sowjets zeigten Konzessionsbereitschaft: Auf der abschließenden Pressekonferenz meinte Schewardnadse, sein Vorschlag erhebe nicht den Anspruch, der Weisheit letzter Schluß zu sein.[166] Der Abend brachte von sowjetischer Seite die eigentliche Sensation des Jahres: Der gleiche Schewardnadse, der am Vormittag noch so hartnäckig von der endgültigen Erlangung der deutschen Souveränität erst in fünf Jahren ausgegangen war, stimmte plötzlich und ausgerechnet auf der Pressekonferenz zu - wir meinten, unseren Ohren nicht trauen zu können - , daß Deutschland bereits im November 1990, zum KSZE-Gipfeltreffen in Paris, die volle Souveränität wiedererlangen sollte.

Intern wurde uns später von den Sowjets erläutert, daß die Vorlage zu der Ministerkonferenz am 22. Juni einen Kompromiß darstellte, zwischen Hardlinern in Moskau, die möglichst viel in der Hand behalten wollten, und Einsichtigeren, die die Dynamik des deutschen Einigungsprozesses realistischer beurteilten. Im Frühjahr, bei Beginn der 2+4 - Gespräche, habe niemand im sowjetischen Außenministerium eine Mitgliedschaft des vereinten Deutschland in der NATO und sonst nichts für möglich gehalten. Im Sommer hätten sich die Sichtweisen differenziert, und die offizielle sowjetische Haltung hätte eine Art Quersumme daraus wiedergegeben.

## 12. WEITERE BEAMTENRUNDEN

Auf ihrem zweiten Treffen im Rahmen der 2+4 - Gespräche hatten sich die Außenminister verständigt, ihre Politischen Direktoren eine Liste der strittigen Fragen erarbeiten zu lassen, mit Vorschlägen, wo und wie diese zu lösen wären. Das besondere Bestreben Genschers war es weiterhin, die Tagesordnung der Sechserrunde möglichst zu entlasten. Die von den Sowjets für wichtig gehaltene Frage nach den Obergrenzen des Militärs in einem künftigen Deutschland zum Beispiel wollte der Bundesaußenminister am liebsten von den Wiener Verhandlungen für Abrüstung klären lassen.[167]

Am Vorabend der Beamtenrunde fuhr ich extra nach Bonn, um Genschers Mann bei den Gesprächen, seinen Politischen Direktor Dieter Kastrup, vorab die Liste der DDR zu dieser Tagesordnung zu geben, und um möglichst Auskünfte über das Vorgehen der bundesdeutschen Delegation zu erlangen. Die Sache klappte recht gut, Kastrup gab mir eine Reihe von kritischen Kommentaren zu den DDR-Positionen. Daß mutmaßlich zu seiner Verärgerung verschiedene dieser Reaktionen hernach nicht im Verhalten des Verhandlungsführers der DDR sichtbar wurden, hatte interne Gründe.

Ein Blick auf die Liste der strittigen Themen, welche im Juli den Außenministern als Arbeitsgrundlage dienen sollte, veranschaulicht die Problematik der Gespräche. Den Verzicht des künftigen Deutschland auf ABC-Waffen wollten wir auf Seiten der DDR um einen Verzicht auf die Stationierung ausländischer Kernwaffen anreichern. Das genügte den Bundesdeutschen, die gesamte Frage in Klammern setzen zulassen - im Code der Diplomatie gesprochen, ihren Dissens zu protokollieren.

Nicht weniger kontrovers gestaltete sich die Vorlage des zweiten Punktes, die künftigen Strukturen europäischer Sicherheit. Ein Satz von Thomas Mann prägte die Aussagen der Sprecher des Auswärtigen Amtes: "Wir wollen ein europäisches Deutschland, nicht ein deutsches Europa." Uns war unklar, ob die Bonner den Urheber dieser These kannten, gingen sie doch recht unhistorisch mit der Absage des exilierten Schriftstellers an das "deutsche Europa" um. Unser Vorschlag, besonders die KSZE zum Träger solcher Strukturen zu machen, wurde vom Westen her sogleich ausgeklammert. Außenminister Baker hatte uns schon im Vorgespräch beim Bonner Ministertreffen klar wissen lassen, daß die USA allenfalls eine Funktion von

KSZE-Einrichtungen komplementär zur NATO zulassen würden. Der Planungschef im Bonner Außenministerium, Klaus Citron, hatte auf Anfrage erläutert, daß man in Bonn bei dem Stichwort vom "europäischen" Deutschland besonders an eine Stärkung der Rolle der EG denke.

Gleichermaßen aufgelaufen war die Delegation der DDR beim dritten Punkt, den wir als unsere ureigenste Verantwortung betrachteten, der Frage des künftigen militärischen Status des Territoriums der heutigen DDR nach der Vereinigung. Besonderes hatten wir bei diesem Thema nicht vor. Wir wollten lediglich die Aussage der Bundesregierung, die NATO würde in dieses Gebiet nicht vorrücken, vertraglich präzisieren. Die Bonner bestanden jedoch provozierenderweise darauf, daß eine solche Entscheidung von der künftigen deutschen Regierung und von der NATO zu treffen sei. Das sowjetische Veto ließ nicht auf sich warten: Die Entscheidung gehöre in diese Verhandlungen und müsse im Abschlußdokument niedergeschrieben werden. De facto hatte die DDR eine Mittelposition vorgeschlagen: Die vorhandenen beiden deutschen Regierungen, so unser Vorschlag, sollten eine Absichtserklärung vor den Vier abgeben. Nun würden die Außenminister entscheiden müssen.

Ähnlich wenig Einvernehmen, ablesbar an den Klammern in den Ergebnisprotokollen, gab es bei der Frage der Anwesenheit der sowjetischen Truppen auf deutschem Boden, der künftigen Bündniszugehörigkeit Deutschlands, oder auch den möglichen Veränderungen der NATO - alles Schlüsselfragen für die Zustimmung der Sowjets zur deutschen Einigung. Wir schlossen betroffen aus der flauen Reaktion der Moskauer Vertreter, daß die Sowjetunion insgeheim schon aufgegeben habe, daß es tatsächlich nur noch um die Frage ginge, wie für Moskau ein halbwegs geordneter Rückzug zu bewerkstelligen sei. Wenig später, Mitte Juli 1990, sollte sich diese Ansicht als weitsichtig erweisen. Bundeskanzler Kohl gelang es bei seinem Besuch in Moskau, die sowjetische Führung zu weitgehenden Zugeständnissen in den Schlüsselfragen zu bewegen.

Insgesamt setzten die Beamten bei ihrem Treffen Anfang Juli alle zwanzig strittigen Tagesordnungspunkte in Klammern, was vor allem anzeigt, daß zwischen Ost und West keine Einigkeit bestand.

## 13. 2 + 4 WIRD IN MOSKAU GEKLÄRT

Der für die Nachbarstaaten wichtigste äußere Aspekt der Einigung, die künftige militärpolitische Konzeption, ließ sich in sehr unterschiedlicher Weise regeln. Der sogenannte Helsinki-Prozeß, die Fortentwicklung der Konferenz für Sicherheit und Zusammenarbeit in Europa, hätte den Rahmen für eine neuartige Sicherheitspolitik abgeben können. Eine solche Lösung erörterten die Tschechen engagiert mit uns. Der Vorschlag einer zentraleuropäischen "Sicherheitszone" von Markus Meckel stellte eine Variante dieses Ansatzes dar.

Die Sowjets machten ihre Zustimmung zur Aufgabe ihrer Siegerrechte zunächst von der Bedingung abhängig, daß keiner Seite das Militärpotential des künftigen Deutschland zufallen sollte. Von hochrangigen sowjetischen Militärs wurde diese Position bis unmittelbar vor dem Gipfel im Kaukasus wiederholt (für Gorbatschows Militärberater Marschall Sergej Achromejew blieb die NATO-Mitgliedschaft gar "absolut inakzeptabel"). - Im Frühjahr erörterten die Russen mit uns die mögliche Neutralität eines teilweise demilitarisierten Deutschland. Solche Vorstellungen fanden ein breites Echo in der DDR bei jenen Gruppen, die im vergangenen Herbst den Umsturz zuwege gebracht hatten, bis hin zu Vorschlägen aus den Reihen der Volksarmee, wie eine rasche Demilitarisierung zu bewerkstelligen sei.[168] Angesichts des Beharrens der Westmächte auf der NATO-Mitgliedschaft änderte Moskau wiederholt seine sicherheitspolitische Konzeption für Deutschland. Den Frühsommer über bestanden die Sowjets auf einer Lösung, die neben der Mitgliedschaft des künftigen Deutschland in der NATO auch ihre Interessen an einer Anbindung des neuen Staates an ihre Sicherheitsinteressen vorsah, etwa indem die Westgruppe der sowjetischen Streitkräfte auf dem Gebiet der DDR und die dann der Bundeswehr unterstellten Reste der Volksarmee weiterhin dem Warschauer Pakt angehören sollten. Für die innenpolitische Durchsetzung der Auffassungen der sowjetischen Führungsspitze spielte interessanterweise die kommunistische Partei weiterhin eine wichtigere Rolle als parlamentarische Gremien. Der 28. Parteitag der KPdSU spielte anscheinend eine Schlüsselrolle, wie die *Zeit* zu berichten wußte:

"Daß der Verlauf des Kongresses den Kompromiß am Kaukasus vorbereitete, bestätigten die sowjetischen Gastgeber den Bonner Besuchern; erst nachdem die Kritiker

Gorbatschows und Schewardnadses nur wenig Rückhalt fanden, hätte die Kreml-Führung sich entschlossen, in der deutschen Frage reinen Tisch zu machen."[169]

Zuvor hatte der Moskauer Korrespondent des Blattes gemeldet:

"Wer Moskaus defensiv wirkende Position vor der Zwei-plus-vier Runde der Außenminister in Bonn verstehen will, muß von der dramatischen innenpolitischen Konfrontation in der Sowjetunion ausgehen."[170]

Unmittelbar vor der Reise des Kanzlers in die Sowjetunion hielten Insider wie der allseits geschätzte Stellvertretende Direktor des Europa-Instituts der Akademie, Sergej A. Karaganow, die Konzession der NATO-Mitgliedschaft zwar für möglich, warnten aber vor den Kosten für die Sowjets:

"Unter günstigen Umständen wird die Sowjetunion die NATO-Mitgliedschaft Deutschlands schlucken, auch wenn die Menschen dies als ungerecht empfinden würden; jeder würde wissen, daß der Sowjetunion dadurch so etwas wie ein *Versailles* oktroyiert worden wäre."[171]

Wenige Tage später wurde eben dies Realität. Die lang angekündigte Reise von Bundeskanzler Kohl in die Sowjetunion am 15. und 16. Juli brachte - für uns völlig überraschend - die Klärung der offenen Fragen. Aber auch für die Bonner muß der Erfolg unverhofft gekommen sein. Nach den spärlichen Hinweisen zu urteilen, die wir von Beamten des AA erhielten, waren die Erwartungen in der Delegation des Bundeskanzlers nicht sehr hoch gesteckt gewesen. Die Ergebnisse des NATO-Gipfels waren nicht gerade überwältigend, und auf dem Weltwirtschaftsgipfel in Houston war die von Bonn und Paris erhoffte großzügige Finanzhilfe des Westens für Gorbatschow nicht zustande gekommen.

Der stellvertretende sowjetische Außenminister Kwizinski informierte die Spitze des MfAA am 17. Juli gleich acht Uhr morgens, hernach gab es auch einen schriftlichen Bericht aus Moskau über die Verhandlungen zwischen Kohl und Gorbatschow. Aus Bonn erhielten wir keine Information. Kwizinski entschuldigte zunächst seinen Außenminister, der eigentlich selber diesen Bericht geben wollte: "Lassen Sie ihn schlafen, der Mann ist völlig groggy." Kwizinski zufolge war am Sonntag, dem 15. Juli, noch zwischen Deutschen und Sowjets in gewohnter Manier verhandelt worden. Die Stimmung sei zwar aufgeschlossen gewesen, aber es sei von den Deutschen ein komplizierter Vorschlag nach dem anderen gekommen - "Können wir dies nicht so machen, oder geht es vielleicht so?" In der Nacht habe Schewardnadse mit ihm zusammengesessen (man darf annehmen, es gab etwas zu trinken) und überlegt, wie es am folgenden Tag weitergehen solle. Die beiden nächtlichen Diskutanten fanden eine Formel, die Kwizinski mit sichtlichem Vergnügen wiederholte: "Sollen die Deutschen sich doch zum Teufel scheren!" Damit war vor allem gemeint, daß die den Russen sehr deutsch vorkommenden Konzepte keine Rolle mehr spielen sollten, und Gorbatschow gestand so im kaukasischen Schelesnowodsk den überraschten Deutschen die bekannten Punkte zu.

Die lockere Verhandlungsweise im Kaukasus erzeugte hinterher einiges Kopfzerbrechen. Bei dem Schlüsseltreffen waren nur vier Personen anwesend - Kohl und Gorbatschow, dazu der deutsche 2+4 - Chefunterhändler Kastrup und der sowjetische stellvertretende Außenminister Kwizinski, neben zwei Dolmetschern. Ein Protokoll auch nur über die Ergebnisse gab es nicht (später scherzten die Russen uns gegenüber, bei den peniblen Deutschen hätte man schon mit einem "Vermerk" über das Gespräch gerechnet). Auch die Ortsbezeichnung, wo denn nun im Kaukasus der Durchbruch erzielt worden war, wurde von beiden Seiten unterschiedlich angegeben. Im amtlichen sowjetischen Bericht, der dem MfAA zuging, in anderen sowjetischen Äußerungen und bei der ADN ist von einem "Meinungsaustausch in Moskau und Archysa"[172] die Rede, während die westdeutschen Medien alternativ die Orte Schelesnowodsk und Stawropol[173] hervorheben. In sowjetischer Sicht waren die von Bundeskanzler Kohl auf seiner Pressekonferenz formulierten acht Punkte gültig, weil der daneben sitzende Gorbatschow nicht widersprochen habe. In sowjetischer Zählweise kam man in Kohls Ausführungen allerdings statt auf acht lediglich auf sieben Punkte, die - so die Sowjetbotschaft in Ost-Berlin - am Folgetage in dieser Form in der sowjetischen Presse veröffentlicht worden seien. Andererseits vermißten die Sowjets einzelne Aussagen, über die doch auch Einigkeit erzielt worden sei. Diese Hinweise stießen offenbar in Bonn auf Verständnis, denn in der Wiedergabe der Kanzlerrede im regierungsamtlichen Bulletin tauchen mit einem Male zehn statt acht Punkte auf.[174] In der Folge gab es interpretatorische Unterschiede zwischen Deutschen und Sowjets, besonders zu den Waffen betreffenden Fragen.

Mit der Einigung im Kaukasus war die Aufgabe einer eigenständigen DDR-Außenpolitik beendet. "Wir sind nicht in das MfAA eingetreten", resümierte "Poldi" Carlchristian von Braunmühl mit einer gewissen Verbitterung mit Blick auf die Regierungsbeteiligung der SPD intern, "um die Lösung der äußeren Aspekte der Einigung von Bonn und Moskau vorgegeben zu bekommen." Wenig später formulierte er diese Position öffentlich:

> "Andere müssen es besser wissen. Von seiten der DDR-Delegation sah es so aus, als seien die Sowjets - sobald sie dies nach Beendigung ihres Parteitages konnten - mit einem leisen, aber vernehmlichen 'Hol sie der Teufel' über den Tisch gesprungen, über

den sie nicht gezogen werden wollten. Und als hätten sie sich - den deutsch-französischen Vertrag als Vorbild fest vor Augen - von der Rolle des Geburtshelfers schließlich mehr versprochen als von der des schwächer gewordenen Gegenspielers."[175]

Markus Meckel widersprach zunächst, zumindest nach außen. Auf die direkte Interview-Anfrage der *Frankfurter Rundschau*: "Ist die DDR-Außenpolitik nach den Vereinbarungen Kohl-Gorbatschow praktisch am Ende?", antwortete er noch trotzig: "Keineswegs. Die DDR ist ein souveräner Staat, ein Völkerrechtssubjekt und wird als solches weiter bestehen."[176] Bald gab er jedoch unsere Resignation auch nach außen: Die DDR habe in den deutschen Einigungsprozeß und in die Regelung der äußeren Aspekte der deutschen Einheit "weniger einbringen können, als wir uns am Anfang vorgestellt haben."[177] Auch sei der Eindruck "nicht ganz falsch", daß vieles, "was auch direkt über die DDR verhandelt wurde, an der DDR vorbeigegangen" sei. Besonders die Ergebnisse der Moskaureise von Kanzler Kohl seien mit der Regierung der DDR "nicht abgestimmt und nicht abgesprochen" gewesen.[178]

Die DDR-Politiker waren nicht die einzigen, welche sich übergangen sahen. Jacques Chirac, Sprecher der französischen Opposition, befand bündig, das "germanisch-sowjetische Abkommen" sei "ohne vorherige echte Absprache mit den europäischen Partnern" zustande gekommen.[179] Das britische Foreign Office, vertreten durch den Staatsminister Waldegrave, drückte gegenüber der Volkskammerpräsidentin Bergmann-Pohl ein "gewisses Erstaunen" aus, und vermutete, daß für Gorbatschows Entgegenkommen "das diesbezügliche Finanzarrangements nicht unbedeutend" gewesen sein dürften.[180] Die *Süddeutsche Zeitung* hob in ihrer Würdigung der weitreichenden Inhalte der Bonner Alleingänge hervor, daß die Bundesregierung Rüstungsbeschränkungen "bereits auf sich genommen hat, ohne daß dies durch vorherige Konsultationen innerhalb des Bündnisses abgedeckt war. Westliche Strategen weisen diskret, aber unüberhörbar darauf hin: Der Abzug der alliierten Truppen aus Berlin, die dauerhafte Freiheit des DDR-Territoriums von Atomwaffen liegen zwar in der Logik der Entwicklung, wurden aber als NATO-Vorleistung von Kohl erbracht - abermals im Alleingang."[181]

Die polnische Presse sah sich gleichfalls hintangestellt. "In einigen Presseberichten wird kritisch vermerkt", kabelte die DDR-Vertretung aus Warschau, "daß polnische Korrespondenten keinen Zugang zu Pressekonferenzen erhielten, daß auf Pressekonferenzen zu Fragen polnischer Grenze und polnischen Sicherheitsforderungen kein Wort gefallen" sei.[182] Auch überwog "in ersten Gesprächen" in Warschau die "Meinung, daß Gorbatschow zu große Zugeständnisse gemacht, daß UdSSR polnischen Interessen nicht genügende Aufmerksamkeit geschenkt (habe). Traditionelle Ängste vor Abmachung UdSSR-Deutschland über 'Köpfe der Polen' hinweg zum Schaden Polens zwar nicht bestimmendes, aber deutlich zutage tretendes Element."[183]

"Das Konkordat", wie die *Zeit* das Ergebnis des Kaukasus apostrophierte, hatte nicht nur den Fahrplan der DDR-Außenpolitik in der alles entscheidenden Frage durcheinander gebracht und Polen und Westalliierte düpiert. Es hatte auch das gesamte 2+4 - Arrangement überholt gemacht. "Die Sechser-Gespräche hatten ihre Bedeutung nicht zuletzt von der Vermutung abgeleitet, die Sowjetunion werde sich der deutschen Einigung bis zuletzt in den Weg stellen; folglich bedürfe es des Gewichts der Westmächte, zu einem Ausgleich zu kommen," berichtete das Blatt.[184] Mit dem Wegfall sowjetischer Vorbehalte hatten auch die westlichen Außenminister eigentlich keine ihrem Rang entsprechende Aufgabe mehr - es blieben Detailfragen zu lösen, Vertragsformeln zu finden, Feinabstimmungen vorzunehmen. Tatsächlich trafen sich die Außenminister im 2+4 - Rahmen entgegen anderen Erwartungen nur noch zwei Mal: unmittelbar nach dem Kaukasus, um die Ergebnisse entgegenzunehmen, und zur Vertragsunterschrift in Moskau.

Der Apparat des DDR-Außenministeriums produzierte unfreiwillig fortwährend weitere Hinweise auf die Bedeutung des Kaukasus-Gipfels. Mich beeindruckten besonders die Telegramme der DDR-Botschafter aus der Dritten Welt, in denen der Berliner Zentrale über die weltweite Umsetzung der Vereinigungspolitik berichtet wurde. Aus der islamischen Republik Iran meldete der DDR-Botschafter zum Beispiel, daß die Zustimmung Gorbatschows zur Einigung und zur Bündnisentscheidung die "Folge ökonomischer Sachzwänge und großem Unterstützungsbedarfs der UdSSR" sei, und daß das "zukünftige Deutschland 'europäischer Wunschpartner' für die UdSSR" sei. Wir erfuhren auch, daß die Islamische Republik "auf ökonomisch-wirtschaftliche Vorteile aus den Beziehungen zu der 'künftigen Wirtschafts-Supermacht Deutschland'" hoffe.[185]

## 14. DER LONDONER NATO-GIPFEL

Am 6. Juli traten die Regierungschefs in London zu einem Gipfeltreffen der NATO zusammen. Besonders die Sowjets artikulierten in bezug auf dieses Treffen weitgehende Erwartungen zur Umwandlung der Westallianz in ein eher politisch orientiertes Bündnis. Deutliche Schritte in eine solche Richtung würden es der Sowjetführung erleichtern, ihre Zustimmung zu einer NATO-Mitgliedschaft des vereinten Deutschland zu geben. So sahen auch wir der Londoner Tagung mit Spannung entgegen. Allgemeiner interessierte uns die Frage, wie die Allianz angesichts des Zerfalls des Warschauer Paktes und der demokratischen Umwälzungen in Europa ihren weitgehenden Verlust an Bedeutung umsetzen würde.

Erst ein Jahr zuvor, im Mai 1989, hatte die in ihrer Meinungsbildung in der Vergangenheit nicht eben übermäßig quicke Westallianz ein "Gesamtkonzept" beschlossen, welches in den Folgemonaten oft als zukunftsweisend angeführt wurde. Nun war dieses Gesamtkonzept überholt, und die NATO geriet in "politische Atemnot" (Stützle).

Der wichtigste Akzent der Konferenz lag auf der Betonung der politischen Funktionen des Bündnisses. Was sensationell anmuten mochte, findet sich schon im Vertragstext von 1951: der Wunsch der Vertragsparteien, "mit allen Völkern und allen Regierungen in Frieden zu leben" (Präambel), und ihre Verpflichtung, "jeden internationalen Streitfall, an dem sie beteiligt sind, auf friedlichem Wege so zu regeln, daß der internationale Friede, die Sicherheit und die Gerechtigkeit nicht gefährdet werden, und sich in ihren internationalen Beziehungen jeder Gewaltandrohung oder Gewaltanwendung zu enthalten" (Artikel 1). Schon vor dem Regierungsantritt, bei der Vorbereitung seiner ersten Amerikareise als SPD-Vorstand, hatte Markus Meckel beeindruckt gemeint, der Text des NATO-Vertrages läse sich gar nicht so schlecht, im Gegensatz zur tatsächlichen Entwicklung des Bündnisses. Freilich, so stellten wir fest, gab es (und dies gilt bis heute) kein Dokument, in welchem diese im NATO-Vertrag angeführten politischen Funktionen genauer umrissen oder gar in bezug auf konkurrierende Einrichtungen wie die Europäische Politische Zusammenarbeit (EPZ), die Westeuropäische Union oder - uns besonders interessierend - die KSZE operativ umgesetzt worden wären.

Die DDR-Regierung war durch ihre Koalitionsvereinbarung an den Wandel der Westallianz gebunden - ein merkwürdiger Vorgang, in dem die kleine DDR über Wandlungen einer Weltgröße spekuliert:

> "Die NATO-Mitgliedschaft eines vereinten Deutschland ist den osteuropäischen Staaten nur zumutbar, wenn damit sicher das Aufgeben bisher gültiger NATO-Strategien, wie Vorneverteidigung, Flexible Response und nuklearer Ersteinsatz, verbunden ist."[186]

In der DDR blickte man damals durchaus mit gemischten Gefühlen auf die Westallianz. "Dafür, daß sie einmal zur NATO gehören, sind die Hunderttausende im Herbst nicht auf die Straße gegangen", mit dieser runden Formel beschrieb das nunmehr oppositionelle *Neue Deutschland* klarsichtig einen breiten Konsens.[187]

Kurz vor dem Ereignis erreichte uns Post von Freunden aus dem Gastgeberland. Mehrere wichtige Gliederungen der britischen Friedensbewegung, repräsentiert unter anderen durch den wortgewaltigen Historiker Edward P. Thompson und den uns gleichermaßen verbundenen Pfarrer Bruce Kent, schickten einen Brief nach Deutschland, in welchem sie schrieben, daß "die gegenwärtige Strategie der einseitigen Integration des vereinigten Deutschland in die NATO" "viel Besorgnis" auslöse. Wirksam erinnerten die Briefschreiber an die gemeinsamen Grundlagen der europäischen Friedensbewegung mit einem Zitat aus dem Appell der Kampagne "European Nuclear Disarmament":

> "Wir arbeiten nicht zum Vorteil der NATO oder des Warschauer Pakts. Unser Ziel muß die Beseitigung der Blockkonfrontation, Entspannung zwischen den USA und der Sowjetunion und letztlich die Auflösung beider Militärblöcke sein."

Sie führten weiter aus:

> "Die Vorstellung, Deutschland nur in der NATO zu integrieren, ist ein Versuch, einen Vorteil gegenüber dem anderen Block zu gewinnen und die Kämpfe für Demokratie und Menschenrechte im 'Osten' zum Vorteil des 'Westens' auszunutzen."

Das Fazit der Briefautoren: "Unserer Ansicht nach würde eine solche Lösung der 'deutschen Frage' eine ernsthafte Niederlage der Friedensbewegung bedeuten."[188]

Der Brief erzeugte Eindruck wegen einer uns mitgeteilten Befürchtung, die wir gleichermaßen hegten: Weitgehende Zugeständnisse an den Westen "könnte(n) zu einem Gefühl historischer Ungerechtigkeit und einer Art 'Versailles-Komplex' in künftigen Generationen sowjetischer Bürger führen." Auch teilten wir die Frage, welche auch Genscher unterschrieben hätte: "Kann dies nicht so gelöst werden, daß die Vereinigung der beiden deutschen Staaten eingebettet in die Überwindung der europäischen Teilung ist?"

Am Ergebnis des Londoner Gipfels verblüffte uns zunächst eine bemerkenswerte Ursachenzuweisung für den Wandel in der DDR und den Osten insgesamt:

> "Dieses Bündnis hat viel zur Schaffung des neuen Europa geleistet."[189]

Die besonders von den Sowjets mit Spannung erwartete "Entfeindungsformel" fand sich am Schluß des 4. Punktes:

> "Die Atlantische Gemeinschaft wendet sich den Ländern Mittel- und Osteuropas zu, die im Kalten Krieg unsere Gegner waren, und reicht ihnen die Hand zur Freundschaft."

Unter 6. wurde eine gemeinsame Erklärung beider Bündnisse vorgeschlagen, "daß wir uns nicht länger als Gegner betrachten." Ferner wurde die Absicht mitgeteilt, "die politische Komponente unserer Allianz, wie sie in Artikel 2 unseres Vertrages niedergelegt ist, zu stärken" (Punkt 2). "Neues Denken" wurde auch für die Militärpolitik angekündigt ("So wie Europa sich wandelt, müssen wir unseren Denkansatz in Verteidigungsfragen grundlegend verändern", Punkt 11).

Die Präzisierungen in dem Londoner Dokument lösten im MfAA freilich Enttäuschung aus. "Mit dem völligen Abzug sowjetischer Stationierungsstreitkräfte ... können die betroffenen Bündnispartner ... ihre Abstützung auf Nuklearwaffen verringern" (18.). Das war nicht eben viel. Auch war nukleare Rüstungsminderung längst Thema von amerikanisch-sowjetischen Unterhandlungen, die schon zu Reagans Zeiten eingesetzt hatten. Hier war von uns mehr erwartet worden. Stattdessen hieß es unter 15.:

> "Zur Wahrung des Friedens muß das Bündnis für die vorhersehbare Zukunft eine geeignete Zusammensetzung nuklearer und konventioneller Streitkräfte beibehalten ... (und) das niedrigste und stabilste Niveau nuklearer Streitkräfte anstreben, daß zur Kriegsverhütung erforderlich ist."

Das war schwerlich neu - gegen den Vorwurf der Überrüstung hatten sich die NATO-Militärs regelmäßig mit dem Hinweis gewehrt, nur das unbedingt Notwendige an Atomwaffen bereit zu halten. Die Formulierungen klangen mehr nach einer Art Anpassungsmodernisierung. Zwar hieß es im folgenden Punkt, daß "der politische und militärische Wandel in Europa und die Aussichten auf weitere Veränderungen" es "jetzt den betroffenen Bündnispartnern (erlauben) weiterzugehen" (16.). Viel Wegs wurde allerdings nicht beschritten: "Sie werden daher den Umfang ihrer nuklearen Abschreckungsstreitkräfte verändern und deren Aufgaben anpassen". In weiteren Ausführungen wird deutlich gemacht, daß es um eine Modifikation der Militärstrategie geht, nicht aber um eine grundsätzliche Abkehr von der Doktrin der Abschreckung. Auch die in Punkt 15 wiedergegebene Beschränkungsformel (die NATO "betont, daß keine ihrer Waffen jemals eingesetzt wird - es sei denn zur Selbstverteidigung") ist, wie das Dokument ja selbst sagt, keineswegs neu. Einen unbeschränkten Verzicht auf den Ersteinsatz von Atomwaffen kann man diesen Formulierungen nicht entnehmen. Auch war uns bekannt, daß es in der Allianz Auseinandersetzungen über die Formel gegeben hatte, Kernwaffen nur als "last resort", als letzte Zuflucht einzusetzen. Zumindest in französischer Sicht lebt die Abschreckung davon, daß unsicher bleibt, wann und in welchem Umfang Atomwaffen eingesetzt werden.

Als greifbare Ergebnisse blieben allenfalls der Abzug der Nuklearartillerie auf Wechselseitigkeit und die Ankündigung von Verhandlungen über atomare Kurzstreckenraketen. Die hätten allerdings nach dem Rückzug der Sowjets hinter ihre Landesgrenzen militärisch sowieso jeden Sinn verloren.

In den Medien in der Bundesrepublik wurde das intern durchaus belächelte[190] Londoner Papier umjubelt (verblüffend die *Zeit*: "Nie zuvor ist [der NATO] eine bessere ballistische Leistung gelungen als mit dieser genau placierten Deklaration").[191] Nüchternere Beobachter urteilten weitaus zurückhaltender. Auch ein Kommentar in der *Welt* erblickte in der NATO-Position nichts Neues ("Die künftige NATO-Strategie wird die Kernwaffen in eine Abschreckungsreserve als letztes Mittel zur Beendigung eines Krieges zurückversetzen, in der sie schon in den fünfziger Jahren nach der Doktrin der 'massiven Vergeltung' standen").[192] Die "Vorneverteidigung" würde in Deutschland wegfallen.

Aufgrund des neuen Verhältnisses zwischen Ost und West erhielt das MfAA Insider-Informationen aus London: "Punkt 19 sei auf französischen Wunsch aufgenommen worden, um ein eigenes Mitwirken an Ausarbeitung neuer Nuklearstrategie zu sichern", kabelte die DDR-Vertretung (in diesem Punkt wird das in Turnberry gegebene Mandat bestätigt, "die laufende Arbeit zur Anpassung des Bündnisses an die neuen Gegebenheiten zu überwachen").[193] "In einigen Fragen (Kernwaffen 'letztes Mittel', CFE-2, Streitkräftebegrenzungen, Verbindungsbüros WVO-ML Brüssel) Auseinandersetzungen vorrangig mit britischer Seite", hieß es in einem weiteren Telegramm. "In diesem Kontext riefen Äußerungen PM Thatcher zu takt. Luft-Bodenraketen ('UdSSR stellte 100 pro Woche 1989 her') bei anderen Delegationen Unwillen hervor."[194] Auch habe "SDI Reagans wesentliche Rolle gespielt, Gorbatschow zu verdeutlichen, daß UdSSR mit Westen nicht mithalten kann und sich ändern muß."[195]

Verständlicherweise unterstrichen besonders die Briten auf diplomatischer Ebene die Bedeutung der Londoner Veranstaltung. Außenminister Hurd informierte seine Kollegen auf der nachfolgenden 2+4 - Konferenz, der Gipfel habe den sowjetischen Erwartungen Rechnung getragen, eine "Versöhnung mit den Interessen der UdSSR" sei gelungen. Vielleicht hatte er Recht. Nicht daß die sowjetischen Interessen in der Sache befriedigt worden wären. Uns konsternierte bald, daß die Sowjets offensichtlich darauf voll vertrauten, daß sich der Charakter des atlantischen Bündnisses kurzfristig erheblich verändern würde. Dagegen sprach alle Erfahrung.

Egon Bahr regte bei einer internen Beratung an, mittels eines Punkte-Kataloges vorab einen Maßstab für eine rasche Bewertung des NATO-Gipfels zu bilden, mit der der Außenminister dann zügig vor die Presse treten könnte. Außenminister Meckel reagierte auf das Londoner Dokument:

> "Wir glauben aber, daß die NATO sehr viel weitergehende Veränderungen erfahren wird und muß, als jetzt beim Londoner Gipfel angekündigt wurde."[196]

Vor allem vermißten wir eine verbindlichere Gestaltung der "Entfeindung" der beiden Bündnisse über eine bloße Erklärung hinaus, konkretere Schritte hin zu einer wirklich neuen europäischen Sicherheitsstruktur, und eine klarere Absage an die Doktrin der "flexiblen Antwort" mit Kernwaffen.[197] Unser Eindruck war vor allem, daß die NATO auf Zeit setzt und sich mit allgemeinen Absichtserklärungen begnügt - die der Dramatik des Wandels nicht gerecht wurden.

Mit diesem Urteil standen wir nicht allein (Ministerpräsident de Maizière bemängelte, daß das Westbündnis "in manchen Punkten hinter unseren Erwartungen zurückblieb,"[198] und im *Spiegel*[199] hieß es etwa: "Von der Londoner NATO-Sondertagung muß Kohl Fehlanzeige melden; die Allianz vollzog nicht den erhofften Wandel zu einer ausschließlich politischen Gemeinschaft. Es blieb bei Gesten"). Meckel wurde aber sein Urteil als Beckmesserei angekreidet, mit der er die Bemühungen um den Fortgang der Einigung störe. Im rauhen Politikalltag mußte der DDR-Außenminister es hinnehmen, daß seine Teilkritik einfach ignoriert wurde. Auf dem Sprechzettel für den Washington-Besuch des DDR-Außenministers am 13. Juli wurde noch argumentativ entfaltet:

"Erklärung der DDR (de Maizière, Meckel) kritischer als sowjetische, weil
- wir die Nuklearwaffen auf unserem Boden haben, sie sind nach Wegfall der INF besonders für uns gefährlich;
- deswegen auch förmliche Forderung der DDR (zuletzt Regierungserklärung de Maizières) auf Abzug aller Nuklearwaffen."[200]

Solche Positionen bewirkten öffentlich gar nichts. US-Außenminister Baker sprach wenige Tage später auf der Pariser Außenministerkonferenz, auf der auch Meckel anwesend war, von der "allseitigen positiven Würdigung", die der NATO-Gipfel erfahren habe.

Grundsätzlicher bleibt anzumerken, daß Nacharbeiten zum Londoner Gipfeldokument ausfielen. Das Foreign- und Commonwealth-Office hatte Mitte Juni vor den Londoner Botschaftern der Staaten des Warschauer Paktes noch vollmundig angekündigt, daß zwischen der NATO und dem Warschauer Pakt "mit konkreten Verhandlungen ab September" zu rechnen sei, und daß Ergebnisse dem KSZE-Gipfel im November vorgelegt werden sollten.[201] Davon war bald keine Rede mehr. Der in London von den 16 Regierungschefs einer "Sondergruppe" übertragene Auftrag, bis zum Frühjahr 1991 eine neue Bündnisstrategie vorzulegen, wurde zumindest nicht termingerecht erfüllt. Andreas Zumach weist auf eine weithin übersehene gewichtige Folge der deutschen Vereinigung für die NATO hin, den Ausfall einer gemeinsamen Militärstrategie. Zum Beitrittstermin 3. Oktober 1990

"hatte NATO-Oberbefehlshaber General Galvin auf Bonner Wunsch das geheimste Dokument des Bündnisses außer Kraft gesetzt - den 'General Defense Plan', die Aufmarschpläne der NATO für den Fall eines östlichen Überraschungsangriffes. Seitdem gibt es keine Grundlage mehr für die 23 Jahre gültige NATO-Doktrin der 'flexiblen Antwort'. Für 'Vorneverteidigung', 'atomare Abschreckung' und die 'vorbedachte Eskalation' vom Einsatz konventioneller Streitkräfte über atomare Gefechtsfeldwaffen bis hin zu den Interkontinentalraketen der Vereinigten Staaten existieren keine verbindlichen Allianzpläne mehr."[202]

## 15. DIE WIRKUNG DER VEREINIGUNG AUF DRITTE

Obwohl in Deutschland immer wieder versichert wurde, von der Vereinigung solle "niemand Schaden haben", gab es weltweit Reaktionen negativer Art - die von den deutschen Medien merkwürdig wenig wiedergegeben wurden. Andere Mitverlierer des Zweiten Weltkrieges, so die Finnen und die Österreicher, sahen sich von den diplomatischen Prozessen vollständig übergangen, und mußten einseitig die Grunddokumente ihrer staatlichen Existenz der durch die Vereinigung geschaffenen neuen Situation anpassen. In Japan, kabelte die DDR-Vertretung, wird die "Festschreibung polnischer Westgrenze und damit Bekräftigung Nachkriegsgrenzen ... in einigen konservativen Kreisen als Verschlechterung jap. Aussichten bewertet, Territorialfrage mit UdSSR unter Ausnutzung europäischer Prozesse beschleunigt zu lösen."[203] Solche Reaktionen mag man beiseiteschieben. Uns beschäftigten jedoch bald erheblich die Folgen der Vereinigung für unsere unmittelbaren Nachbarn im Osten, Polen und Tschechen.

Mit der Einführung der Währungsunion gerieten die Volkswirtschaften Polens und der Tschechoslowakei durch das Abbrechen angestammter Handelsbeziehungen mit der DDR in urplötzliche Schwierigkeiten. Wir hatten dies vorausgesehen und gleich bei unserem ersten Besuch in Prag angesprochen. Ich sagte damals, daß es im ureigensten Interesse der Deutschen läge, daß der Prozeß der Demokratisierung auf einer gesundenden wirtschaftlichen Basis erfolge, und nicht die Einigung zu einer bedrohlichen Entwicklung für die Volkswirtschaft in unseren östlichen Nachbarstaaten führe. Außenminister Jiri Dienstbier griff die Äußerung sogleich auf und hatte in der nächsten Sitzung eine lange Liste mit zu erwartenden Problemen auf dem Schoß - daß einzige Mal, daß ich den unkonventionelle Umgangsformen bevorzugenden tschechischen Außenminister mit einer Arbeitsunterlage in der Hand erlebt habe.

Einzelne Beispiele illustrieren die Schärfe des Problems. Die DDR versorgte im RGW ihre Partner vor allem mit Maschinen, Schiffen und Waggons. Aus Polen erhielt sie dafür Kohle, Agrarprodukte und Bauleistungen, aus der Tschechoslowakei Spezialmaschinen und Straßenbahnen. Mit der Einführung der Währungsunion mußten polnische und tschechische Firmen ihre Aufträge an DDR-Kombinate künftig in den raren Valuta abwickeln. Zwar wurde von der Bundesrepublik zugestanden, daß bis zum Ende des

Jahres 1990 die Abrechnungen weiterhin in der RGW-Kunstwährung "Transferabler Rubel" erfolgen können. Eine Garantie, wie sie die Sowjetunion für Lieferungen aus der DDR von Kanzler Kohl erhalten hatte, wurde für Polen und die Tschechoslowakei jedoch nicht gegeben. Im Sommer wurden rasch zunehmend "notleidende" Kontrakte gemeldet. Die DDR-Betriebe hatten nicht einmal genügend DM-Liquidität, um ihre Lohnsummen zu zahlen, geschweige denn, um bei den östlichen Nachbarn einzukaufen. Andererseits weigerte sich die DDR, Lieferungen aus dem Osten anzunehmen, aus verständlichen Gründen. So wurde die Annahme eines Postens von mehr als 1000 Waschmaschinen verweigert, die in der CSFR speziell nach DDR-Normen gefertigt worden waren, weil die Kunden in der DDR nunmehr lieber Westmarken erwerben wollten, und die tschechische Ware nicht mehr absetzbar war.[204] Am härtesten wurde die tschechische Chemiebranche getroffen. Waggonladungen von Arzneimitteln gingen zurück. *Der Spiegel* berichtete:

"Das Chemiekombinat Zaluzi im Norden der Tschechoslowakei muß gar ganze Produktionszweige stillegen. Bislang hatte Zaluzi mit den nur wenige Kilometer entfernten Chemiewerken Böhlen im Süden der DDR eine eng verzahnte Produktion. Nun aber verweigert Böhlen die Zulieferung von Teilprodukten, weil Zaluzi nicht wie gefordert in D-Mark zahlen kann."[205]

In Deutschland überhaupt nicht wahrgenommen wurden die Folgen der Vereinigung für vormalige Verbündete des Reiches. Die staatsrechtliche Situation Finnlands und Österreichs zum Beispiel wurde, ohne daß die Betroffenen gefragt wurden, durch die Rückgabe der Souveränität an die Deutschen direkt berührt. So verblieb beispielsweise den Finnen nur, sich ihren Reim auf die Entwicklungen zu machen, etwa in bezug auf den Pariser Friedensvertrag von 1947:

"Die Vereinigung Deutschlands am 3. 10. 1990 schafft eine Situation, in der die Deutschland betreffenden Bestimmungen des Friedensvertrages ihre Bedeutung verlieren... Unter diesen Umständen entfallen auch die letzten Grundlagen für die Einschränkung der Souveränität Finnlands durch die Deutschland betreffenden Bestimmungen des Pariser Vertrages."[206]

Dieser Friedensvertrag legte den Finnen gar ein Wächteramt gegen die deutsche Wiederaufrüstung auf. Artikel 20 verpflichtet Finnland "zu sichern, daß Deutschland nicht in der Lage ist, Maßnahmen außerhalb deutschen Gebietes zu treffen, die auf seine Wiederaufrüstung hinzielen." Zwei weitere Artikel enthalten weitere spezifische Verbote. In Artikel 19 heißt es unter anderem:

"Finnland darf Kriegsmaterial deutschen Ursprungs oder deutschen Musters weder beschaffen noch herstellen noch Personen in Dienst nehmen noch zu Technikern ausbilden, Militär- und Zivilluftfahrtspersonal eingerechnet, die deutsche Staatsangehörige sind oder gewesen sind."

An diese Auflage hatten sich die beiden deutschen Staaten und Finnland strikt gehalten, ohne viel Aufhabens davon zu machen. In dem angeführten Regierungsbeschluß heißt es allerdings, daß Artikel 19 behindernd gewirkt habe ("Behindert wurde die Entwicklung der finnischen Verteidigungskräfte hingegen durch das Verbot, deutsches Kriegsmaterial anzuschaffen").[207] Penibel beschäftigten sich die alliierten Siegermächte damals auch mit militärisch relevanten Randgegenständen wie Zivilflugzeugen (was für sie ungünstige Vergleiche mit der heutigen Handhabung etwa von UN-Embargos gegen Südafrika provoziert):

"Art. 21. Finnland darf keine Zivilflugzeuge beschaffen oder herstellen, die deutscher oder japanischer Konstruktion sind oder in denen größere zusammengesetzte Teile deutscher oder japanischer Produktion oder Konstruktion eingebaut sind."

Tatsächlich finden sich bis heute in der finnischen Luftfahrtrolle nicht einmal Leichtflugzeuge aus deutscher Fertigung. - Die Alliierten bauten damals besondere Hemmnisse gegen die Aufhebung solcher Bestimmungen ein. Der Vertrag zwischen dem Sicherheitsrat der Vereinten Nationen und Finnland, der Änderungen ermöglichen würde, wird freilich, so die finnische Sicht der Dinge, weiterhin auf sich warten lassen. Die kleineren Staaten in der Peripherie der großen politischen Entwicklungen wie der Rückgewinnung der deutschen Souveränität müssen halt selber zusehen, wie sie mit den Folgen fertig werden. Eine staatsrechtliche Finesse wird bleiben, ob andere Rüstungsverbote (in Finnland die Begrenzung der Truppenstärke und der Zahl von Flugzeugen, Verbot von Bombern, U-Booten, Raketen und Kernwaffen) nach der teilweisen Vertragsaufkündigung durch die Finnen völkerrechtlich weiterhin gültig sind - im Abrüstungszeitalter gerät dies zu einer akademischen Frage, und die vorsichtige finnische Regierung hatte zudem Briten und Sowjets im voraus über ihr Vorhaben informiert. Per Regierungsbeschluß stellten die Finnen nach dem Abschluß der 2+4 - Gespräche fest, "daß die Bestimmungen ... des 1947 in Paris unterzeichneten Friedensvertrages ihre Bedeutung verloren haben, ausgenommen das Verbot von Kernwaffen."[208] Resigniert hielten die ordentlichen Finnen fest:

"Alle übrigen Staaten, die einen entsprechenden Friedensvertrag unterzeichnet haben, sind ziemlich bald einer der beiden Militärallianzen beigetreten und haben mit Zustimmung ihrer Bündnispartner die Begrenzungen der Friedensverträge ignoriert, ohne daß die Bestimmungen offiziell aufgehoben worden wären."[209]

Mit "alle übrigen Staaten" sind Italien, Bulgarien, Rumänien und Ungarn gemeint.[210] - Die deutsche Einigung berührt gar die Grundlage der finnischen Außenpolitik der vergangenen Jahrzehnte, den Vertrag über Freundschaft, Zusammenarbeit und gegenseitige Hilfe mit der UdSSR aus dem Jahre 1948. In diesem wird Deutschland als möglicher Agressor angeführt. Im Staatsrat erklärte Staatspräsident Koivisto im September 1990 feierlich, daß dieser Teil des Vertrages überholt sei.[211]

Die Österreicher warteten nach außen hin erst einmal ab, wie es den Finnen mit ihrem Vorstoß erging. Bislang war es ihre Politik gewesen, eine internationale Diskussion um das Grundlagendokument der Staatlichkeit des neuen Österreichs, den Staatsvertrag von 1955, zu vermeiden. Seit Frühjahr 1990 wurden jedoch in der österreichischen Regierung Überlegungen angestellt, wie sich die durch die deutsche Einigung zu erwartenden Veränderungen konkret auf den Staatsvertrag auswirken könnten.[212] Anfang Juli gab der österreichische Außenminister erste förmliche Untersuchungsaufträge. Am 13. September, einen Tag nach der Unterzeichnung des 2 + 4 - Dokuments in Moskau, hatte er eine erste Stellungnahme zu den Wirkungen vorgelegt. Nach einem längeren Abstimmungsprozeß sandten die Österreicher dann den vier Signatarstaaten ihres Staatsvertrages Anfang November eine "Mitteilung" von einer Seite Länge zu. Dieser erfährt eine zumindest Nichtösterreicher überraschende Zuordnung:

"Der Staatsvertrag war ... ein Meilenstein auf dem Weg zur Errichtung einer neuen europäischen Friedensordnung nach dem Ende des 2. Weltkriegs, dem 35 Jahre später die Unterzeichnung des 'Vertrags über die abschließende Regelung in bezug auf Deutschland' am 12. September 1990 folgte."[213]

Den Kern dieses Regierungsbeschlusses bildet die - wie sie bald allgemein in Österreich hieß - "Obsoleterklärung" von Teilen des Staatsvertrages:

"Seit dem Abschluß des Staatsvertrages sind grundlegende Veränderungen in Europa eingetreten, die sich in der Anwendungspraxis bezüglich einzelner der angeführten Bestimmungen sowie in der im Abschluß des zitierten Vertrags vom 12. September 1990 zum Ausdruck kommenden geänderten Rechtsüberzeugung auch der Signatarstaaten manifestieren. Österreich ist daher der Auffassung, daß die Artikel 12 - 16 des Staatsvertrags obsolet sind."[214]

In einer augenscheinlich für notwendig erachteten "Erläuterung", gleichfalls eine Seite lang, die den vier Hauptsiegermächten zu dieser Obsoleterklärung beigelegt wurde, wird ferner auf den Artikel 11 des Staatsvertrages Bezug genommen, "wonach die Verpflichtungen Österreichs insbesondere im Zusammenhang mit der 'Verhinderung der deutschen Wiederaufrüstung' hinfällig geworden sind."[215]

Man kann nur rätseln, warum die Österreicher diesen Artikel 11 des Staatsvertrages nicht gleich mit in ihre "Mitteilung" aufgenommen haben, sondern ihn niedrigrangiger in die "Erläuterung" aufnahmen. Außenminister Mock drückt sich in seiner grundsätzlichen Erklärung zu diesem Thema vor dem österreichischen Parlament reichlich flau aus:

"Mit dem Abschluß des '2+4 - Vertrags' im Jahre haben die Signatarstaaten des Staatsvertrags *wohl auch* ihre Auffassung zum Ausdruck gebracht, daß Bestimmungen in völkerrechtlichen Verträgen, die im Zusammenhang mit der 'Verhinderung der deutschen Wiederaufrüstung' stehen, hinfällig geworden sind."[216]

Der Außenminister verweist augenscheinlich bewußt im Plural auf "völkerrechtliche Verträge", und nicht nur den Staatsvertrag, um die Allgemeinheit dieser Position zu unterstreichen. Am Ende fürchteten die Österreicher gar Rückfragen in bezug auf ihren ausgefallenen Widerstand gegen die deutsche Wiederaufrüstung in den fünfziger Jahren? - Außenminister Mock erläuterte im Nationalrat ferner, was "Obsoletwerdung" heiße:

"'Obsolet werden' bedeutet - sehr vereinfacht ausgedrückt - daß einzelne Bestimmungen eines Vertrages durch einvernehmliche Nichtanwendung bzw. Änderung der Umstände hinfällig werden... Eine explizite Klarstellung dient auch der Rechtssicherheit nach innen und nach außen und war daher der Alternative des 'Zurücksinkenlassens in die Geschichte', wie dies auch diskutiert worden ist, vorzuziehen."[217]

Diese immerhin einseitig vorgenommene Änderung eines wichtigen internationalen Vertrages fand ein bemerkenswertes Echo. Die nonchalanten Briten beließen es zum Entsetzen der Österreicher bei einer mündlich vorgetragenen Erklärung gleich bei der Übergabe des Dokuments, "daß keine Einwendungen gegen diese österreichische Mitteilung erhoben werden."[218] Die Sowjets waren nicht weniger schnell und gaben am gleichen Tage mit einem Aide-Memoire ihre Zustimmung - gleichfalls keine bei einer Staatsvertragsänderung beeindruckende Form. Die U.S. Regierung raffte sich immerhin zu einem Brief auf, und nur die diplomatisch korrekten Franzosen fanden den Vorgang eine förmliche Note wert.

Die Anpassung grundlegender Dokumente an die durch die Einigung der Deutschen geschaffenen Tatsachen wird für die europäischen Neutralen nicht hinreichen. Vielmehr steht mittelfristig das Konzept Neutralität selbst zur Disposition. Im Frühsommer war angesichts sowjetischer Neutralisierungsbegehren für Gesamtdeutschland noch von einer Aufwertung des Neutralismusgedankens zu reden. Im Herbst mußten sich die europäischen Neutralen von EG-Vizepräsident die Aufforderung anhören, "Neutralität neu zu definieren."[219] Angesichts der Auflösung des Ost-West-Konfliktes fehlen dem modernen europäischen Neutralitätskonzept die Orientierungsmarken. Aber auch in Schweden und der Schweiz hat eine neue Debatte über die angestammte Neutralität eingesetzt. Ein Verzicht auf diese Option erscheint andererseits schwerlich als möglich - zu sehr ist Neutralismus Gegenstand der politischen Kulturen und des Bürgerempfindens in vielen kleineren europäischen Staaten geworden. In Österreich verhilft diese Orientierung zudem zur Abgrenzung von Deutschland und zu eigener politischer Identität.

Ein kritisches Echo kam ferner aus dem Baltikum. Über die Sezessionsbegehren der drei baltischen Sowjetrepubliken hatten wir bei Konsultationen besonders mit der ZK-Abteilung für internationale Politik sehr offen gesprochen. Die Gefühle von Esten, Letten und Litauern brachte Alfred Tymonas, Abgeordneter der litauischen Unabhängigkeitsbewegung "Sajudis", auf die zugespitzte Formel:

"Die Deutschen vereinigen sich und überlassen wieder einmal wie 1939 das Baltikum den Russen."[220]

In einem Kommentar wird darauf verwiesen, daß "landauf, landab die Balten einhellig der Meinung (sind), daß die deutschen Politiker nur noch die Einigung ihres Landes im Blick haben und auf diesem Altar die Unterstützung für die baltischen Völker opfern."[221] Angesichts der Haltung anderer Staaten, etwa der USA und Schwedens, bleibt in der Tat auffällig, daß beide deutsche Regierungen im Zeitraum des 2+4 - Prozesses die Frage nach der Souveränität der baltischen Länder nie thematisierten. Für den Abschluß der 2+4 - Gespräche im September in Moskau kündigten die drei baltischen Staaten eine gemeinsame diplomatische Demarche an mit dem Tenor, daß mit der Vereinigung "die Bereinigung der Folgen des zweiten Weltkrieges nicht erschöpft" sei.[222] Der DDR ist dieses Demarche nicht mehr zur Kenntnis gelangt.

## 16. POLNISCHE ETÜDEN

Den wichtigsten Punkt der dritten Sitzung der Außenminister im Rahmen der 2 + 4 - Gespräche in Paris Mitte Juli 1990 bildete die Frage der Grenzen und damit des Verhältnisses zwischen Polen und dem künftigen Deutschland. Für mich am eindrucksvollsten faßte der französische Polenkenner Michel Foucher die Bedeutung des Themas für die Polen zusammen:

> "Wenn Polen sich in der Grenzfrage, einem im Europa von 1990 fast anachronistisch anmutenden Problem, so empfindlich zeigen, so liegt das zweifelsohne daran, daß ihr Staat in seiner heutigen Gestalt der jüngste des Kontinents ist, während ihre Nation zu den ältesten gehört."[223]

Im MfAA war klar, daß die intensiven deutsch-sowjetischen Kontakte und die sich abzeichnenden Verträge beider Staaten in Polen kritische Reflexe hervorrufen würden. Befürchtungen vor der Macht eines "4. Reiches" in Deutschland oder auch Parallelisierungen mit dem Ribbentrop-Molotow-Pakt von 1939 erschienen als kaum vermeidlich. Nicht daß Polen erneut zwischen seinen beiden übergroßen Nachbarn aufgeteilt werden würde. Aber die polnische Zwischensituation zwischen zwei intim miteinander kooperierenden großen Staaten würde den polnischen Außenpolitikern als einigermaßen ungemütlich erscheinen müssen, zumindest stünde eine gewisse Peripherisierung polnischer Politik in Europa zu erwarten. Die Avancen, welche Markus Meckel der polnischen Politik mit dem Dreieckskonzept machte, mochten in Warschau verstanden werden als gutgemeinte, aber fehlweisende Beschwichtigungsversuche. In der Grenzfrage hatte sich Meckel schon vor der Regierungsbildung eindeutig ausgesprochen (Anerkennung "sofort, ohne einen Friedensvertrag als Bedingung").[224]

Die Verhandlungen zur Grenzfrage konnten wir von der DDR her nur mit Beschämung angehen. Uns war in Warschau gesagt worden, man habe gelegentlich den Eindruck, daß Bonn die unmißverständlichen, aber völkerrechtlich unverbindlichen Entschließungen der beiden deutschen Parlamente zur Oder-Neiße-Grenze als Vorwand nutze, um nach der Vereinigung den Grenzvertrag weiter hinauszuzögern und immer neue Bedingungen an eine endgültige Anerkennung der Grenze zu knüpfen. Der polnische Ministerpräsident Tadeusz Mazowiecki hatte im Gegenzug "noch im Frühjahr einen baldigen Rückzug der Sowjettruppen aus dem Lande für ausgeschlossen erklärt, solange die deutsche Einigung für Polen Risiken mit sich brächte."[225] Vor allem äußerte der polnische Premier die Befürchtung, daß die "Grenzdiskussion" nach der Vereinigung "von neuem beginnt."[226] Ohne jede diplomatische Verbrämung stellte Mazowiecki im März 1990 in einem Interview in *Le Monde* fest,

> "daß die deutsche Wiedervereinigung in keinem Land mehr gefürchtet wird als in Polen."[227]

Der polnische Außenminister Skubiszewski hatte gleichfalls im März vor der WEU die Position seines Landes näher umrissen:

> "Die Vereinigung der beiden deutschen Staaten kann lediglich in ihren bestehenden Grenzen erfolgen, und sie muß in Vertragsform mit der Bestätigung der deutsch-polnischen Grenze verbunden sein, welche den Rang und die Wirkung eines Friedensvertrages haben sollte."[228]

In polnischer Sicht war diese Position mehr als berechtigt. Wie Skubiszewski in seiner Ansprache betonte, "bildete den Beginn" der politischen Revolutionen in Europa und damit der Entwicklung hin zur Wiedervereinigung "die Solidarnosc-Bewegung in Polen im Jahre 1980."[229]

Bei Beginn der 2+4 - Gespräche hatte das Thema Grenzen unter den verschiedenen Problemen, die die vier Siegermächte mit den beiden deutschen Staaten zu regeln hatten, als einfach lösbar gegolten. Im Ernst zweifelte ja niemand daran, daß die Ostgrenze Deutschlands bzw. die Westgrenze Polens durch die Flüsse Oder und Neiße gebildet wird. Als sich die Beamten der sechs Außenministerien zu ersten Sachverhandlungen trafen, hatte der britische Sitzungsleiter noch gemeint, daß der Punkt Grenzen auf der Tagesordnung nach vorn gezogen werden solle, da er wohl rasch erledigt sein würde. Er sollte sich gründlich irren. Es ging allein fünf Stunden lang um die Frage, ob bei dem mit Polen zu besprechenden Grundlagenpapier alle die die Grenzen von 1937 erwähnenden Artikel des Grundgesetzes thematisiert werden sollten oder nicht. Die Bonner Vertreter weigerten sich aufgrund ihres Verständnisses deutscher Souveränität hartnäckig, dies zuzulassen, und etwa auch Artikel 116 in das Papier mit aufzunehmen.[230] Das gab einen Vorgeschmack, was bei den Verhandlungen noch auf uns zukommen würde.

Die DDR hatte den polnischen Wunsch auf Vermittlung aufzunehmen versucht und zu Dreiergesprächen eingeladen. Zu einer ersten Beratung am 29. Mai erschien aus Bonn freilich eine vergleichsweise niedrigrangige Delegation, während aus Warschau und aus dem MfAA die Spitzenbeamten antraten. Die AA-Beamten erklärten sogleich, daß sie - so das DDR-Protokoll - "kein Mandat für Zusagen oder Absprachen irgendwelcher Art" besäßen.[231] Wiederholt wird in diesem Dokument "das fehlende Mandat der westdeutschen Delegation, das auf innere Streitigkeiten der Bonner Regierungskoalition zurückzuführen ist"[232] angesprochen. "Unter Hinzuziehung vieler Zitate von Regierungsmitgliedern" wiederholten die Beamten die "bekannten Standpunkte" Bonns. Die DDR-Teilnehmer gewannen den Eindruck, daß "der westdeutschen Seite das Mißtrauen und die Verunsicherung der polnischen Seite nicht klar bekannt zu sein" schien.[233] Zwar wurde für Ende Juni eine weitere Dreierrunde der beiden deutschen Staaten mit den Polen vereinbart, aber es war klar, daß allenfalls auf Ministerebene die Bonner zu "mehr Flexibilität und Kompromißbereitschaft" (so das Protokoll erneut) bewegt werden könnten. Allem Anschein nach war dies eine illusionäre Schlußfolgerung - schon die Wahl der Abgesandten zeigte an, daß man in Bonn nicht bereit oder in der Lage war, auf die Polen zuzugehen, erst recht nicht mit Hilfe der DDR.

Die Grenzfrage bildete nur einen, vielleicht nicht einmal den materiell wichtigsten, Aspekt in den zwischen Polen und Deutschen offenen Fragen. Ähnlich wie bei den Sowjets gab es eine Vielzahl von Zwangsarbeitern, die seit Kriegsende auf eine Entschädigung warteten. "In Polen haben sich in den vergangenen Monaten rund zwei Millionen Geschädigte gemeldet. Bundeskanzler Kohl hatte im November (1989, U.A.) zugesagt, daß Schicksale von Zwangsarbeitern individuell geprüft würden," berichtete die *Welt* mit Verweis auf die 2+4 - Gespräche.[234] - Den Bonner Unterhändlern gelang es bald, diesen Punkt von der Tagesordnung abzusetzen.

Für die DDR war die Position in der Grenzfrage klar. Außenminister Meckel äußerte wiederholt:

"Zur polnischen Westgrenze haben wir immer erklärt, daß wir den Polen die Sicherheit geben wollen, die sie als Nachbarn eines großen und starken Deutschland brauchen."[235]

Auch die polnische Forderung, daß "die deutsch-polnische Grenze als Teil einer Friedensordnung in Europa" akzeptiert werde, von den Bonner Unterhändlern mangels Instruktionen fatalerweise zunächst übergangen, wurde von der DDR sogleich positiv aufgegriffen (in der Sprache des Apparates: "Polnische Forderung nach Definition des Schlußdokuments von 2+4 als Dokument, daß in Potsdam 1945 vereinbartes *'peace-settlement'* absolut macht, *ist sachgerecht*").[236]

Die Irritation blieb gering, als in der Volkskammer sechs Abgeordnete der DSU gegen die gemeinsame Resolution beider deutscher Parlamente zur Grenzfrage stimmten, darunter einer der Staatssekretäre im MfAA,

Frank Tiesler. Die Presse wunderte sich nicht sonderlich, daß hernach das Außenministerium sich von seinem eigenen Staatssekretär wegen des Vorganges distanzierte.

Auf westdeutscher Seite schien man den Rang der Grenzfrage für Polen nicht hinreichend zu erkennen. Als "Die Geschichte eines Eiertanzes" bilanzierte zum Beispiel Gunter Hofmann in der *Zeit* eindrucksvoll im März 1990 die Haltung des Bundeskanzlers zur polnischen Grenze.[237] Der Artikel ging, angesichts der Neigung der neuen Spitze des MfAA in Richtung Polen, damals unter uns von Hand zu Hand. Der Kanzler, so war in diesem Beitrag zu lesen, wollte die Garantie der deutsch-polnischen Grenze "an die Bedingung knüpfen, Polen solle auf Reparationsforderungen vertraglich verzichten und Minderheitsrechte bekräftigen." Von 200 Milliarden Mark war die Rede. Auch wurde berichtet, daß "im konservativen Milieu die Interessen besonders heftig gegeneinander (prallten), sobald es um Polen ging." Der französische Außenminister Dumas hatte Kohl in dieser Sache gar öffentlich der Unvernunft bezichtigt.[238] Auch in Großbritannien regte sich Kritik. "Verwunderung bei seinen britischen Gastgebern hat Bundeskanzler Kohl mit seiner Erwartung ausgelöst, Polen solle sich für das nach 1945 an Deutschen begangene Unrecht entschuldigen", wurde Ende März 1990 gemeldet.[239]

Bemerkenswert war aber nicht nur die Position des Kanzlers. "Mitglieder des Auswärtigen Ausschusses des Bundestages, die kürzlich in Warschau Gespräche führten, gewannen den Eindruck, daß die Frage der Westgrenze für einen Großteil der polnischen Parlamentarier nach wie vor das wichtigste außenpolitische Problem zu sein scheint. Einige von ihnen zeigten sich erstaunt darüber, wie wenig man auf der polnischen Seite um die Zwänge wußte, die der Bundesregierung durch das Grundgesetz und höchstrichterliche Entscheidungen auferlegt waren, und wie wenig man Bekundungen des guten Willens zur Kenntnis nehmen wollte."[240] Der CSU-Vorsitzende Theo Waigel wertete Ende Juni die Anerkennung der Grenze mit Polen gar als "bitteren Preis" für die deutsche Einheit, und erwartete "auch von polnischer Seite ein großes offizielles Wort zu dem Leid, das Deutschen auch von Polen zugefügt wurde."[241] Radikalere Politiker wie der Sprecher der Oberschlesischen Landsmannschaft, Herbert Czaja, schlugen gar vor, einen Teil des umstrittenen Gebietes aus Polen herauszulösen und als "neues, freies, europäisches und selbständiges Gemeinwesen" einzurichten, in dem "beide Volksgruppen, also Deutsche und Polen" nebeneinander leben könnten.[242]

Auf dem Beamtentreffen Anfang Juli, erstmals mit einer Delegation aus Polen, stellte der polnische Sprecher Jerzy Sulek drei Begehren zur Erweiterung der "Grundsätze zur Regelung der Grenzfrage" vor. Im Abschnitt über die Grenzen im Abschlußdokument der 2+4 - Verhandlungen sollte der Rang des deutsch-polnischen Grenzvertrages durch eine Ergänzung aufgewertet werden: "Diese Grenzen sind grundsätzlicher Bestandteil einer Friedensregelung in Europa" (im späteren Vertrag findet sich in Artikel 1,1 dieser Vorschlag leicht gewandelt wieder: "Die Bestätigung des endgültigen Charakters der Grenzen des vereinten Deutschland ist ein wesentlicher Bestandteil der Friedensordnung in Europa"). Deutsche Interessen wurden unmittelbar durch den weiteren Vorschlag berührt, daß der Grenzvertrag "spätestens am Tage des Inkrafttretens der 'abschließenden Regelung' in Kraft tritt."[243] Der bundesdeutsche Delegationsleiter ging auf diesen polnischen Wunsch einfach nicht ein. Der französische Sprecher befand, daß eine Detaildiskussion auf dem Beamtentreffen nicht möglich sei. Lediglich die Sowjets und die DDR äußerten Verständnis für das polnischen Begehren. - Ferner strebten die Polen an, daß nicht nur die Verfassung, sondern auch "andere Rechtsvorschriften des vereinten Deutschland" keinerlei Bestimmungen enthalten sollten, die dem Grenzvertrag widersprächen. Damit war besonders die Rolle der Reichsgrenzen von 1937 in der bundesdeutschen Rechtsprechung gemeint. Auch hier gab es keine Zustimmung aus dem westlichen Lager. Resigniert stellte der polnische Unterhändler Sulek beim Abschluß der Beamtenrunde fest, daß er in allen drei Punkten mit leeren Händen zurück nach Warschau fahre. Auch die Unterstützung durch die Sowjets hatte den Polen nichts eingebracht (die *Zeit* wertete wenig später: "Die sowjetische Unterstützung stellte sich nach wenigen Tagen als belanglos heraus").[244] Das interne Protokoll der DDR faßt zusammen: "Insgesamt konnte über die von Polen unterbreiteten konkreten Formulierungsvorschläge keine Einigung erzielt werden."[245] Die Beamten überließen solch brenzlige Fragen lieber ihren Ministern.

In den folgenden Tagen verhärtete sich die polnische Haltung. Die Regierung Polens erklärte, "die vier Siegermächte des Zweiten Weltkrieges sollten eine Garantie für die Westgrenze Polens abgeben, bevor sie ihre Vorbehaltsrechte über Deutschland als Ganzes aufgeben."[246] Mitte Juli, knapp vor der Außenministerkonferenz, machte die polnische Regierung ihre Forderung publik, "daß die Vier-Mächte-Rechte über Deutschland erst nach dem Abschluß eines Vertrages über den Bestand der polnischen Westgrenze mit dem vereinigten Deutschland erlöschen sollen."[247] Da Polen besorgt sei, daß das Problem seiner Grenzen und seiner Sicherheit nicht "noch vor der Vereinigung" geklärt werde, schlage Polen "deshalb ein Junktim vor, das darin besteht, daß der polnisch-deutsche Grenzvertrag noch vor dem Erlöschen der Rechte und der Verantwortung der Vier Mächte gegenüber Deutschland in Kraft treten sollte."[248] "Der polnische Außenminister Skubiszewski hatte im Vorfeld noch einmal vorgeschlagen", berichtete die *Welt*, "die Vier-Mächte-Zuständigkeit für Deutschland nicht mit dem Eintritt in die staatliche Einheit, sondern erst nach der Ratifizierung eines 'Grenzvertrages' aufzugeben."[249] "Aus Furcht, nach der Zwei-plus-vier-Konferenz endgültig allein einem Verhandlungspartner gegenüberzustehen, der vielleicht wie schon im Frühjahr Bedingungen an einen Grenzvertrag knüpft," interpretierte die *Zeit* hernach, "unternahm das polnische Außenministerium ... (diese) nicht sehr gelungene Offensive."[250]

In Bonn löste die polnische Position - obwohl sie seit März bekannt war[251] - "Verständnislosigkeit" aus.[252] Presseberichten zufolge richtete sich Bonn auf harte Auseinandersetzungen ein: "Die Bundesregierung wird nach Bonner Auskünften dem polnischen Vorschlag, falls Außenminister Skubiszewski ihn in Paris vortragen sollte, widersprechen."[253] Es war gar die Rede davon, daß sich Genscher "mit Nachdruck dagegen wenden" würde.[254] In unserer Sicht hatten sich die Bonner den polnischen Gegenzug aufgrund ihrer Intransingenz in der Grenzfrage zu Recht eingehandelt, und wir waren gespannt, wie Außenminister Genscher handeln würde. Die ersten Ankündigungen von Gegenschritten deuteten eher auf Hilflosigkeit: "In Bonn wurde die Erwartung geäußert, daß Großbritannien und womöglich auch Frankreich ihr gutes Verhältnis zu Polen nutzen könnten, um Warschau dazu zu veranlassen, einer gutnachbarschaftlichen Beziehung zu Deutschland keine künstlichen Hindernisse in den Weg zu legen."[255]

Besonders der Hinweis auf Frankreich verblüffte uns. Die Polen hatten nicht nur früh auf ihre besonderen Verbindungen zu Frankreich in eben dieser Frage hingewiesen (Premierminister Mazowiecki im März: "Es ist ein historisches Gesetz, daß Frankreich und Polen sich zusammentun, wenn die deutsche Frage in Europa wichtig wird").[256] Beim internen Dinner während der ersten 2+4 - Außenministerkonferenz hatte Außenminister Dumas zudem seine Gäste, die DDR-Delegation, ausdrücklich gemahnt: "Wenn es um die Polengrenze geht, müßt Ihr Deutschen den Polen erstmal zuhören, nichts als zuhören!" Mitte Juli 1990 war zudem der Wortlaut eines Textes über ein von der britischen Premierministerin Margaret Thatcher im März einberufenes Expertenseminar zur Vereinigung bekannt geworden, in dem die Polenpolitik Kohls sehr kritisch angegangen worden war: "Weitgehende Übereinstimmung bestand darüber, daß Kanzler Kohls Umgang mit dem Problem der polnischen Grenze, besonders seine Bezugnahme auf die Notwendigkeit, die deutsche Minderheit in Schlesien zu schützen, die falschen Signale gesetzt habe"; als eines der "weniger glücklichen Charakteristika" deutscher Politik sei die "mangelnde Empfänglichkeit für Gefühle anderer (besonders auffallend in ihrem Verhalten hinsichtlich der polnischen Grenze)" zu werten.[257]

US-Außenminister Baker unterstrich im bilateralen Gespräch, daß die Deutschen die emotionale Bedeutung des Polenthemas keineswegs unterschätzen dürften. Bei vorbereitenden Gesprächen mit dem AA wurde uns allerdings verdeutlicht, daß die Bonner brachial agieren wollten. "Die Polen haben im Westen keine Karten" mit dieser im MfAA breit kolportierten Bemerkung wischte Genscher Gegenvorstellungen von DDR-Vertretern beiseite. Uns fuhr dieser Satz sehr ins Mark. Wie die Bonner mit den nun doch begrenzten polnischen Wünschen für die Regelung der Grenzfrage umgingen, das gab einen Vorgeschmack, an was sich die Europäer künftig von Seiten der Deutschen würden zu gewöhnen haben.

Für die Presse war die eher pro-polnische Haltung der Westmächte keineswegs ein Geheimnis, etwa für die *Welt*:

"Eine gewisse Irritation war in Bonn dadurch entstanden, daß auf französischer Seite Sympathie für den polnischen Vorschlag erkennbar geworden war - wie man überhaupt in Paris dazu neigt, in der Grenzfrage polnische Thesen zu übernehmen."[258]

Die *International Herald Tribune* hatte schon im Frühjahr festgestellt:

"Kohls wochenlanges Getue in bezug auf die polnische Grenze hat seine Verbündeten in Paris und London in Rage versetzt, wo die Regierungen bemüht sind, die Sorgen der Polen und anderer deutscher Nachbarn zu besänftigen, sogar noch, als Kohls vage Äußerungen sie veranlaßten, die Intentionen eines neuen vereinten Deutschland zu fürchten."[259]

Ähnliche Äußerungen fanden sich in anderen Berichten (etwa in der *Süddeutschen Zeitung*: "In Paris verdichteten sich am Donnerstag die Anzeichen dafür, daß Frankreich den polnischen Standpunkt unterstützen wird").[260] Schließlich hatte Präsident Mitterrand schon im März - ohne sonderliche Not, in einer Tischrede für den tschechischen Präsidenten Havel - die Forderung erhoben, "rasch zu einem internationalen Rechtsakt zu gelangen, in dem die Unantastbarkeit der polnischen Westgrenze festgelegt werde."[261]

Andererseits wußten wir, daß besonders die deutsch-sowjetische Annäherung im Kaukasus in Polen weitreichende Gefühle der Isolation ausgelöst hatte. Das Thema, "welche Folgen die Verschiebung dieses Kräfteverhältnisses (zwischen Deutschland einerseits und Frankreich und Großbritannien andererseits, U.A.) und die neue Zusammenarbeit zwischen Deutschland und der Sowjetunion für das eigene Land haben könnte" sei "für die Polen nicht nur heikel, es hat für sie auch einen bitteren Beigeschmack."[262] Die Korrespondentin der *Zeit*, die dies übermittelt, berichtet gleichzeitig, daß polnische Journalisten beim Kaukasus-Gipfel "gleichsam ausgeschlossen wurden, keine Einladungen zu den Pressekonferenzen erhielten und das

Geschehen über den Bildschirm verfolgen mußten... Die Polen fühlen sich allein gelassen."[263] Die Szene für eine gemeinsame Außenministerkonferenz der 2+4 mit den Polen war spannungsgeladen vorbereitet worden.

Bei dem Außenministertreffen am 17. Juli traten die westdeutsch-polnischen Spannungen zunächst offen zu Tage. Der französische Außenminister Dumas hatte das Thema polnische Grenzen schon früh zum politischen Hauptinhalt der Pariser Sitzung bestimmt. Nunmehr zeigte er sich besorgt über den Gang der Verhandlungen: Wegen der bekannten Gegensätze zwischen den Westdeutschen und den Polen könne es eine stürmische Sitzung geben. Um dies zu vermeiden, werde er in der Mittagspause ein Gespräch mit dem polnischen Außenminister führen, bevor dieser sich der Tagung zugeselle. Im übrigen verwies der um den Erfolg dieser Sitzung sichtbar bemühte Vorsitzende darauf, daß die "Ottawa-Gruppe", wie er das Gremium nannte, seit einem halben Jahr nützlich arbeite, daß die Hälfte des Weges hinter uns läge, und daß nunmehr eine Zwischenbilanz zu ziehen sei. Man könne jetzt mit der Ausarbeitung des Schlußdokumentes beginnen. Unter Zeitdruck wollte sich der französische Außenminister augenscheinlich ungern setzen lassen: "Man versucht, uns kurze Fristen zu setzen", merkte er spitz an. - Pragmatisch schlug Dumas vor, mit jenen Teilen des Textes anzufangen, wo die größte Übereinstimmung bestehe (das war nun nicht mehr der Tagesordnungspunkt Grenzfragen), zum Beispiel mit der Präambel. Auch sollte geklärt werden, welche ein- und mehrseitigen Erklärungen zur abschließenden völkerrechtlichen Regelung gehören müssen.

Der sowjetische und der bundesdeutsche Außenminister erhielten mit Blick auf den Kohl-Gorbatschow-Gipfel als erste das Wort. Schewardnadse würdigte die Ergebnisse ausführlich. Die politischen Veränderungen erlaubten einen völlig neuen Blick auf Europa. Was vor zwei Monaten noch kühne Vorstellungen gewesen seien, werde heute Realität. Wir begriffen: Der vom gleichen Außenminister auf der vergangenen Sitzung vorgetragene komplizierte Plan mit seinen gestaffelten Übergangsfristen war nunmehr gegenstandslos geworden. Die Sowjets hatten sich tatsächlich vorgenommen, ohne Vorbedingungen die Rückgabe der Siegerrechte zu verhandeln.

Für nun doch illusionsbesetzt hielten wir die Feststellung Schewardnadses, die deutsche Einigung bewirke "in der Tat den Übergang zu einer neuen europäischen Einheit, in der allmählich im Rahmen der KSZE ein Sicherheitsmechanismus geschaffen" werde. Zur Begründung verwies der sowjetische Außenminister besonders auf den künftigen deutsch-sowjetischen Gesamtvertrag, der das Verhältnis zwischen beiden deutschen Staaten auf eine gänzlich neue Grundlage stellen werde. Notwendig sei jetzt, die Dynamik der eingeleiteten Prozesse zu erhalten, sowohl durch schnelle

Wandlung der Bündnissysteme als auch durch Schaffung europäischer Strukturen, insbesondere eines Zentrums zur Konfliktlösung.
Obwohl der Inhalt sensationell war, blieb eine sonderliche Wirkung der Rede Schewardnadses aus. Das mag mit daran gelegen haben, daß der sowjetische Außenminister am Schluß selber auch die den Tag überschattende Problematik ansprach: Die polnischen Vorstellungen seien nicht konform mit den deutschen. Man solle vor Beginn der Nachmittagssitzung Kontakt mit Minister Skubiszewski haben. Er persönlich sei auch bereit, sich vorab mit dem polnischen Außenminister zu treffen, "um zu verhindern, daß der Nachmittag zu stürmisch wird" (eine solche Begegnung kam jedoch nicht zustande).

Genscher bekam hernach das Wort und teilte mit, daß sich seit dem zweiten Außenministertreffen in Berlin grundlegende Veränderungen vollzogen hätten. Die Moskauer Begegnung Kohls mit Gorbatschow habe wichtige Klärungen für die 2+4 - Gespräche erbracht. Die Dynamik der deutschen Einigung führe zu (hier wiederholte Genscher erneut dieses Eigenschaftswort) grundlegenden Änderungen in Europa. Die Deutschen seien sich bewußt, welche Gefühle der Prozeß der deutschen Einigung in Europa auslöse. Der Minister sprach von Hoffnungen und Erinnerungen. Dann fügte er hinzu, daß er seinerseits um zwölf Uhr zu Skubiszewski fahren werde. Niemand monierte diese selbstbestimmte Abweichung von der Tagesordnung des Gastgebers. Alle akzeptierten stillschweigend, daß dieser Schritt entscheidenden Einfluß auf den Fortgang der Ereignisse an diesem Tage haben würde. US-Außenminister Baker merkte noch mahnend an, daß die Polenfrage heute gelöst werden müsse - es sei völlig untunlich, sie über die Sommerpause in die erste Herbstsitzung wirken zulassen. Und der britische Außenminister Hurd plädierte dafür, "eine Situation zu schaffen, in der Polens Außenminister am Ende der Gespräche mit einem Lächeln vom Tisch aufstehen kann."

Ich verstand das so, daß die polnische Position gestärkt werden würde. Skubiszewski, renommierter Völkerrechtler mit Lehrerfahrungen in Oxford, Genf, Nancy, New York und im amerikanischen Cambridge, würde es Genscher nicht leicht machen, die von der innenpolitisch diktierten Rücksichtnahme auf Vertriebenenstimmen bestimmte Position Kohls umzusetzen. Es kam aber alles ganz anders.

Am Sonntag, dem 15. Juli hatte der stellvertretende sowjetische Außenminister Juli Kwizinski, dafür in der Frankfurter Allgemeinen Zeitung gebührend denunziert ("Der gebürtige Pole Kwizinski")[264], auf dem Gipfel Kohl/Gorbatschow den Warschauer Standpunkt noch heftig verteidigt. Während der Pariser 2+4 - Verhandlung am 17. Juli zeichnete sich zunächst noch keine Änderung ab. Als Genscher die Sitzung verließ, um zum polnischen Außenminister zu fahren, brach lediglich das Außenministertreffen in sich zusammen. Plötzlich saß Markus Meckel als einziger Minister noch am Tisch, und wir wiesen ihn diskret darauf hin, daß nach Genschers und der anderen Minister Abgang auch er nunmehr Wichtigeres zu tun haben müßte. Die Pariser Konferenz verwandelte sich unversehens in ein Beamtentreffen. Flugs zogen die Begleiter der Außenminister die sogenannten Inventarlisten mit den strittigen Punkten hervor, und sogleich herrschte die für diese Treffen charakteristische Arbeitsatmosphäre. Bis zum Mittagessen wurde mit großem Ernst eine Anzahl Punkte abgeklärt.

Das Ende der Mittagspause verzögerte sich erheblich. An sich war ein Fototermin der Außenminister angesetzt, die sich gemeinsam mit ihrem polnischen Kollegen ablichten lassen wollten. Die Fotografen und Fernsehteams warteten und warteten. Jedermann verstand, daß die Außenminister sich verspäteten, weil das Polenthema heiß diskutiert wurde.

Endlich erschienen die sieben Minister, es wurde gefilmt und fotografiert, und Monsieur Dumas konnte die Nachmittagssitzung eröffnen. Professor Krzysztof Skubiszewski war zunächst in seinem Vortrag nicht anzumerken, welch weitreichende Entscheidungen er gerade getroffen hatte. Er begann recht umständlich, machte Referenzen gegenüber dem französischen Staatspräsidenten, setzte aber zugleich einen ersten Punkt: "Die heute in Europa existierende neue demokratische Ordnung erfordert, daß jede Entscheidung, die die Interessen eines Staates betrifft, anders als in Jalta, nur mit seiner Beteiligung getroffen wird."[265]

Mir kam die Formulierung bekannt vor. Ich fand sie beim späteren Nachschlagen bei Foucher wieder:

"Wenn die polnische Führung, in all ihren Strömungen, dafür plädiert, bei den zukünftigen Entscheidungen über das neue europäische Staatensystem dabei zu sein, so hat das seinen Grund darin, daß über Polen zulange ohne die Polen entschieden wurde; das führte soweit, daß es zwischen 1792 bis 1919 keinen polnischen Staat gab."[266]

In den Sesseln der DDR-Delegation lehnten wir uns gespannt zurück, der Dinge harrend, die nach einem solchen Auftakt folgen würden. Wir erwarteten einen zur Position der Bundesrepublik kontroversen Beitrag. Immerhin hatte es in der Presse soeben noch geheißen, daß "Außenminister Skubiszewski offensichtlich entschlossen (ist), die Idee (des Junktims, U.A.) in Paris formell einzubringen."[267] Die folgenden rechtsdogmatischen Ausführungen Skubiszewskis über die Gültigkeit früherer Grenzregelungen bestärkten diese Vermutung. Wir notierten, daß der polnische Außenminister argumentativ neben dem zentralen Grenzvertrag zwischen Polen und Deutschland von der "Notwendigkeit einer Regelung" sprach, "an der die

Vier Mächte beteiligt sind."[268] Die in der Rede zweimal vorgetragene Forderung Skubiszewskis, das Schlußdokument der 2+4 - Gespräche um die Feststellung zu ergänzen, daß die deutsch-polnische Grenze "grundlegender Bestandteil einer Friedensregelung in Europa" sei, verstanden wir als Versuch, sowohl die alte bundesdeutsche Position abzudecken, nur ein Friedensvertrag könne den Verzicht auf die vormaligen Ostgebiete des Reiches regeln, als auch zu einer minimalen internationalen Grenzgarantie über die Zusagen der Deutschen hinaus zu gelangen.

Der zweite Teil der langen Ausführungen des polnischen Außenministers ließ uns allerdings aufhorchen. Von einem Junktim, welches den Abschluß des Grenzvertrages mit der Übertragung der vollen Souveränität auf das vereinte Deutschland verband, war nicht die Rede. Später stellte Skubiszewski das Junktim als "Mißverständnis" dar - er persönlich habe eine solche Politik nie getragen.[269] Noch mehr wunderte uns freilich, daß der polnische Außenminister nicht weiter auf die Beseitigung von Passagen in der westdeutschen Rechtsprechung bis hin zum Bundesverfassungsgericht drängte, in denen bezug auf die Reichsgrenzen von 1937 genommen wurde. Stattdessen erstaunte der Völkerrechtler Skubiszewski seine sechs Außenministerkollegen und deren Begleiter durch umständliche Ausführungen darüber, daß internationales Recht (wir verstanden: auch ein deutsch-polnischer Grenzvertrag) nationalem Recht vorgehe. Skubiszewski nahm ausführlich Bezug auf ein Urteil des Internationalen Gerichtshofes über den Austausch griechischer und türkischer Bevölkerungsteile. Dies habe, so der polnische Außenminister wörtlich, "einen autonomen Grundsatz geltend gemacht, nach dem ein Staat, der internationale Verpflichtungen gültig abgeschlossen hat, verpflichtet ist, in seiner Gesetzgebung die notwendigen Veränderungen anzubringen, um die Durchführung der eingegangenen Verpflichtungen zu garantieren."[270]

Nach dieser Aussage blickte der polnische Außenminister, seine Verhandlungspartner musternd, um sich. In seinem Manuskript war das Zitat auf englisch wiederholt, augenscheinlich war es dem Professor wichtig. Wir verstanden noch nicht so richtig, was der Hinweis dieses polnischen Völkerrechtlers und Außenministers auf einen Vertrag über den Bevölkerungstausch zwischen den traditionell verfeindeten Griechen und Türken bei der Auseinandersetzung um Belange Polens sollte. Im Laufe des Nachmittags, als mehr und mehr Einzelheiten über die internen Gespräche in der Mittagspause bekannt wurden, begriffen wir. Die Polen hatten eine vollständige Niederlage hinnehmen müssen. Der verzweifelte Verweis auf ein entlegenes Urteil des ja leider nicht sonderlich bedeutsamen Internationalen Gerichtshofes diente Professor Skubiszewski allem Anschein nach dazu, seine Niederlage durch Verweis auf entgegenstehende Vorgänge bei Dritten hinnehmen zu können.

Genscher war es offenkundig bei seinem längeren Einzelgespräch mit Skubiszewski vor dem Essen der Außenminister nicht gelungen, seinen polnischen Partner zum Aufgeben zu bringen. Beim gemeinsamen Mittagsmahl setzte der bundesdeutsche Außenminister, dienstältester Ressortchef der Welt, dann seine letzte Waffe, den Verweis auf sein persönliches Renommée ein ("Warum glauben Sie mir nicht?") und hieb gar, so berichtete Markus Meckel, mit der Faust auf den Tisch.[271] Die Delegationen bekamen ein Wetterleuchten mit. "Wir machen die Entscheidung über die Vereinigung Deutschlands nicht vom polnischen Sejm abhängig", notierte ich mir als Kernsatz Genschers bei Beginn der Nachmittagssitzung.

Es stellte sich heraus, so werteten einige in der DDR-Delegation, daß Genschers gesiegt hatte, und daß sein Sieg nicht hätte vollständiger sein können. Nicht einmal die Formel von einer "deutsch-polnischen Grenze", worauf ihn Skubiszewski am Schluß seiner Rede am Vormittag zu drängen suchte,[272] brauchte der Bundesminister in den Mund zu nehmen. Im Text der sieben Außenminister ist lediglich die Rede davon, daß "das Vereinte Deutschland und die Republik Polen ... die zwischen ihnen bestehende Grenze" vertraglich bestätigen würden.[273] Sowohl im deutsch-sowjetischen Vertrag vom August 1970 (Artikel 3) als auch im folgenden deutsch-polnischen Vertrag vom Dezember 1970 (Artikel I) war lediglich von "der Oder-Neiße-Linie, die die Westgrenze der Volksrepublik Polen bildet"[274] bzw. von der "westliche(n) Staatsgrenze der Volksrepublik Polen"[275] die Rede gewesen, nicht aber von einer "deutschen Ostgrenze" - die Änderung der Grenzbezeichnung blieb ein offenes polnisches Anliegen. Andere Mitglieder der Delegation der DDR meinten freilich, daß wenn nicht in den Formeln, so doch in der Sache die Polen ans Ziel gelangt seien. Die Bundesdeutschen hätten die Ostgrenze unwiderruflich akzeptiert. Auch die zuvor intern von Vertretern des Auswärtigen Amtes als nicht möglich erachtete Bestätigung der Grenze vor einem allgemeinen Vertrag sei erreicht worden. - Die Medien reagierten eher im Sinne der ersten Wertung. *Die Welt* verzeichnete mit Genugtuung: "Die Außenminister Frankreichs, Großbritanniens, der USA und der Sowjetunion haben sich nun im Beisein Skubiszewskis den deutschen Verfahrensvorschlag zu eigen gemacht, für den in der Tat die politische Logik spricht."[276] Die Vier-Mächte-Erklärung, mit der der Polen-Vertrag von den ehemaligen Siegern entgegen genommen werden sollte, bot eine letzte Chance, einem ungebremstem deutschen Durchsetzungswillen Schranken aufzuerlegen. Die Vier verständigten sich auf die reichlich flaue Formel:

"Die Vier Alliierten Mächte erklären, daß die Grenzen des vereinigten Deutschlands endgültigen Charakter haben, der durch keine äußeren Ereignisse oder Umstände in Frage gestellt werden kann."[277]

Die enttäuschten Polen erklärten daraufhin zu Protokoll:

> "Der Minister für Auswärtige Angelegenheiten Polens weist darauf hin, daß diese Erklärung nach Ansicht der polnischen Regierung keine Grenzgarantie durch die Vier Mächte darstelle."

Genscher setzte hurtig nach, die Feststellung der Sieger deklassierend (erneut nach dem französischen Protokoll zitiert):

> "Der Minister der Bundesrepublik Deutschland bemerkt, er habe davon Kenntnis genommen, daß die polnische Regierung in dieser Erklärung keine Grenzgarantie sähe."

Die magere Erklärung der Vier Mächte versah der Bundesaußenminister hernach mit der den Bundesdeutschen passenden Qualifikation. Die Bundesrepublik

> "unterstreiche, daß die Ereignisse und Umstände, auf die in der Erklärung Bezug genommen wird, nicht eintreten werden, d.h. daß ein Friedensvertrag oder eine Friedensregelung nicht vorgesehen sind."[278]

Wir in der DDR-Delegation bewunderten den Gleichmut, mit der die Siegermächte sich vom Bonner Außenminister vorschreiben ließen, wie ihre Einlassungen zu verstehen seien. Besonders beeindruckte uns die blanke Arroganz der Macht, mit der die Polen ins Aus geschickt wurden. Mit keinem ihrer Anliegen waren sie durchgedrungen. Weder wurde die Übertragung der Siegerrechte auf das neue Deutschland mit Auflagen in bezug auf Polen verknüpft, noch gab es weitere Sicherheiten für die Grenzen oder Konzessionen mit Verweis auf die innerdeutsche Rechtsprechung oder das Grundgesetz. Die *Frankfurter Allgemeine* brachte das Machtspiel, ein angebliches Kanzlerwort variierend, auf den Begriff: Es "brach sich der Strom des deutsch-sowjetischen Einverständnisses seine Bahn, um das bis dahin quer zu den deutschen Interessen verlaufene Rinnsal polnischer Ankündigungen aufzunehmen und ihm eine neue Richtung zu geben."[279] So einfach ist das, polnische Interessen werden zu einem Rinnsal erklärt, die gegenüber dem "Strom" deutsch-sowjetischer Interessen "naturgemäß" zurückzustehen hätten, oder - wie das Frankfurter Blatt formuliert, "eine neue Richtung" zu nehmen hätten. Diese Haltung war beileibe nicht nur bei dieser einen Zeitung zu finden. Nach Auffassung der *Welt* "konnte Warschau gar nicht anders, als in der Grenzfrage auf eine vernünftige Linie einzuschwenken."[280] Die Sache wurde auch dadurch nicht besser, daß die Polen mit Westmark belohnt wurden. "Die Wirtschaftshilfe gab offenbar den letzten Ausschlag für das polnische Einlenken in Paris", merkte *Die Welt* an.[281] Noch direkter äußerte sich der Ost-Berliner *Morgen*: "Polen und die Sowjetunion sind wirtschaftlich am Rande des Kollaps, ihnen bleibt kein anderer Weg als der des politischen Zugeständnisses, um eine solche Atmosphäre zu schaffen, die finanzielle Hilfe aus dem Westen möglich macht."[282]

Zeitungsberichten zufolge gab es ähnliche Ansichten auch in Polen: "Dafür jedoch, daß Warschau darauf verzichtet hat, auf der zeitlichen Verknüpfung des Inkrafttretens der Grenzanerkennung durch das vereinigte Deutschland mit der Übergabe der vollständigen Souveränität an die Deutschen durch die vier Besatzungsmächte zu beharren, steht Polen nach Ansicht mancher seiner Politiker und Kommentatoren eine neuerliche finanzielle Unterstützung zu."[283] Auch meldete die *Gazeta Wyborcza*, das informelle Organ der Gewerkschaft Solidarität, der polnische Außenminister habe in Paris so ziemlich alle "formalen Forderungen" fallengelassen.[284] ADN meldete dazu: "Skubiszewski trat ... der Darstellung entgegen, Polen habe bei der Zwei-plus-Vier-Konferenz zugunsten deutscher Wirtschaftshilfe 'in allen Punkten nachgegeben'."[285] Jerzy Sulek, Direktor im polnischen Außenministerium, Leiter der polnischen Delegation beim vorbereitenden Beamtentreffen, verwahrte sich gegenüber dem Botschafter der DDR intern am 23. Juli 1990 gegen unsere Sichtweise: "Kritische Erwähnung fanden im Bericht Äußerungen aus Kreisen der DDR-Delegation, Polen habe Vorbedingungen zurückgenommen und dafür Hilfezusagen der BRD erhalten."[286] - Kommentare in der polnischen Presse gerieten recht gewunden. Die unabhängige Zeitung *Zycie Warszawy* meinte:

> "Zum Glück ist die Diplomatie kein Spiel um Alles oder Nichts. Die Tatsache, daß jemand gewonnen hat, bedeutet nicht, daß jemand anderes verlor. Im Gegenteil, der wahre Erfolg ist eine für beide Seiten befriedigende Lösung. Das Ergebnis der Pariser Gespräche erfüllt diese Bedingung."[287]

Sehr viel näher an der Realität, zumindest wie wir sie wahrnahmen, schien uns eine Zusammenfassung der Warschauer Korrespondentin der *Zeit* zu sein:

> "Aus Furcht, nach der Zwei-plus-vier-Konferenz endgültig allein einem Verhandlungspartner gegenüberzustehen, der vielleicht wie schon im Frühjahr Bedingungen an einen Grenzvertrag knüpft, unternahm das polnische Außenministerium Mitte voriger Woche eine taktisch nicht sehr gelungene Offensive: Die Rechte der Siegermächte sollten auch für das vereinigte Deutschland noch so lange weiter gelten, bis der deutsch-

polnische Grenzvertrag abgeschlossen sei. Doch die Westmächte reagierten kühl, die Deutschen (West) mit hochmütiger Schärfe. Die sowjetische Unterstützung stellte sich nach wenigen Tagen als belanglos heraus. Schon am Freitag mußte die polnische Regierung einen Rückzieher machen, und am Montag bezeichnete Außenminister Skubiszewski alles als ein 'großes Mißverständnis'."[288]

Auf der Konferenz der Außenminister spielte die DDR erneut eine Nebenrolle. Minister Meckel erhielt als letzter das Wort. Er begrüßte die Ergebnisse der Londoner NATO-Tagung und des Moskauer Kohl-Gorbatschow Gipfels und meinte jedoch, daß die vorgesehene Kernwaffenfreiheit des ehemaligen Territoriums der DDR nach der Vereinigung konsequenterweise durch ein Verbot dieser Massenvernichtungsmittel in ganz Deutschland ergänzt werden müsse. Ich versuchte, an den Gesichtern abzulesen, ob überhaupt jemand zuhörte, mit unklarem Ergebnis. Ähnlich wenig eindrucksvoll geriet der Auftritt der DDR-Delegation, als das Ministertreffen zwischenzeitlich in ein Beamtentreffen überwechselte. Staatssekretär Hans Misselwitz meldete beim Abgleich der offenen Fragen mit den Festlegungen des Moskauer Gipfels den Vorbehalt an, daß die DDR erst offiziell über diese informiert sein müsse, ehe sie bestimmte Probleme gleichfalls als überholt bewerten könne. Von Bonn wurde die Regierung der DDR nicht über die Ergebnisse des Gipfels Kohl-Gorbatschow informiert. Dies geschah mit Verspätung durch die Sowjets. Diesmal beschwerten wir uns förmlich. Laut internem Protokoll der DDR heißt es:

"Die Delegation der DDR erklärte bei der Weiterarbeit an der Liste zur Inventarisierung der zu lösenden Fragen den Vorbehalt, daß sie erst offiziell über die konkreten Ergebnisse der Gipfelgespräche UdSSR - BRD informiert sein müsse, um notwendige Absprachen mit dem Ministerpräsidenten treffen zu können."[289]

Unser Politischer Direktor, Carlchristian von Braunmühl, äußerte sich wenig später öffentlich weitaus entschiedener und klarer, eben nicht nur mit Protokollbeschwerden:

"Auf dem Pariser Außenministertreffen fanden in Wirklichkeit die ersten 1+4 - Gespräche statt. Auf die Position der DDR kam es in Paris schon nicht mehr an."[290]

Am Ende der Tagung war allen Beteiligten die Erleichterung anzumerken, daß das Polenthema halbwegs glimpflich über die Bühne gegangen war. Auf der Toilette wurde ich unfreiwillig Zeuge eines kurzen Dialogs zwischen dem französischen und dem amerikanischen Außenminister in dieser Richtung. Baker zog mich, als ich unverhofft beim Besuch dieser Örtlichkeit in ein augenscheinlich längeres Gespräch platzte und mich gleich zurückziehen wollte, in diesen Austausch mit ein: "Was sind wir doch froh, das Ding so hingekriegt zu haben."[291] Öffentlich wurde diplomatischer formuliert. Hurd sprach von einer "großen Erleichterung, großer Befriedigung" wegen der deutsch-polnischen Regelung. Dumas meinte, die Pariser Konferenz ende "mit Genugtuung aller Teilnehmer". "Und wir sind sehr glücklich, daß auch Polen diese Genugtuung teilt."[292] Wenig später hob Dumas im *Figaro* die Rolle Frankreichs hervor: "In den letzten Tagen hat Frankreich zur Regelung der deutsch-polnischen Grenzfrage beigetragen und somit die Vereinigung erleichtert. Es hat den Abschluß in Harmonie beschleunigt."[293] - Beim Fototermin und bei der Abschlußpressekonferenz versuchte ich herauszukriegen, wer am striktesten unter den Außenministern die Entwicklungen dieses Tages glattzog. Ein Sieger war da nicht auszumachen, alle Minister betonten, wie kooperativ und harmonisch doch der Tag verlaufen sei.

## 17. DER EINIGUNGSVERTRAG

Nach dem ersten Staatsvertrag zwischen der DDR und der Bundesrepublik über die Herstellung der Sozial-, Wirtschafts- und Währungsunion zeichnete sich bald die Notwendigkeit ab, einen zweiten Staatsvertrag abzuschließen. In Bonn wurde dieser zweite Staatsvertrag etwas zu pompös als "Einigungsvertrag" tituliert. Es ging unter anderem um die Beteiligung der neu zu bildenden Länder an den Bundesorganen oder auch um die Wahrung des militärischen Sonderstatus des derzeitigen DDR-Territoriums im vereinten Deutschland. Hier hatte Genscher schon früh eine allseits akzeptierte Formel ausgegeben, nach der die NATO für eine Übergangsperiode nicht in dieses Gebiet vorrücken sollte. Die Gespräche Bundeskanzler Kohls mit Gorbatschow hatten diese Konzeption präzisiert: Nach dem Abzug der Sowjets sollte es keine NATO-Atomwaffen auf dem ehemaligen DDR-Territorium geben, nicht-deutsche NATO-Truppen sollten sich hier nicht aufhalten dürfen. Im zweiten Staatsvertrag wollten wir solche politischen Entscheidungen rechtsverbindlich festschreiben.

Die Bonner strebten einen möglichst "schlanken" Staatsvertrag an, der nur die notwendigsten Einzelheiten regeln sollte. In unserer Sicht war das eine recht durchsichtige Strategie - alle verbleibenden kontroversen Fragen sollten künftig in Bonn ohne die lästigen DDRler geregelt werden. So war umgekehrt die Strategie wenn nicht der DDR-Delegation, so doch der SPD, unsere Lösungsvorstellungen von möglichst vielen politischen Problemen über den Staatsvertrag dem neuen vereinten Deutschland in die Wiege beizugeben.

Die Bonner hatten sich selber unter Zeitdruck gesetzt, was uns in bezug auf unsere Erfolgschancen fröhlich stimmte. Der zweite Staatsvertrag sollte Ende August "stehen", vor dem Ende der parlamentarischen Sommerferien. Unser Poldi, Carlchristian von Braunmühl, schlug vor, daß wir uns nicht so sehr um die Bonner Terminwünsche scheren sollten, sondern daß die DDR-Minister in einer politischen Generalklausur den Vertragstext Punkt für Punkt durchgehen sollten, ehe er passieren könne. Kurz, wir waren gesonnen, den Staatsvertrag als zentralen Hebel einzusetzen, um letztmalig unsere politischen Vorstellungen wirksam werden zu lassen. Danach, so der Konsens unter uns, würde die DDR-Regierung rasch an Handlungsautonomie verlieren. Bei den 2 + 4 - Gesprächen könnte sie allenfalls mit der Verweigerung ihrer Unterschrift drohen, aber eine solche Position wäre im Ernst nicht durchhaltbar. Ohnehin verlautete aus Bonn, ohne einen solchen Vertrag ginge es auch.[294]

Ein uns im MfAA besonders beschäftigendes Moment stellten die Wünsche jüdischer Mitbürger dar. Der Zentralrat der Juden forderte, in die Präambel des Staatsvertrages die Formel aufzunehmen, daß "die Gründung des neuen deutschen Staates im vollen Bewußtsein der Kontinuität der deutschen Geschichte des 20. Jahrhunderts geschieht." Bei der Festlegung der DDR-Haltung für die Verhandlungen fiel diese Position jedoch schon unter den Tisch. Bei Bundeskanzler Kohl sei der Zentralrat "auf wohlwollendes Verständnis" gestoßen, "Bundesinnenminister Schäuble wurde mit entsprechenden Formulierungsvorschlägen betraut", berichtete die *Allgemeine Jüdische Wochenzeitung*.[295] Aber auch in Bonn fiel der Wunsch der Juden unter den Tisch.

Ende Juli, nach dem Treffen des Bundeskanzlers mit Gorbatschow, wurde sichtbar, daß die Hoffnung auf die Hebelwirkung der Verhandlungen über den zweiten Staatsvertrag abbröckelte. "Wir werden auch dann, wenn wir sie nicht in den zweiten Staatsvertrag bringen können, aus der Sicht der Deutschen, aus innenpolitischer und sicherheitspolitischer Sicht für eine Kernwaffenfreiheit Deutschlands eintreten", äußerte beispielsweise unser Außenminister.[296] Rasch wurde jedoch sichtbar, daß wir so nicht würden weiter verfahren können.

Die weiteren Arbeiten am Einigungsvertrag gingen am Minister Meckel und seinem Apparat vorbei. Markus Meckel vermerkte hernach mit Bitterkeit:

"Es wurde im Amt des Ministerpräsidenten (daran) gearbeitet, aber es wurde uns nicht gezeigt, was dort gearbeitet wurde. Ich bekam den ersten Referentenentwurf aus dem Haus des Ministerpräsidenten als Außenminister und Koalitionspartner über Bonn, dort CDU, durch eine Indiskretion an die SPD."[297]

Egon Bahr brachte die allgemeine Stimmung in unseren Reihen auf den Punkt: "Den zweiten Staatsvertrag würden die Chinesen einen ungleichen Vertrag nennen."

## 18. ZWISCHENBILANZ

Anstatt wie alle Welt in den Urlaub zu fahren,[298] wurden wir auf der Ministeretage des MfAA Ende Juli recht hektisch. Das Presseecho, welches Markus Meckel entgegenschlug, geriet nachgerade verheerend. Bislang waren die Medien zumindest geteilter Meinung gewesen. Die *Süddeutsche Zeitung* und die *Frankfurter Rundschau* etwa hatten durchaus wohlwollend berichtet, neben kritischen Kommentaren. In der zweiten Julihälfte gab es fast gar keine positiven Äußerungen mehr. Im Gegenteil wurden Angriffe wegen der Einstellung von Familienmitgliedern durch den Minister und Carlchristian von Braunmühl (*Die Welt*: "Braunmühl-Kindergarten")[299] mit Häme wiederholt. Kritik am Aktivismus des Außenministers, der in der Sicht von Beobachtern gelegentlich den Blick auf den engen Zeitrahmen unseres Tuns verlor, erwies sich gleichermaßen als schwer abweisbar (etwa als Markus Meckel nach einem Gespräch mit dem belgischen Außenminister Mark Eyskens sogleich die Einsetzung einer Kommission zusagte, die zwischen Belgien und der DDR Klärungen treffen sollte). Gelegentlich erfolgten auch völlig grundlose Angriffe (etwa: "Meckels Mätzchen" im Spiegel, angeblich wolle der Außenminister "die Bundesrepublik (?) kurz vor der Vereinigung noch kräftig übers Ohr" hauen).[300] Insgesamt war das Pressetief des Außenministers unverkennbar und unabweisbar.

Das Tief blieb beileibe nicht auf die Presse beschränkt. Diese agierte eher als Sprachrohr. In der Volkskammer kam es zu kritischen Äußerungen, etwa zum persönlichen Verhältnis zwischen den beiden Außenministern (ein liberaler Abgeordneter: "Ich habe den Eindruck, daß Sie sich nur wenig konsultieren mit Ihrem bundesdeutschen Amtskollegen").[301] Die bekannten "politischen Kreise" in Bonn äußerten sich bald nicht mehr lediglich intern denkbar ungünstig über unseren Außenminister. Wilhelm Bruns hielt ihm in einer der ersten Analysen der Unterlagen zu den 2+4 - Verhandlungen Vielrednerei vor:

> "Die Protokolle zeigen im übrigen, daß ein Außenminister am längsten und am häufigsten sprach: der DDR-Außenminister Markus Meckel."[302]

Sachlich traf das nicht zu - die Redezeiten, welche der sowjetische Außenminister mit seinen immer neuen Gesamtplänen bei jedem Außenministertreffen je beanspruchte, fielen ungleich länger aus als die des DDR-Außenministers. Wichtiger als die negative Kommentierung war die Selbsterkenntnis, daß nunmehr der Zeitpunkt gekommen war, an dem der Handlungsspielraum der DDR schlagartig schrumpfte. Wir waren durchaus nicht von dem Konzept ausgegangen, daß unser Handlungsvermögen schrittweise bis zum Verlust der Eigenständigkeit der DDR mit dem Beitritt zur Bundesrepublik abgebaut werden würde. Aber wir hatten nicht erwartet, daß der Zeitpunkt vor der Sommerpause liegen würde.

Es gab verschiedene handfeste Anzeichen für den raschen Verlust an Handlungsvermögen. Am Vorabend der Außenministerkonferenz vom 17. Juli in Paris, gerade waren uns die Ergebnisse der Kaukasus-Verhandlungen bekannt geworden, mußten die Verhandlungspositionen der DDR-Delegation hastig umgeschrieben werden. Das mag auch den Westmächten so ergangen sein. Die faktische Isolierung aber, in die Markus Meckel gegenüber seinen Amtskollegen am folgenden Tage geriet, zeigte nur gut genug: Mit dem DDR-Außenminister suchte niemand einen Gesprächstermin, nicht wegen dessen Temperament, sondern weil es mit ihm nichts Wesentliches mehr zu besprechen gab.

Markus Meckel rief, worauf Carlchristian von Braunmühl gedrängt hatte, seine wichtigsten Berater zusammen, um Bilanz zu ziehen. Sein Stichwort lautete, daß nunmehr ein Wechsel der Perspektiven anstünde. Vor drei Monaten, als wir ins MfAA einzogen, habe es umfassende Aufgaben gegeben. Statt der alten militärischen Sicherheitspolitik ging es um die Bildung von zumindest Ansätzen neuer Sicherheitsstrukturen. Die europäischen Nachbarn waren mit der deutschen Einigung zu versöhnen. Der 2+4 - Prozeß müsse gut zu Ende gebracht werden. Ohne unser Engagement wäre das weitaus schwieriger zu erreichen gewesen. Der Minister betonte seine politische Identität als Sozialdemokrat: Dies seien typisch sozialdemokratische Ansinnen gewesen.

Nach dem Gipfel Kohl/Gorbatschow verbleibe nichts spezifisch Sozialdemokratisches mehr zu klären. Die Art, wie wir vom MfAA uns in Politik eingebracht hätten, habe am Ende wenig erreicht. Die Entwicklung hin zu neuen Sicherheitsstrukturen sei an unseren Vorstellungen vorbeigegangen, zum einen aufgrund der Schnelligkeit der politischen Prozesse. Zum anderen hätten die von uns erarbeiteten Ansätze sich so als nicht nötig erwiesen. Meckel verwies auf verschiedene Bausteine: den Ansatz einer Sicherheitszone als Regionalstruktur im neu belebten KSZE-Prozeß, das Projekt eines Vertrages zwischen den Mitgliedern der beiden Militärbündnisse, verschiedene bilaterale Vertragsvorhaben. All das habe den Anspruch begründet, die Rolle der Außenpolitik der DDR könne eine eigene sein. Jetzt - deswegen das Stichwort vom Perspektivwechsel - sei lediglich noch eine Arbeit zu leisten. Es bliebe bis zur Staatsauflösung die Mitarbeit in der KSZE, die

Beteiligung an der Umgestaltung der Warschauer Vertragsorganisation, sowie an der Deklaration beider Allianzen. Jedoch gäbe es bei diesen für den Herbst anstehenden Aktivitäten keine besondere Rolle für die DDR mehr, schon gar nicht für die SPD. Die Schlußfolgerung: Einen Grund für die Fortsetzung der Großen Koalition gäbe es von der Außenpolitik her nicht.

Der Minister schloß mit der Frage, welche drei oder vier Punkte vor diesem Hintergrund allenfalls Priorität und damit politische Aktivität beanspruchen könnten, auch mit Blick auf den zur gleichen Zeit verhandelten zweiten Staatsvertrag mit der Bundesrepublik. Bei der Frage nach dem, was bliebe, verwies er auf das sogenannte Akzentprojekt Entwicklungspolitik von Claudia von Braunmühl, sowie die Beziehungen der untergehenden neuen DDR zu Osteuropa. Die anstehende Reise nach Rumänien, in dem die alte kommunistische Partei auch nach dem Sturz Ceaucescus herrschte, und wo er durch gezielte Kontakte mit der Opposition eine Entwicklung anderer Art zu befördern hoffte, gab dem Außenminister Anlaß, sehr gegen den Widerstand seiner Berater auf ein weiteres Element von Bestand als Ergebnis seiner Tätigkeit zu verweisen.

Die Grundlinien dieser Bilanz wurden an diesem heißen Julimorgen von niemandem in Zweifel gezogen. Carlchristian von Braunmühl betonte nochmals, daß die Führungsetage des MfAA nicht angemessen auf die neue Situation nach der Wende im Kaukasus reagiert habe. Darin sah unser Politischer Direktor die Hauptursache für die Woge abträglicher Kommentare. Er plädierte für eine radikale, öffentlich vorgetragene und selbstkritische Bilanz: Was strebten wir mit unserem Einzug ins Außenministerium an, und was ist aus unserem Versuch geworden? Die ungeheure Dynamik der Einigung sei von uns (wie von jedermann sonst) unterschätzt worden. Diese Dynamik sei wenig gestalterisch für die Einigung Europas genutzt worden. Es entstünde tatsächlich ein anderes Europa, welches aber nicht unser Europa sei. Die Brücke, die Kanzler Kohl nach Osten geschlagen habe, weise nur zum Teil in die von uns gewünschte Richtung. Grundsätzlich gebühre dem Ergebnis des Gipfels unsere Sympathie. Die Atomwaffen blieben allerdings. Es müsse weiterhin darum gehen, daß nicht ein NATO-Europa der alten Art sich ausbreite.

Weiter wurde gesagt, daß die Außenpolitik der DDR im Herbst nach außen hin zumindest zwieschlächtig wirken würde. Zum einen stünden eine Anzahl gemeinsamer Schritte mit dem Bonner Außenamt an, schon infolge der 2+4 - Verhandlungen. Ähnlich wie bei den gleichlautenden Resolutionen beider Parlamente zur östlichen Grenze würden beide deutsche Regierungen gemeinsame Texte zum Atomwaffenverzicht des neuen Deutschland, zur Obergrenze von dessen Streitkräften, möglicherweise auch bei der Überprüfungskonferenz des Nichtweitergabevertrages vorlegen. Zum anderen ginge es um die Betonung von Akzenten, beispielsweise der Einrichtung eines Kulturzentrums in Moskau zwecks Festigung der Verbindungen zwischen Deutschland und der UdSSR. - Im Ergebnis dieser grundsätzlichen Aussprache zur Halbzeit der Regierung der neuen DDR wurde eine Liste von fünfzehn Punkten zusammengestellt. Neben den erwähnten "Akzent"-Vorhaben sollten sie die Arbeitsgrundlage für die zweite Hälfte der Amtsausübung von Minister Meckel bilden. Von der Konzentration auf wenige Schlüsselvorgänge war nicht mehr die Rede. Die Liste sah so aus, als ob eine Regierung sich einem höchst normalen Alltag zuwendet. Diese Orientierung sollte jedoch nur wenige Tage Bestand haben.

Der Gang der Dinge im Ministerium für Auswärtige Angelegenheiten geriet typisch für das Schicksal der SPD in der großen Koalition. Die Partei hatte eine lange Reihe von Demütigungen hinnehmen müssen. Ihren Anspruch auf Mitgestaltung im deutschen Einigungsprozeß hatte sie nie umsetzen können. Bei den Verhandlungen zum ersten Staatsvertrag sahen sich die Sozialdemokraten von DDR-Chefunterhändler Krause von Anfang an übergangen. Bei der wechselhaften Diskussion über den die Existenz der DDR beendenden Wahltermin war die SPD nie wirklich beteiligt. Sie konnte nur die Rolle einer Vetogruppe ausüben. Bei den Verhandlungen zum zweiten Staatsvertrag brachte Staatssekretär Krause einen angeblichen Vertragsentwurf der DDR ein, von dem selbst die SPD-Minister gerade noch hatten Kenntnis nehmen können.

## 19. VON KRISE ZU KRISE

In der ersten Augustwoche besuchte Ministerpräsident de Maizière den Bundeskanzler in Österreich an dessen Urlaubsort. Am Abend des 3. August verkündete Kohl, der DDR-Ministerpräsident habe ihm vorgeschlagen, die gesamtdeutschen Wahlen vorzuziehen und mit dem Termin der Landtagswahlen in der DDR zu verbinden. Als Grund für diesen überraschenden Schritt einer erneuten Beschleunigung der Deutschlandpolitik wurden die wirtschaftlichen Schwierigkeiten der DDR nach der Währungsumstellung angegeben. Die Arbeitslosenzahlen stiegen, und auch sonst fielen positive Wirkungen der Wirtschaftsunion mit der Bundesrepublik weitgehend aus.

Die Reaktion im Regierungsviertel fiel sehr kritisch aus. Aus dem Eppelmann-Ministerium rief mich Fritz Huth an, ein aufrechter Quäker, wie ich Regierungsberater, um seiner Empörung Luft zu machen. Wir waren uns rasch einig, daß der frühe Wahl- und Vereinigungstermin alle Vorhaben einer noch eigenständigen DDR-Politik, etwa Meckels Liste, überflüssig machen würde. Der Minister war pro forma im Urlaub, hielt sich jedoch in Berlin auf. Seine erste Reaktion: Dann könne er besser gleich zurücktreten. - Mir schien der Schritt de Maizières freilich auch ein systematisches Element zu bergen, welches allgemein nicht sogleich begriffen wurde. Unter dem Eindruck des sich rapide verringernden Gestaltungsspielraums der DDR-Regierung konzentrierte der Ministerpräsident logischerweise Entscheidungen in seinem Büro. Der besonders für Koalitionskabinette charakteristische Interaktionsprozeß bei Entscheidungsfindungen mußte notwendig früher zum Erliegen kommen als die Regierungstätigkeit selber.

Der Versuch des Ministerpräsidenten, die gesamtdeutsche Wahl vorzuziehen, löste in der Koalition erneut eine Krise aus. Eigentlich arbeitete die Große Koalition fortwährend unter heftigen Spannungen. Kurz zuvor, am 23. Juli, hatte kurzfristig gar der Eindruck überwogen, das Regierungsbündnis sei geplatzt. Minister Meckel verabschiedete sich förmlich von seinem Haus und dankte allen für ihre Mitarbeit. Damit schien der Schlußpunkt zu einer langwierigen Auseinandersetzung um die Modalitäten des Wahlverfahrens gesetzt. Die Liberalen hatten schon die Koalition verlassen. Aus nicht recht ersichtlichen Gründen kam es nicht zum Bruch.

Am 6. August kam es erneut zu einer Abstimmung in der SPD-Fraktion über die Fortsetzung der Koalition. Außenminister Meckel taxierte das Ergebnis mit fünfzig zu fünfzig, daß das Regierungsbündnis auseinanderginge; er selber befürwortete eher den Ausstieg der Sozialdemokraten aus der Regierung. De Maizière hatte vor seinem spektakulären Kanzlerbesuch in Österreich seine Koalitionspartner nicht einmal über seinen Schritt informiert. Das Kabinett, so Meckel intern, sei eigentlich kein arbeitsfähiges Gremium mehr, welches kollegial entscheiden könne. Es handele sich vielmehr um eine Addition von Ministern, die allenfalls je in ihrem Ressort noch etwas zustande bringen könnten. - Die Situation in der Volkskammer spiegelte den Verfall des Regierungsbündnisses gleichfalls wider. Mit wechselnden Mehrheiten wurden zwei Tage später, am 8. August, Anträge über das Datum des Beitritts der DDR zur Bundesrepublik (und damit das Ende unserer Regierungstätigkeit) behandelt. Die Sozialdemokraten wollten ihre Gegnerschaft zum Versuch der CDU, den Termin der ersten gesamtdeutschen Wahlen nach dem Kriege vorzuziehen, nicht von ihren politischen Gegnern dazu nutzen lassen, sie der Verzögerung der Einigung bezichtigen zu lassen. Sie schlugen einen frühen Beitrittstermin Mitte September vor. Dann wären die Verhandlungen mit den großen Vier über die äußeren Aspekte beendet, und der zweite Staatsvertrag wäre gleichermaßen unter Dach und Fach. Die Christdemokraten zogen es hingegen vor, den Termin der Einigung mit dem Wahldatum möglichst eng zu verbinden. In der juristisch geprägten Denkweise de Mazières wäre es ein Unding, nach einem vorzeitigen Beitritt, wie ihn die Sozialdemokraten wünschten, die Bürger der DDR bis zur Wahl ohne legitimierte Volksvertreter zu belassen. Mit dem Beitritt würden ja die Volkskammer und die Regierung der DDR erlöschen - beide sind im Grundgesetz nicht vorgesehen. Der zuständige Ausschuß "Deutsche Einheit" der Volkskammer versuchte, mit den Mitteln des in der DDR schwächlichen Parlamentarismus einen Kompromiß zu bilden. Ein vorgezogener Beitritt sollte ermöglicht werden, wenn die beiden Bedingungen der Sozialdemokraten erfüllt seien (Abschluß des Staatsvertrages sowie der 2+4 - Gespräche), und wenn die Bildung der neuen Länder in der sich auflösenden DDR "weit fortgeschritten" sei. Dieser Vorschlag fiel zwar bei der Abstimmung durch. Jedoch schien Anfang August klar, daß der "Beitritt" irgendwann zwischen Mitte September und Mitte Oktober stattfinden würde. Im Außenministerium registrierten wir diese Entwicklung mit einem gewissen Bedauern. Die Möglichkeiten, unserem Außenminister bei den großen diplomatischen Ereignissen des Herbstes, der von Baker einberufenen Konferenz der KSZE-Außenminister und der alljährlichen UN-Vollversammlung, einen pointierten Abgangsauftritt zu ermöglichen, wurden hinfällig. Die neue DDR geriet zu kurzlebig, als daß sie sich auf einer ordentlichen Sitzung der Völkergemeinschaft hätte präsentieren können.

Mitte August eskalierte die nunmehr permanente Regierungskrise erneut - "doch dem gehetzten Treiben fehlte diesmal jede hoffnungsvolle Perspektive," fand die *Zeit*.[303] Ursache waren die heftigen sozialen Spannungen, die die ersten Schritte der Anpassung an die Wirtschaft der Bundesrepublik mit sich brachten. Zwar hatte die Regierung ein sogenanntes Marktordnungsgesetz in der Volkskammer eingebracht und auch mit der wenig beachteten Bildung der "Agrarunion" am 1. August 1990 die EG-üblichen Interventionen für die Preise von Getreide, Fleisch und Milchprodukte eingeführt. Wie anderes Regierungshandeln auch griffen die Kabinettsbeschlüsse im Alltag der sich auflösenden DDR nicht. Der Präsident des Genossenschaftsverbandes, Müller, stellte fest, die Maßnahmen "wirken nicht in der Praxis."[304] Tagelang hatten Bauern in nennenswerten Zahlen gegen die Regierung protestiert. Die verzweifelten Landwirte drohten angesichts des drohenden Verlusts von Hunderttausenden von Arbeitsplätzen mit "brennenden Feldern" und "Zunder für die Regierung".[305] Der parteilose Landwirtschaftsminister Peter Pollack, seinerzeit von der SPD für dieses Amt vorgeschlagen und deswegen uns zugerechnet, wurde am 15. August bei der größten Demonstration in der DDR seit dem Herbst 1989 gemeinsam mit Staatssekretär Krause mit Eiern beworfen und angerempelt. Die Vielzahl - Schätzungen reichen von 50 000 bis zu einer Viertelmillion - protestierender Bauern und ihrer Frauen muß den Ministerpräsidenten stark beeindruckt haben. Am gleichen Abend verfügte er die Entlassung Pollacks.

Im gleichen Atemzuge feuerte de Mazière SPD-Finanzminister Walter Romberg. Dessen Eignung für das Amt des Haushalters der DDR-Regierung war auch in der SPD strittig gewesen, und seine Art der Amtsführung erregte gelegentlich intern Befremden. Aber die Entlassung, ohne im allwöchentlich tagenden Koalitionsausschuß darüber auch nur zu reden, konnte nicht hingenommen werden. Daß zwei weitere Kabinettsmitglieder um ihre Entlassung nachsuchten, der von der Blockpartei LDPD kommende und seit Ulbrichts Zeiten amtierende Justizminister Kurt Wünsche sowie der glücklose CDU-Wirtschaftsminister Pohl, und ihrem Ersuchen stattgegeben wurde, mochte als tagespolitisch geschickte Verbrämung der eigentlichen Auseinandersetzung dienen. Für den Konflikt selber blieb die Verfügung über die Entlassung dieser beiden Minister ohne Belang.

Walter Romberg hatte verschiedentlich auf Milliardendefizite im DDR-Haushalt hingewiesen. Das war der CDU verständlicherweise ärgerlich, beeinträchtigten doch solche Voten das von dieser Seite gewünschte Bild der politischen Entwicklung. Der Bruch setzte mit der Entscheidung der CDU ein, die Verfügungsrechte über das Treuhandvermögen der DDR-Betriebe dem Bund zu übertragen, und nicht den neuen Ländern, wie der Finanzminister gefordert hatte. Ultimativ forderte der Ministerpräsident den Minister auf, seine Richtlinienkompetenz anzuerkennen. Romberg weigerte sich und wurde einen Tag später entlassen.

Diesmal handelte es sich nicht um eine Vertrauenskrise, sondern um den ersten Verfassungskonflikt in der neuen DDR. Daß die Konservativen längst alle unter Regierungspartnern üblichen Formen aufgegeben hatten und zum Beispiel der Staatssekretär beim Ministerpräsidenten im Parlament mit Walter Romberg und Regine Hildebrandt Minister der eigenen Regierung scharf angegriffen hatte, war kein Thema mehr. In Konflikt geriet die noch aus SED-Zeiten überkommene Verfassung des zweiten deutschen Staates mit dem auf das Bonner Grundgesetz bezogenen Rechtsverständnis der CDU-Mehrheit der neuen Regierung. Eine "Richtlinienkompetenz" des Regierungschefs, wie sie im Artikel 65 des Grundgesetzes vorgegeben wird, und wie sie nun de Mazière gegenüber Romberg beanspruchte, kennt die DDR-Verfassung nicht. Ein solcher Primat des Ministerpräsidenten hätte sich in der alten DDR, wo alle Entscheidungsbefugnisse bei der Partei, und dort im Politbüro, konzentriert waren, recht seltsam ausgenommen. Formal betrachtet läßt sich die DDR-Verfassung als kollegiale Kabinettsverfassung charakterisieren, in der der Ministerpräsident lediglich Verhandlungsleiter ist, "primus inter pares". Artikel 80, Absatz 1 der Verfassung stellt schlicht fest, daß der Ministerrat vom Ministerpräsidenten "geleitet" wird. Weitere Bestimmungen unterstreichen das Kollegialitätsprinzip. Der Ministerrat ist gemäß Artikel 78, Absatz 2 "ein kollektiv arbeitendes Organ". Weiter wird festgestellt (Artikel 79, Absatz 2): "Der Ministerrat (und nicht etwa der Ministerpräsident, U.A.) leitet, koordiniert und kontrolliert die Tätigkeit der Ministerien"; für dessen Tätigkeit "tragen alle seine Mitglieder die Verantwortung" (Artikel 80, Absatz 6). Die Verfassungen der Hansestädte Bremen und Hamburg ähneln in dieser Hinsicht der DDR-Konzeption.

Verfassungsrechtlich war Finanzminister Walter Romberg mithin durchaus im Recht, als er die dem Bonner Grundgesetz entlehnte Richtlinienkompetenz des Ministerpräsidenten nicht anerkennen und sich dessen Weisung in einer Sachfrage nicht beugen wollte. Freilich konnte sich de Mazière auf die (rechtlich weniger als die Verfassung gewichtige) Koalitionsvereinbarung berufen, einen die Beteiligten bindenden Vertrag:

"Die Richtlinienkompetenz des Ministerpräsidenten insbesondere in der Deutschlandpolitik ist gewährleistet."[306]

Diese frei schwebende Vereinbarung spiegelt sicher den allgemeinen Übergang des Staatswesens DDR in Richtung westdeutsche Kanzlerdemokratie wider. Auch kalkulierte die CDU durchaus zutreffend, daß sich die SPD kaum wegen der überkommenen Verfassung, die allgemein als ein Provisorium angesehen wurde, auf die Barrikaden begeben würde. Markus Meckel meinte wenig später milde, daß solch eine Richtlinienkompetenz "natürlich in einer Koalitionsregierung ihre Grenzen hat."[307]

Mit der Entlassung entfaltete sich die Verfassungskrise weiter. Gemäß der Verfassung der DDR gibt es keine Befugnis des Regierungschefs, Minister abzulösen. Allein die Volkskammer hat das Recht, Minister zu wählen und abzuberufen (Artikel 50: "Die Volkskammer wählt ... den Vorsitzenden und die Mitglieder des Ministerrates... Sie können jederzeit von der Volkskammer abberufen werden"). Folglich hielt Walter Romberg seine Entlassung durch den Ministerpräsidenten für rechtlich unwirksam und bekannte trotzig: "Ich bin weiter Finanzminister der DDR." Am nächsten Morgen trat er seinen Dienst wie gewohnt an, akzeptierte freilich bald darauf seine Ablösung. Der Ministerpräsident verfügte in der in sich zusammenfallenden DDR seinerseits nicht über die Autorität, Romberg an der Weiterführung seiner Amtsgeschäfte zu hindern. Er beauftragte vier an die Weisungen von Ministern gebundene Staatssekretäre mit der Geschäftsführung.

Die komplizierte verfassungsrechtliche Lage der DDR spiegelte sich in Stellungnahmen verschiedener Akteure wieder. Aus dem Lager de Maizières hieß es, daß "gegen den Willen des Ministerpräsidenten niemand Minister werden oder bleiben kann."[308] Der zurücktretende Justizminister Wünsche befand, "selbstverständlich" habe der Ministerpräsident das Recht, eine von ihm vorgenommene Ernennung zum Minister auch wieder rückgängig zu machen. Der Wortlaut der Verfassung gestatte de Mazière lediglich nicht, Romberg als Mitglied des Ministerrates abzusetzen - das dürfe nur die Volkskammer. Der Parteivorsitzende der bundesdeutschen SPD, Vogel, nannte den Schritt de Maizières verfassungswidrig. Sein DDR-Gegenstück, Thierse, sprach zunächst auch von "Verfassungsbruch",[309] drückte sich hernach aber vorsichtiger aus und fand die Entlassung durch den Ministerpräsidenten statt durch das Parlament nurmehr "verfassungsrechtlich bedenklich".

Das Präsidium und der Fraktionsvorstand der SPD sahen die Koalition nach dem Rauswurf ihrer beiden Minister als beendigt an. Markus Meckel war der erste SPD-Minister, der definitiv angab, er würde auf jeden Fall zurücktreten.

Die sich immer schneller wiederholenden Regierungskrisen sind weniger von Bedeutung, weil sie der besonders der Kontinuität bedürftigen Außenpolitik in der Substanz abträglich waren. Regelmäßig brach auf der Ministeretage des MfAA Endzeitstimmung aus, und es wurde mit Galgenhumor erörtert, wie lange noch wir hinter unseren Schreibtischen zu finden sein würden. Bei keinem unserer außenpolitischen Partner war dieses Maß von

Hektik zu beobachten - in dieser Hinsicht blieb die neue DDR tatsächlich einzigartig.

Tatsächlich reflektierten die Krisen eine unerhörte, lange Monate anhaltende Anstrengung der politischen Kräfte in beiden Teilen Deutschlands um die künftige Verteilung der Macht im geeinten Deutschland. Unter uns herrschte Konsens, daß der Außenpolitik in diesem Ringen ein eher bescheidener Rang zukam. Allgemein ist es eher die Ausnahme, daß Regierungen wegen interner Meinungsunterschiede in außenpolitischen Fragen zu Fall kommen. So wurde innerhalb der Sozialdemokratie in der DDR noch lange nach der Koalitionsbildung intern erörtert, ob es mit Blick auf die langfristigen Perspektiven nicht besser gewesen wäre, das Außenministerium anderen zu überlassen, und sich statt dessen auf das Innenministerium zu konzentrieren. Den wirksamen Abbau der Stasi würde die DDR-Bevölkerung, so das Argument, der aus der Opposition erwachsenen SPD bei weitem eher zutrauen als der alten Blockpartei CDU oder ihrem Ableger DSU.

Vor der Sommerpause trafen sich die Beamten in der 2+4 - Serie zum siebten Male, diesmal in Bonn. Die Stimmung war entspannt. Für alle Tagesordnungspunkte galt, wenn man das Protokoll nur wenig überdehnt, "Übereinstimmung, daß prinzipielle Differenzen ... nach dem Treffen Kohl - Gorbatschow nicht mehr bestehen."[310] Die Bonner setzten sich weiter durch. Ihr Entwurf für die Präambel des Abschlußdokuments galt forthin als Arbeitsgrundlage. Bis Mitte August wurden Arbeitsaufgaben verteilt: Die Franzosen übernahmen die Vorlage eines Entwurfes zur Grenzfrage, die Briten wollten sich per Entwurf zur Ablösung der Vier-Mächte-Rechte äußern. Die Amerikaner übernahmen den Entwurf der Berlin betreffenden Regelungen. Für die DDR verblieb die Zusammenarbeit mit den Bundesdeutschen für eine Reihe von anstehenden gesamtdeutschen Erklärungen. Bondarenko, der sowjetische Vertreter, erschreckte die Runde einmal mehr mit der Ankündigung, einen Gesamtentwurf seiner Regierung für die "Endgültige Regelung" der deutschen Frage vorlegen zu wollen. Von unserem Begehren, "Anschlußstücke" für ein neues europäisches Sicherheitssystem mit der deutschen Einigung zu schaffen, war nicht mehr die Rede. "Das ist eine Aufgabe, vor der wir morgen erst stehen," beschied knapp der französische Außenminister.[311]

## 20. DER ABSCHLUSS DER VERHANDLUNGEN

Ende August/Anfang September gelangten die Verhandlungen über beide Vertragswerke zur Einigung, der 2+4 - Mechanismus zu den äußeren Aspekten und der 2. Staatsvertrag zwischen den beiden deutschen Staaten, zu ihrem Ende. Unser Eindruck war nicht, weil sorgfältig durchverhandelt worden wäre, und so diese Verhandlungen zu einem natürlichen Schluß gekommen wären. Politischer Druck, und zwar von Deutschland her, erzwang eine abrupte Verkürzung dieser Prozesse. Die Fehler im ersten Staatsvertrag über die Wirtschafts- und Währungsunion waren nun, nicht einmal zwei Monate nach Vertragsabschluß, allerorts schmerzhaft sichtbar. Selbst in der CDU regte sich Kritik, etwa beim Baden-Württembergischen Ministerpräsidenten Späth. Der Kollaps der DDR-Wirtschaft ließ sich nicht wegreden. Der Umfang des zweiten Staatsvertrages - mehr als 1000 Seiten Maschinenschrift - erschien mir als erster Hinweis auf vorschnelle Paraphierung von Aussagen, die sich bei mehr Zeit einfacher hätten festhalten lassen.

Nach dem Abgang von Markus Meckel als Außenminister und Hans Misselwitz vor allem als Verhandlungsleiter bei den 2+4 - Gesprächen war zu bestimmen, wer in der Schlußrunde die DDR vertreten sollte. Lothar de Maizière hatte das Amt des Außenministers zusätzlich übernommen. Die beiden verbleibenden Staatssekretäre, Tiesler von der DSU und Domke, vor seinem SPD-Beitritt dem Neuen Form nahestehend, sollten sich die Arbeit der tatsächlichen Außenpolitik teilen. Tiesler, der bei der Abstimmung in der Volkskammer über den Grenzvertrag mit wenigen anderen Abgeordneten gegen den Polenvertrag gestimmt hatte, konnte ungut mit der Führung der 2+4 - Gespräche betraut werden, das begriff selbst de Maizière als neuer Außenminister. So wurde Helmut Domke diese Aufgabe übertragen. Der setzte eine Verhandlungsdelegation zusammen, die mich als Element der Kontinuität, aber eben auch als Exponent des früheren Meckel-SPD-braintrusts einschloß. Das stieß beim neuen Außenminister auf glatte Ablehnung. Seiner Auffassung zufolge, und die gab den Ausschlag, sollten lediglich offizielle Vertreter der DDR an den Verhandlungen beteiligt sein. Das hieß, auch sehr zum Mißvergnügen des Bonner Auswärtigen Amtes, daß neben Domke und einem Abteilungsleiter aus dem Amt des Ministerpräsidenten die alten Kader die DDR-Delegation stellen würden - die gleichen Personen, die zu Zeiten der Regierung Modrow das alte DDR-Außenministerium repräsentiert hatten, und die vor der Märzwahl 1990 die Eröffnungsrunde der 2+4 - Gespräche mitgemacht hatten. Einzeln waren die Herren menschlich durchaus sympathisch, sie arbeiteten loyal in einem Ministerium mit, welches sie in wenigen Wochen ins soziale Aus befördern würde. Aber ihre offizielle Nominierung als Repräsentanten der neuen DDR, da waren wir uns mit den Bonnern einig, bot zumindest Anlaß für vielfältige Mißverständnisse. Peter Schlotter berichtet über die neuen Verhältnisse:

> "Die vor allem durch die persönliche Konkurrenz zwischen de Maizière und Meckel gestörten Beziehungen zum Amt des Ministerpräsidenten liefen nun wie geölt. Die alten Drähte zum unverändert gebliebenen Apparat de Maizières wurden reaktiviert. Die ehemalige Blockpartei CDU hat eben weniger Probleme mit den früheren und jetzigen Genossen, weniger als die wirklich Oppositionellen."[312]

Der Planungsstab des MfAA war den neuen Herren ein Dorn im Auge. Seine Auflösung stand ganz oben auf der Liste von Maßnahmen, die sogleich ergriffen werden sollten. So gab es seit Ende August diese Bezeichnung nicht mehr, auch wenn die Mehrzahl der Mitarbeiter sich zur weiteren Beratung und Zuarbeit für Staatssekretär Domke bereit hielt. Meine Person spielte, wie mir verschiedentlich mitgeteilt wurde, eine besondere Rolle - offenbar galt ich bei der DSU als Exponent der "Friedensmafia", die aus dem Ministerium zu entfernen war.

Mitte August traf sich Genscher erneut mit Schewardnadse in Moskau, um die Abschlußrunde der 2+4 - Gespräche vorzubereiten. Über das Treffen am 17.8. wurde die DDR erneut durch die Sowjets informiert. Die verzeichnen zunächst Vertragstreue der Deutschen:

> "Die Gespräche mit H.-D. Genscher zeigten, daß die westdeutsche Seite die in Archys erzielten Vereinbarungen über den politisch-militärischen Status des Territoriums der jetzigen DDR, die Begrenzung der zahlenmäßigen Stärke der künftigen deutschen Armee auf 370 000 Mann für Land-, Luft- und Seestreitkräfte und den Verzicht des vereinigten Deutschlands auf nukleare, chemische und biologische Waffen einhält."[313]

Die Zahl 370 000 Soldaten mag Fragen aufwerfen. Das Deutsche Reich hatte seinerzeit mit einem 100 000-Mann Heer auszukommen. Die Sowjets hatten eine Obergrenze von einer Viertelmillion vorgeschlagen. In der gleichen Größenordnung dachte auch Markus Meckel. Woher kam die ominöse Zahl 370 000? - Es stellte sich heraus, daß die Bonner das eh bei den Wiener Verhandlungen sich abzeichnende Maximum im voraus aufgegriffen hatten. Danach sollte es in der Vertragszone Mitteleuropa für beide Bündnisse eine Obergrenze von je 700 000 bis 750 000 Mann geben. Für den einzelnen Staat würde eine "Hinlänglichkeitsklausel" gelten, die mit 50 Prozent angesetzt würde. Mit anderen Worten, kein Staat sollte mehr als die Hälfte der Soldaten in seiner Region stellen. 370 000 Soldaten in der künftigen Bundeswehr stellt einfach die Hälfte der in Mitteleuropa insgesamt vorgesehenen Streitkräfte dar. Wir im MfAA fanden die Zahl viel zu hoch. - Im folgenden informieren die Sowjets, daß Genscher deutsche Positionen auszubauen suchte:

> "Genscher warf die Frage auf, daß bereits vor Inkrafttreten des Dokuments der 'Sechs' (nach seiner Ratifizierung durch die Teilnehmer) die Vier Mächte einseitige Erklärungen über die Suspendierung der Vier-Mächte-Rechte und -Verantwortlichkeiten abgeben mögen. Nach seinen Worten wären die drei Mächte zu einem solchen Schritt auch dann bereit, wenn die UdSSR dem nicht zustimmen sollte."[314]

Die folgenden Ausführungen von sowjetischer Seite unterstreichen den Charakter eines "deals", den die UdSSR über die Vereinigung mit dem neuen Deutschland anstrebt:

> "Wir übergaben Entwürfe über die Entwicklung einer breitangelegten Zusammenarbeit in den Bereichen Wirtschaft (sic! U.A.), Industrie, Wissenschaft und Technik, den Entwurf eines Vertrages über die Modalitäten des Aufenthalts und des planmäßigen Abzuges der sowjetischen Truppen vom Territorium Deutschlands sowie den Entwurf eines Abkommens über wirtschaftliche Übergangsmaßnahmen im Zusammenhang mit der Vereinigung der BRD und der DDR."[315]

In sowjetischer Sicht waren weniger als einen Monat vor der Unterzeichnung des Abschlußdokuments noch eine ganze Reihe von Fragen offen: die Struktur des Dokuments, die Handhabung der Rechte der vier Siegermächte bis zur Ratifizierung, die Erklärung der Friedenspflicht Deutschlands sowie der Legalität der Maßnahmen der Besatzungsmächte, die Entschädigung von Zwangsarbeitern sowie die Fortgeltung internationaler Verträge der DDR. Trotz der wechselseitigen Zusage, im September mit dem Vertragswerk fertig werden zu wollen, und parallel weitere Verträge wie ein umfassendes Rahmenabkommen zwischen der UdSSR und Deutschland aushandeln zu wollen, läßt der Bericht eine gewisse Skepsis erkennen. So ging Genscher augenscheinlich Mitte August davon aus, "daß vor der abschließenden Tagung der 'Sechs' ein Brief H. Kohls an den Präsidenten der UdSSR vorbereitet werden soll, in dem die Hauptelemente des künftigen Vertrages dargelegt werden sollen" - tatsächlich wurde dieses Abkommen am Tage nach dem Abschluß der 2+4 - Gespräche unterzeichnet.[316]
Ende August war bei den VKSE-Verhandlungen in Wien die förmliche Abgabe der deutschen Selbstverpflichtung angesetzt, die Truppenstärke des

künftigen Deutschland auf 370 000 Mann zu verringern. Das DDR-Außenministerium, ansonsten für diese Verhandlungen zuständig, war faktisch schon ausgeschaltet. De Maizière als geschäftsführender Außenminister brauchte das Amt nicht. Er hatte ohnehin nur zu bestätigen, was vor ihm Bundesaußenminister Genscher "bindend" - was immer das sein mochte - zu Protokoll gab, die Einigung zwischen Kohl und Gorbatschow im Kaukasus über die künftige Obergrenze der Bundeswehr. Der *Spiegel* berichtete in für diese Abläufe charakteristischer Manier, Kohls Zusage sei erfolgt,

> "ohne den eigenen Verteidigungsminister, geschweige denn seinen christdemokratischen Parteifreund de Maizière einzuweihen. Der DDR-Ministerpräsident konnte letzten Donnerstag in der 'historischen Stunde' (de Maizière) nur noch 'volles Einvernehmen' nachliefern."[317]

Der eigene Beitrag von Seiten der DDR ging völlig unter. De Maizière schlug etwa vor, zur Bewältigung der zu erwartenden Flut von Daten, die gemäß dem anstehenden Vertrag auszutauschen wären, und zur Überprüfung der Vertragstreue der Beteiligten ein "Zentrum für Konfliktverhinderung" in Berlin einzurichten (später wurde eine solche Institution in Wien beschlossen). Allenfalls eine kleine Genugtuung verblieb der DDR-Seite. Wir hatten uns schon früh für mehr Öffentlichkeit von Abrüstungsverhandlungen eingesetzt. Bei der Erklärung der beiden Staaten zu ihren Truppenobergrenzen wurden erstmals Journalisten zu einer Plenartagung der Verhandlungen im Konferenzraum der Wiener Hofburg zugelassen. - Die Ereignisse hatten die Wiener Verhandlungen ansonsten längst überholt. Einst waren sie konzipiert worden, um vom Atlantik bis zum Ural ein Gleichgewicht zwischen der konventionellen Rüstung der NATO und des Warschauer Paktes zu bilden. Mit dem Verschwinden der DDR und der Auflösung der Ostallianz war die Mandatsvorgabe für die Wiener Gespräche hinfällig geworden. Das hinderte die diplomatische Maschinerie keineswegs daran, weiter zu rotieren, so quer die gesamtdeutsche Ankündigung einer einseitigen Truppenminderung ihr auch kam. Für den 2+4 - Mechanismus war mit Genschers und de Maizières Auftritt in Wien eine Pflichtübung erfüllt.

Anfang September standen dann die abschließenden Verhandlungen für die 2+4 - Gespräche an. Noch bestand keinerlei Übereinkunft über einen einzigen Buchstaben des Ergebnisses der Gespräche, abgesehen von der Präambel und einigen Anhängen. So beeindruckten uns Genschers wiederholte Ankündigungen sehr, daß ein Vertrag binnen weniger Tage, am 12. September, beim Außenministertreff in Moskau unterschrieben werden könne. Wir waren gespannt, wie dies die Bonner schaffen wollten.

Die DDR-Mannschaft begab sich sehr verändert in diese Schlußrunde. Der neue Außenminister und Regierungschef de Maizière hatte verfügt, daß keiner der Westberater Mitglied der DDR-Delegation sein dürfe. Das traf mich, denn ich wäre nach dem Ausscheiden Carlchristian von Braunmühls beim Bruch der Koalition der einzige Bundesbürger auf der Liste gewesen.[318] Wir begriffen rasch, daß es dem Juristen de Maizière nicht so sehr um pingelige Prinzipien ging (wie ich bis zuletzt unterstellt hatte), sondern um die politische Richtung. Ohne Skrupel setzte er seinen eigenen wichtigsten Westberater, Heiner Geißlers früheren Bürochef in der Bonner CDU-Zentrale Fritz Holzwarth, nachträglich in die DDR-Delegation. Viel angerichtet hat der dort nicht, sondern verschwand regelmäßig kurz nach Sitzungsbeginn, nachdem er sich davon überzeugt hatte, daß er in der Teilnehmerliste eingetragen war.

Ansonsten besetzten nunmehr Angehörige des Ministeriums aus der Zeit vor den Märzwahlen wieder die für die DDR vorgesehenen Plätze bei den Gesprächen, allen voran der damalige stellvertretende Außenminister und Delegationsleiter bis zum 18. März, Krabatsch. *Die Tageszeitung* befand:

"So enden die von der Bundesregierung immer mit ausdrücklicher Betonung '2+4 - Gespräche' genannten Verhandlungen zweier angeblich souveräner deutscher Staaten mit den Siegermächten des Zweiten Weltkrieges genauso, wie sie Mitte Februar dieses Jahres begonnen haben: mit einer Ausschaltung der DDR und der Brüskierung ihrer Politiker. Nach wochenlangen Geheimsondierungen in den Hauptstädten der Siegermächte, über die Ostberlin nicht informiert wurde, handelte Genscher damals am Rande der Außenministerkonferenz der NATO- und Warschauer Vertragsstaaten im kanadischen Ottawa Rahmen und Inhalt für '2+4' im Alleingang mit Schewardnadse, Baker, Dumas und Hurd aus. Der seinerzeitige DDR-Außenminister Oskar Fischer wurde nicht beteiligt und buchstäblich in den Kulissen des Ottawaer Konferenzgeschehens stehengelassen, der in Bonn weilende Ministerpräsident Modrow von Kohl erst informiert, als Genscher in Ottawa alles klargemacht hatte."[319]

"Alles klargemacht" hatte Bundesaußenminister Genscher erneut bei einer Reise nach Moskau Ende August, für die Westmächte gefolgt von seinem französischen Amtskollegen Dumas. Dennoch gab es hinhaltenden Streit um eine Anzahl von Einzelregelungen. Das begann damit, wie der Vertrag zur äußeren Einigung genau bezeichnet werden solle. Die Sowjets strebten einen Titel mit dem Wort "Vertrag" an, um das Dokument möglichst in die Nähe eines Friedensvertrages zu rücken. Die Amerikaner waren dagegen, schon weil dann der Text durch den Kongreß ratifiziert werden müßte - der womöglich Anhörungen ansetzen würde, um sich nicht überfahren zu lassen. Der amtierende DDR-Außenminister de Maizière, als Jurist hier in seinem Element, favorisierte die Bezeichnung "Übereinkommen".

Moskau bestand ferner auf einer Regelung für die Verifikation der von den Deutschen gegebenen Zusagen zu ihrer künftigen Militärpolitik, dem Verzicht auf eigene ABC-Waffen,[320] die Verringerung der Streitkräfte auf 370 000 Soldaten sowie des militärischen Sonderstatus des ehemaligen Territoriums der DDR. Unser Vorschlag, die eh institutionell zu stärkende KSZE mit dieser Aufgabe zu betrauen, ging bei einer Vorbesprechung den Bonnern viel zu weit. Sie waren recht ratlos, wie diesem verständlichen Begehren der Sowjets nachzukommen sei. Bei den Verhandlungen erklärte der Bonner Unterhändler, er sei "nicht bereit, hier Verifikationsfragen zu erörtern."

Die Verhandlungen sollten sich besonders bei dem sowjetischen Begehren verhaken, nach ihrem Abzug ein Vorrücken der NATO auf ehemaliges DDR-Gebiet auszuschließen. Obgleich dieser Punkt von Kanzler Kohl und Präsident Gorbatschow im Kaukasus beschlossen worden war, hielten sich die Bundesdeutschen bei der Behandlung dieses heiklen Themas auffällig zurück, und ließen die Siegermächte den Streit unter sich austragen. Konkret ging es den Sowjets um eine Vertragsformulierung, durch die ein Überschreiten der ehemals deutsch-deutschen Grenzlinie durch nichtdeutsche Truppen ausgeschlossen würde.

Das Thema barg genügend Schwierigkeiten in sich, zogen doch selbst die Sowjets den unkontrollierten Militärverkehr der Westalliierten nach Berlin nicht mehr in Zweifel. Im Klartext ging es darum, ob im Spannungs- oder Verteidigungsfall die NATO volle Bewegungsfreiheit in Ostdeutschland erhalten würde. Die amerikanische und britische Delegation lehnten jede Beschränkung brüsk ab. Sie verhandelten nicht über die für ihre Interessen zweitrangige deutsche Einheit, um sich spezifische militärische Beschränkungen auferlegen zu lassen. Die Bonner Delegation suchte einen Kompromiß mit der Formel, daß eine solche Linie "das Recht Deutschlands auf Mitgliedschaft in einem Bündnis mit allen daraus sich ergebenden Rechten und Pflichten" nicht beschränken dürfe.

Ein weiterer klärungsbedürftiger Punkt in der Endrunde bildete die Bodenreform in der sowjetischen Besatzungszone zwischen 1945 und 1949. Die Regelungen im deutsch-deutschen Einigungsvertrag galten als kassationsgefährdet. Das Karlsruher Verfassungsgericht könnte diesen Vertragsteil als Verstoß gegen das Grundgesetz werten und aufheben.[321] Die noch bei den Staatsvertragsverhandlungen unterstrichene These, dieses Dokument sei ein internationaler Vertrag, schwand rasch dahin. Die Sowjets drängten darauf, daß die von ihnen vorgenommenen Enteignungen von Großgrundbesitzern in Ostelbien nicht rückgängig gemacht werden könnten. Daher ihr Beharren auf einem "internationalen" Vertrag: Anders als eine bloße Übereinkunft oder ein innerdeutsches Abkommen wäre der nicht der Rechtsprechung durch das Bundesverfassungsgericht unterworfen. Mir selber blieb das sowjetische Beharren auf diesem Punkt rätselhaft. Materielle sowjetische Interessen waren mit diesem Punkt nicht verbunden. Was mit der Eigentumsordnung im Ausland nach ihrer zeitweiligen Präsenz dort geschah, konnte den Sowjets eigentlich egal sein. Das Bestehen auf einer bestimmten Eigentumsform, der kollektiven, deutete einen weiterhin währenden Vorrang ideologischer Interessen in der sowjetischen Außenpolitik an, der nicht mehr zeitgemäß schien.

Das Beamtentreffen, soviel wurde in der letzten Runde in der ersten Septemberwoche klar, würde die gegensätzlichen Positionen nicht auflösen können. Die tatsächlichen Klärungen würden von den Außenministern in der folgenden Woche in Moskau vorgenommen werden müssen. So konzentrierten sich die Politischen Direktoren darauf, am vierten Verhandlungstag übergabereife Alternativformulierungen für ihre Chefs vorzubereiten.

Das Ende der 2+4 - Gespräche Mitte September in Moskau geriet dann, entgegen dem im Fernsehen verbreiteten Bild, recht hektisch. Die Vorplanung der Sowjets wurde umgestoßen, die Beamtendelegationen trafen sich erneut. Da alle Beteiligten im Moskauer Parteihotel "Oktjabrskaja" nächtigten, ergaben sich vielfältige Kontaktmöglichkeiten. Diese wurden von Genscher intensiv genutzt, so daß es in der DDR-Delegation bald im Scherz hieß, er habe einen der Fahrstühle zu den diversen Etagen der anderen Delegationen permanent belegt. Ansonsten bekamen die Unterhändler aus der DDR nicht viel von den Kompromißversuchen mit. Die westdeutsche Presse erwies sich am folgenden Tag als ungleich informierter.

Probleme bereiteten besonders die Briten. Nicht nur in der DDR-Delegation setzte sich der Eindruck fest, daß die britische Premierministerin durch enge Verhandlungsdirektiven eine Art Rache für die Nichtbeteiligung Großbritanniens am Kaukasus-Gipfel zwischen Kanzler Kohl und Präsident Gorbatschow übte. Die englischen Unterhändler, bislang durch ihre Konzilianz auffällig, mochten nunmehr vor allem nicht auf das Recht zu verzichten, daß die Rheinarmee nach dem Abzug der Sowjets auch auf dem Territorium der ehemaligen DDR Manöver abhalten könne. Das war für die Sowjets, die ihre Militärs im Auge hatten, Anathema. Diese Frage würde aufgrund ihrer begrenzten Bedeutung erkennbar nicht den Abschluß der Verhandlungen blockieren. Sie reichte aber hin, um beim Verhandlungspoker die Sowjets zu einem Abbruchmanöver zu motivieren. Um Mitternacht vor der Unterzeichnung des Vertragswerkes ließ der sowjetische Außenminister Schewardnadse dem Verhandlungsleiter der DDR-Delegation übermitteln, daß am folgenden Morgen um zehn Uhr nicht die angekündigte feierliche Zeremonie der Vertragsausfertigung stattfände, sondern daß sich die sechs Außenminister zu einer Beratung über das weitere gemeinsame Vorgehen, besonders das Auftreten gegenüber der Presse, zusammenfinden würden.

Auf dem 8. Beamtentreffen in der Vorwoche waren noch weitere Fragen offen geblieben. Die Bezeichnung des Abschlußdokumentes war strittig geblieben (gemäß dem sowjetischen Wunsch würde es "Vertrag" benannt werden; die Amerikaner gaben in dieser Frage erst am Tage vor der Unterzeichnung nach); über die Stationierung von Trägermitteln, die sowohl herkömmliche wie nukleare Sprengköpfe befördern konnten, hatte man sich nicht einigen können; die von den Sowjets gewünschten Verbindungsoffiziere waren nicht akzeptiert worden, ebensowenig wie Regeln für die Verifikation der deutschen Rüstungsbeschränkungen. Diese Einzelfragen verdeutlichen, welche hervorragende Stellung in den 2+4 - Verhandlungen militärpolitische Fragen für die Sowjets einnahmen. Für die Deutschen war wichtiger, daß es zu keiner Einigung über die von ihnen gewünschte unverzügliche Suspendierung der alliierten Siegerrechte gekommen war, und daß offen blieb, ob der Brief der deutschen Außenminister zu weiteren strittigen Einzelfragen konsensfähig war. Bis auf die von den Briten und im geringeren Maß von den Amerikanern strapazierte Manöverfrage waren alle diese Punkte in einem Verhandlungsmarathon am Vortage und in der Nacht geklärt worden.

Überrascht erfuhr die DDR-Delegation am nächsten Morgen, daß es doch zur Zeremonie der Unterzeichnung kommen würde. Aus Mangel an eigener Erkenntnis sei an dieser Stelle ein westliches Presseerzeugnis zitiert, mit wesentlich detaillierteren Informationen, als sie zu diesem Zeitpunkt der DDR-Delegation zur Verfügung standen:

"Die Briten legten sich in letzter Minute quer. Außenminister Douglas Hurd teilte seinem Kollegen Genscher am Dienstagabend beim Essen in der Residenz des Bonner Botschafters cool mit, er könne den Vertrag am nächsten Morgen nicht unterschreiben. Seine Regierung bestehe darauf, daß nach dem Abzug der sowjetischen Truppen NATO-Manöver auf dem Territorium der heutigen DDR erlaubt sein müßten. Mit diesem Verlangen, das die Sowjets nicht akzeptieren konnten, hatte Großbritanniens Chefunterhändler John Weston, der am Verhandlungstisch mit der grünen Traditionskrawatte des 42. Marineregiments erschien, die anderen schon seit Wochen genervt... Hurd begründete gegenüber Genscher seine Forderung, schließlich wisse niemand, ob sich die sowjetische Regierung halte. Deswegen sei Vorsorge zu treffen.

Genscher konterte, er werde am nächsten Morgen in jedem Fall zur Unterzeichnungszeremonie erscheinen: 'Wir werden sehen, wer nicht kommt.' Die 'Weltpresse', drohte er, werde dann erfahren, wo die Schuldigen säßen.

Die sowjetischen Gastgeber hatten schon den Beginn der letzten Verhandlungsrunde ausgesetzt, als Genscher nachts um eins seinen US-Kollegen James Baker aus dem Bett zu holen suchte. Zunächst weigerten sich Bakers Gehilfen, ihren Chef zu wecken. Erst als Genscher ankündigte, 'dann wecke ich ihn eben selber', kam die nächtliche Begegnung in Bakers Residenz zustande. Der Amerikaner versprach Hilfe.
Beim Frühstück gewann der westdeutsche Außenminister auch seinen französischen Kollegen Roland Dumas: 'Roland, ich habe Dich nie um einen Gefallen gebeten. Aber jetzt mußt du mir helfen: Mach Hurd die Situation klar.'
Am Ende gaben die isolierten Briten klein bei."[322]

Eigentlich hatten erneut die Sowjets nachgegeben. In Artikel 5 des Abschlußdokumentes heißt es: "Ausländische Streitkräfte und Atomwaffen oder deren Träger werden in diesem Teil Deutschlands weder stationiert noch dorthin verlegt." Die Klärung der Frage, ob dieser Passus auch für Manöver gilt, wurde in einer an das Vertragswerk angehängten "vereinbarten Protokollnotiz" in die Zukunft verschoben und den Deutschen übertragen:

"Alle Fragen in bezug auf die Anwendung des Wortes 'verlegt', wie es im letzten Satz von Artikel 5 Abs. 3 gebraucht wird, werden von der Regierung des vereinten Deutschland in einer vernünftigen und verantwortungsbewußten Weise entschieden, wobei sie die Sicherheitsinteressen jeder Vertragspartei, wie dies in der Präambel niedergelegt ist, berücksichtigen wird."

Gewiefte Analytiker würden an weiteren Formeln des Artikels 5 mit seinen Regelungen zu den Rechten der sowjetischen Truppen Spuren schmerzhafter Kompromisse entdecken, etwa im zweiten Absatz:

"Die Regierung des vereinten Deutschland wird mit den Regierungen der Staaten, die Streitkräfte in Berlin stationiert haben, Verträge *zu gerechten Bedingungen* unter Berücksichtigung der zu den betreffenden Staaten bestehenden Beziehungen abschließen."

Wann hätten sich schon Vertragspartner in ihrem Text versichert, einander nicht über den Tisch ziehen zu wollen? Die Passage spiegelt das wiederholt vorgetragene sowjetische Begehren wider, gleichrangig mit den Westmächten behandelt zu werden, was besonders die Amerikaner Runde für Runde überhaupt nicht zugestehen wollten.
Uns wunderten nach dem Moskauer Husarenritt die überschwenglichen Kommentare in Deutschland. Verständlich war noch, daß die Regierungsfraktion ihre Spitzenpolitiker in den Himmel hob (die CSU-Abgeordnete Michaela Geiger: "ungewöhnliche Meisterleistung historischer Dimension").[323] Erstaunen erregten vielmehr Kommentare in der ansonsten regie-

rungskritischen Presse. Rudolf Augstein etwa schreibt auf der gleichen Seite im *Spiegel*, der das Zitat über die Hektik der Moskauer Schlußrunde entnommen ist, über den Bundesaußenminister: "Wie kein anderer hat er meisterhaft die Fäden gezogen... Anders haben Talleyrand und Kissinger ihre Politik auch nicht angelegt."[324] Die *Zeit* verteilte ihr Lob ("diplomatischer Weltrekord") etwas breiter, sie sprach von "einem ungewöhnlichen Zusammenspiel von Politikern, die sich in diesen sieben Monaten als Staatsmänner erwiesen." Gespannt las ich weiter, wem diese erlauchte Würde zugesprochen werden würde (im Innern schon ahnend, nicht meinem Meckel), und erfuhr mit anhaltender Verblüffung: "In Washington Präsident Bush" - das hätte ich als Teilnehmer der Verhandlungen offengestanden nie geahnt, der Name war nie gefallen, und doch nannte ihn dieses Blatt als ersten "Staatsmann", dem die Deutschen die Vereinigung zu danken hatten.[325] Es folgen drei Tandems: Bush "und sein Außenminister Baker; in Moskau Präsident Gorbatschow und sein Außenminister Schewardnadse; in Bonn Kanzler Kohl und Außenminister Genscher" - der französische Präsident und "sein" Außenminister Dumas, der Brite Hurd oder Meckel aus der DDR fielen dem Blatt zufolge nicht in die Kategorie "Staatsmann" und haben zur Vereinigung nicht sonderlich beigetragen).- Wir verstanden nicht, warum auch die unabhängige Presse auf den deutschnationalen Jubelkurs einschwenkte.

Am Morgen der Unterzeichnung des Abschlußdokumentes war dann endlich alles abgeklärt, die Delegationen gingen für wenige Stunden in die Betten. Nun setzte die Stunde der stummen Diener der Diplomatie ein: Texte wurden übersetzt, die Übersetzungen wurden abgeglichen, Vervielfältigungen wurden gefertigt, die Regierungskanzleien in den heimischen Hauptstädten wurden ins Bild gesetzt. Kurz vor 13 Uhr war es dann soweit, und die Delegationen versammelten sich im Konferenzsaal des Hotels. Die sowjetische und die DDR-Delegation kannten die Örtlichkeit schon von früheren Sitzungen - hier hatten sich im Juni die Spitzen des Warschauer Paktes getroffen.

Den Kern des Abkommens bilden die Artikel über die Ablösung der Rechte und Verantwortlichkeiten der Vier Mächte. Der Entwurf der Formulierungen stammte verabredungsgemäß von den Briten. John Weston, Politischer Direktor im Foreign and Commonwealth Office, erläuterte in seinem Begleitschreiben:

"Die Formulierungen des Entwurfs des Artikels und der Erklärung beruhen weitgehend auf der Erklärung der Vier Mächte vom 9. November 1972. Er soll umfassend sein und alle eventuell bestehenden Abkommen, Vereinbarungen, Entscheidungen und Praktiken der Vier Mächte (unter welcher Bezeichnung sie auch immer bekannt sein mögen und welche Form sie auch annehmen) sowie alle Institutionen der Vier Mächte, die eventuell weiterbestehen, erfassen. Deshalb gehören zu den erwähnten Abkommen, Entscheidungen und Praktiken das Londoner Protokoll vom 12. September 1944, das Abkommen vom 14. November 1944 über den Kontrollmechanismus, die Erklärung von Berlin vom 5. Juni 1945, das Potsdamer Abkommen vom 2. August 1945, die verschiedenen Abkommen, Vereinbarungen, Entscheidungen und praktischen Regelungen über den Zugang nach Berlin, das Vierseitige Abkommen vom 3. September 1971 und die Vier-Mächte-Erklärung vom 9. November 1972. Zu den erwähnten Institutionen zählen der Alliierte Kontrollrat, die Alliierte Kommandatura Berlin, die Berliner Luftsicherheitszentrale und alle nachgeordneten und damit in Verbindung stehenden Institutionen."[326]

Die Reden der Außenminister anläßlich der Unterzeichnung des Vertrages wurden in den Medien zu Recht weithin übergangen. Genschers Beitrag fiel allenfalls durch die Opfersicht deutscher Geschichte auf ("Am 30. Januar 1933 brach die Nacht des Faschismus über Deutschland herein. Wir verloren zuerst unsere Freiheit, dann unseren Frieden und dann unsere staatliche Einheit. Der von Hitler begonnene Krieg...") sowie durch neue Sprachformeln, mit denen das neue Deutschland artig aufzutreten versprach ("Wir werden diese Souveränität in europäischer Friedensverantwortung wahrnehmen").[327] DDR-Außenminister und Ministerpräsident de Maizière hingegen trug in seiner Würdigung des Vertrages beim Pathos etwas dick auf ("Der Grundstein für ein Zeitalter des Friedens, der Freiheit und der Zusammenarbeit").[328]

Die Bundesregierung erhielt am Ende auch die vorzeitige Entlassung in die Souveränität zugestanden. Anfang Oktober 1990 erklärten die vier Hauptsiegermächte in New York in komplizierten Wendungen, daß "in Anbetracht" des Vertrages über die abschließende Regelung, "die Wirksamkeit ihrer Rechte und Verantwortlichkeiten in bezug auf Berlin und Deutschland als Ganzes ... ausgesetzt wird." "Als Ergebnis werden die Wirksamkeit der entsprechenden, damit zusammenhängenden vierseitigen Vereinbarungen, Beschlüsse und Praktiken und die Tätigkeit aller entsprechenden Einrichtungen der Vier Mächte ab dem Zeitpunkt der Vereinigung Deutschlands ebenfalls ausgesetzt."[329]

Dieser letzte diplomatische Akt, an dem die DDR auf internationaler Bühne beteiligt war, geriet für das MfAA noch einmal zu einer schweißtreibenden Tour. Der amtierende Außenminister de Maizière war wegen des CDU-Vereinigungsparteitages verhindert, an der Zeremonie in New York teilzunehmen. Helmut Domke aber als Staatssekretär reichte den Siegermächten als Adressat der Erklärung neben Genscher nicht hin. So wurde der überraschte Bildungsminister Meyer in den letzten Stunden staatlicher Existenz als Repräsentant der DDR-Regierung nach Amerika geflogen.

Kaum war das geschafft, gab es erneut Probleme. Die gastgebenden Amerikaner ließen sich mit dem Tagesordnungspunkt Suspendierung Zeit und hatten nicht vor Augen, daß wegen der Zeitverschiebung gegenüber Europa Professor Meyer während der Sitzung am 2. Oktober 24 Uhr mitteleuropäischer Zeit sein Mandat einbüßen würde. Diskretes Drängeln hinter den Kulissen befreite die Delegation der verschwindenden DDR von dem Alptraum, den letzten Schritt des 2+4 - Mechanismus nicht mit gehörigen Vollmachten ausführen zu müssen.

Schließlich überreichten die beiden deutschen Außenminister einen gemeinsamen Brief, in dem weitere Einzelheiten angesprochen wurden, über die im Vertrag keine Einigung erzielt worden war. An den Formulierungen sind die Feinarbeiten der Juristen deutlich ablesbar. Die beiden Minister "möchten mitteilen", daß ihre Regierungen "folgendes dargelegt haben". Es kommt dann ein Zitat aus der "Gemeinsamen Erklärung" beider Regierungen zur Regelung offener Vermögensfragen vom 15. Juni 1990:

"Die Enteignungen auf besatzungsrechtlicher bzw. besatzungshoheitlicher Grundlage (1945 bis 1949) sind nicht mehr rückgängig zu machen. Die Regierungen der Sowjetunion und der Deutschen Demokratischen Republik sehen keine Möglichkeit, die damals getroffenen Maßnahmen zu revidieren. Die Regierung der Bundesrepublik Deutschland nimmt dies im Hinblick auf die historische Entwicklung zur Kenntnis."

Die Bundesregierung verpflichtete sich gemäß dieser "Darlegung", "kcinc Rechtsvorschriften zu erlassen, die dem ... widersprechen." - Nach der Bodenreform folgt die Endfassung des so heftig von den Sowjets eingeklagten "Grabschänderparagraphen":

"Die auf deutschem Boden errichteten Denkmäler, die den Opfern des Krieges und der Gewaltherrschaft gewidmet sind, werden geachtet und stehen unter dem Schutz deutscher Gesetze.
Das Gleiche gilt für die Kriegsgräber; sie werden erhalten und gepflegt."

In weiteren Mitteilungen werden Kernfragen der Einigung angesprochen, deren Verankerung im Vertrag den Sowjets und der DDR-Regierung zuvor unabdingbar waren: die sogenannte Staatennachfolge, womit die weitere rechtliche Gültigkeit von internationalen Verträgen festgelegt wird, die einst die DDR abgeschlossen hat, sowie das Verbot von "Parteien und Vereinigungen mit nationalsozialistischen Zielsetzungen". Über diese Punkte war auf der Beamtenebene bis zum Schluß ergebnislos verhandelt worden. Im internen Bericht des MfAA heißt es stereotyp: "Die anderen Delegationen unterstützen die sowjetische Position nicht", während es ebenso stereotyp über die andere Seite heißt: "Die sowjetische Delegation macht ihr weiteres

Festhalten von einer Direktive ihrer Zentrale abhängig."[330] Am Ende gab "die Zentrale" im großen Umfang nach.

Daß der Prozeß auch bei anderen schmerzhafte Spuren hinterlassen hatte, wurde in Moskau bei dem Beschluß offenkundig, Frankreich - und nicht etwa die Deutschen - zu beauftragen, Polen über die Ergebnisse der Verhandlungen offiziell zu informieren.

## 21. DER GENERALVERTRAG UND WEITERE ABKOMMEN MIT DEN SOWJETS

Einen Tag nach der Unterzeichnung der 2+4 - Regelung, welche einen Schlußstrich unter die Vergangenheit zog, wurde vom Bundesaußenminister und seinem sowjetischen Kollegen in Moskau ein womöglich noch bedeutenderes Dokument paraphiert, mit dem komplizierten Titel "Vertrag über gute Nachbarschaft, Partnerschaft und Zusammenarbeit". Diese Vereinbarung soll die Perspektiven der künftigen Zusammenarbeit beider Länder regeln.

Für die Sowjets war dieses Schriftstück weitaus bedeutender als die "abschließende Regelung der auswärtigen Aspekte der deutschen Einheit." Es stellte die schriftliche Ausarbeitung der Absprachen dar, die Kanzler Kohl und Präsident Gorbatschow im Kaukasus getroffen hatten. Gemäß den Intentionen des Vertrages werden die Deutschen zu den wichtigsten Partnern der Reformpolitik Gorbatschows - ob dies der durchschnittliche Bundesbürger überhaupt begriffen hat, blieb uns im MfAA fraglich. Die Sowjets hatten seit längerem auf eine solche Verbindung hingearbeitet. Ebenso wie beim Vertrag über die weitere Stationierung sowjetischer Truppen wurde bei diesem Vorgang die DDR von Bonn gar nicht einbezogen, von Moskau im Nebenher informiert.

Einen solch weitgehenden Vertrag hatte die Sowjetregierung bislang mit keinem westlichen Land abgeschlossen. In lediglich zwei Sitzungen war der Vertragstext zwischen dem stellvertretenden Außenminister Kwizinski und dem Politischen Direktor des AA, Kastrup, ausgehandelt worden. Der Text enthält ein Sammelsurium an verschiedenen Bausteinen. Der von uns bei den 2+4 - Verhandlungen so benannte "Grabschänderparagraph", dem Schutz von Friedhöfen gefallener Sowjetbürger und Denkmälern zur Erinnerung an sie gewidmet, taucht ebenso auf (Artikel 18) wie die sicherheitspolitischen Wünsche der Sowjets. Im 3. Artikel heißt es zum Gewaltverzicht, Arbeitsformulierungen aus den 2+4 - Verhandlungen aufnehmend, Deutsche und Sowjets

"werden ihre Streitigkeiten ausschließlich mit friedlichen Mitteln lösen und keine ihrer Waffen jemals anwenden, es sei denn zur individuellen oder kollektiven Selbstverteidigung. Sie werden niemals und unter keinen Umständen als erste Streitkräfte gegeneinander oder gegen dritte Staaten einsetzen."

Besonders für die Weltmacht UdSSR darf diese Festlegung als sensationell gelten. Weiter wird festgelegt:

> "Sollte eine der beiden Seiten zum Gegenstand eines Angriffs werden, so wird die andere Seite dem Angreifer keine militärische Hilfe oder sonstigen Beistand leisten."

Ansonsten enthalten die 22 Artikel des Vertrages im wesentlichen Ankündigungen. In Artikel 8 besteht der Vertrag gar nur aus der Ankündigung weiterer Abmachungen:

> "Die Bundesrepublik Deutschland und die Union der sozialistischen Sowjetrepubliken sind sich darüber einig, ihre zweiseitige Zusammenarbeit, insbesondere auf wirtschaftlichem, industriellem und wissenschaftlich-technischem Gebiet und auf dem Gebiet des Umweltschutzes wesentlich auszubauen... Sie werden zu diesem Zweck einen umfassenden Vertrag über die Entwicklung der Zusammenarbeit auf dem Gebiet der Wirtschaft, Industrie, Wissenschaft und Technik und, soweit erforderlich, besondere Vereinbarungen für einzelne Sachgebiete schließen."

Es ist deutlich, daß die Füllung der neuen Formeln von Nachbarschaft und Partnerschaft die Kräfte einer Bundesregierung bei weitem übersteigt. Der Vertrag nennt eine Anzahl von Gruppierungen, die hier aktiv werden sollen (Artikel 14: "Parteien, Gewerkschaften, Stiftungen, Schulen, Hochschulen, Sportorganisationen, Kirchen (!) und soziale Einrichtungen, Frauen-, Umweltschutz- und sonstigen gesellschaftlichen Organisationen und Verbänden", daneben ist von Parlamenten, Gemeinden, Regionen, Bundesländern und Medien die Rede). Auch wohlmeinende Analytiker wie Wilhelm Bruns meinen freilich: "Die sowjetische Gesellschaft ist auf so einschneidende Vereinbarungen mit Deutschland nicht hinreichend vorbereitet."[331]

**Sowjettruppen in Deutschland**

Für den Alltag der nächsten Jahre bleiben besonders die Regelungen über die sogenannte "Westgruppe" der Sowjetstreitkräfte auf dem Territorium der bisherigen DDR von Bedeutung. Auf deutscher Seite blieb rundum das Nichtwissen über diese vormals "Gruppe der sowjetischen Streitkräfte in Deutschland" (GSSD) genannten mehreren hunderttausend Soldaten beeindruckend. Es handelt sich ja keineswegs um irgendwelche Stationierungskräfte. Die DDR war aufgrund der Anwesenheit der Sowjetsoldaten neben Island (welches kein Militär hat) für Jahrzehnte der einzige Staat gewesen, auf dessen Territorium es weit mehr fremde als eigene Militärs gab. In den bundesdeutschen Medien, die sich dem Thema vermehrt zuwandten, war irrigerweise fortwährend von der "Roten Armee" die Rede - diese Bezeichnung war längst überholt. Sie war schon 1946 zugunsten von "Sowjetskaja Armija", SA, aufgegeben worden, wie dies die Soldaten mit ihren Schulterstücken oder ihre Fahrzeuge in der Beschilderung leicht sichtbar ausweisen. Aber welcher westdeutsche Journalist hat schon einmal einen sowjetischen Soldaten aus der Nähe gesehen oder sich gar die Frage gestellt (falls er die kyrillischen Buchstaben zu lesen wußte), was das Kürzel "SA" besagen soll?

Sicher soll man anhaltende Fehlbezeichnungen nicht überbewerten. Angesichts fortwährender Irrtümer auf westdeutscher Seite schien uns allerdings dieses Detail als symptomatisch. - Kollegen aus dem Ministerium für Abrüstung und Verteidigung berichteten uns wiederholt von dem Erstaunen ihrer westdeutschen Gesprächspartner von der Hardthöhe, daß selbst Minister Eppelmann Basisdaten über die Sowjetstreitkräfte, und sei es auch nur ihre genaue Anzahl, nicht kenne. Seit dem Stationierungsabkommen vom 12.3.1957 und dem sogenannten "Inanspruchnahmeabkommen" vom 25.7. des gleichen Jahres, mit denen ähnlich wie im Westen in der DDR Besatzungsrechte der Sowjets formal abgelöst worden waren, hatte die Regierung des Landes weitgehend auf Souveränität gegenüber der sowjetischen Militärpräsenz verzichtet. Mehr noch, sie subventionierte heimlich die Kosten der Westgruppe, ohne das Ausmaß dieser Hilfeleistung kennen zu wollen. Auch gab es erhebliche indirekte Subventionen. Wir sprachen wiederholt über ausstehende Standgelder für Güterwaggons der Reichsbahn in Millionenhöhe, welche anfielen, bloß weil die Russen sich mit dem Entladen überaus viel Zeit ließen. Der Volkswirtschaft der DDR dürften so durch entgangene Einnahmen weitere große Verluste entstanden sein.

Die Informationen, welche im Gegenzug die Bonner aufgrund der Tätigkeit westlicher Nachrichtendienste vorlegten, und die sie für zutreffend hielten, wurden wiederum von unseren NVA-Offizieren überzeugend in Zweifel gezogen. Es stellte sich heraus, daß beide deutsche Regierungen wenig über die "Westgruppe" Bescheid wußten. Diese trat in der alten DDR bis heute sehr wie eine Besatzungsarmee auf. Die Diplomaten der Ost-Berliner Sowjetbotschaft versicherten uns bei mehreren Vorgängen glaubwürdig, daß sie dies nicht vertreten könnten, und daß sie selber mit der "Westgruppe" über das Verteidigungsministerium in Moskau zu verkehren hätten. - Eine frühe Bestandsaufnahme des Eppelmann-Ministeriums listete für uns Diplomaten eine brisante Liste von zu klärenden Punkten auf:

"Status der abziehenden sowjetischen Streitkräfte (Ablehnung diplomatischer Immunität), die Herstellung der vollen deutschen staatlichen Souveränität im Luftraum, die Herstellung der vollen Rechtshoheit usw. (u.a. im Grenz- und Zollregime an der Land- und Seegrenze und auf den sowjetisch genutzten Flughäfen für Ein-/Ausreisen sowjetischer Staatsangehöriger, einschließlich Militärpersonen)."[332]

Tatsächlich reisten im Sommer 1990 Sowjetbürger, Soldaten wie Zivilisten, besonders über die zahlreichen Militärflugplätze in die DDR aus und ein, ohne daß deutsche Behörden davon irgendetwas mitbekamen, und transportierten Güter in beiden Richtungen, von denen der Zoll nichts wußte. Gravierender waren weitere Fragen. Würden im vereinten Deutschland sowjetische Sicherheitsorgane, vor allem der KGB, "zum Schutze" der Sowjetsoldaten weiter legal tätig sein dürfen? Was würde mit den Lager- und Führungseinrichtungen für sowjetische Kernwaffen geschehen, die zum Teil als Anlagen der "Deutschen Post" getarnt waren? (An den für die Post ungewöhnlichen Sicherheitsmaßnahmen, zweireihigen Stacheldrahtzäunen und permanenter Scheinwerferausleuchtung, sowie den charakteristischen Antennenformen waren diese Installationen ansonsten unschwer erkennbar). Daneben gab es eine Vielzahl von Rechtsfragen zu klären: Welche Kompetenzen würden deutsche Behörden gegenüber den Sowjets haben? Wem gehörten überhaupt die Grundstücke, die die Westgruppe mit Beschlag belegt hatte, etwa die großen Übungsgelände? Wären die Sowjets für von ihnen angerichtete Umweltschäden haftbar zu machen? - Beide deutsche Regierungen machten sich im Laufe des Sommers ernsthaft daran, die offenen Fragen zu katalogisieren und Entwürfe für künftige Regelungen zu erarbeiten. Die letzte Begegnung der beiden deutschen Außenminister Anfang August behandelte das Thema schwerpunktmäßig. Das Protokoll weist aus, daß auch hier die DDR-Regierung ins Leere lief, und die Sowjets sich längst mit dem Bundesaußenminister zu verständigen suchten:

"Minister Meckel führte aus, daß man diesbezüglich zwischen zwei Verhandlungsgegenständen unterscheiden müsse. Langfristig gehe es um Verhandlungen über den Abzug der sowjetischen Truppen aus der DDR. Kurzfristig seien Probleme zu lösen, die sich bis dahin aus der Stationierung ergäben, wie etwa im Bereich der Ökologie. Da es hierbei zu großen Spannungen mit der Bevölkerung der DDR gekommen sei, bestehe akuter Handlungsbedarf. Während man die Frage des Abzuges tri- und nach der Vereinigung bilateral verhandeln könne, schlage er bezüglich der Fragen, die sich jetzt schon ergeben, ein Stationierungsprotokoll mit der Sowjetunion vor, das die DDR bereits jetzt, nach Absprache mit der Bundesrepublik, abschließen könne. Minister Genscher ging auf diesen Vorschlag nicht ein, sondern regte an, daß man auf die Erfahrungen zurückgreifen solle, die Bürgermeister von Großstandorten in der Bundesrepublik mit den dort stationierten Soldaten hätten. Hier sei es gelungen, ange-

sichts des bevorstehenden Abzuges das Klima zwischen der Bevölkerung und den Soldaten erheblich zu verbessern.
Minister Genscher führte aus, daß die Sowjetunion bereits jetzt an ihn herangetreten sei, um Verhandlungen über das Eigentum an Objekten zu besprechen, die im Augenblick von den sowjetischen Streitkräften genutzt würden."[333]

Die Finanzverhandlungen mit den Sowjets spiegelten getreulich diesen Vorgang. Die sowjetische Seite sah, so pointiert der als Dissident zum Kurs Eppelmanns bekannt gewordene Kapitän zur See Siegfried Fischer, "nach dem Abschluß eines Abkommens über die Sicherung von 1,25 Milliarden DM Stationierungskosten für das zweite Halbjahr 1990 Ende Juni dieses Jahres keinen weiteren Verhandlungsbedarf mit der DDR-Regierung mehr. Den neuen Finanzbedarf der Westgruppe für 1991 von 2,5 Milliarden DM meldete sie schon direkt beim Außenminister der Bundesrepublik an."[334]

Die Sowjets legten Wert auf die Feststellung, daß sie für die Kosten der Truppenstationierung selber aufkämen. Die geforderten Milliardenbeträge bildeten lediglich den Ausgleich von höheren Kosten infolge der Einführung der D-Mark - eines in ihrer Sicht einseitigen Schrittes der Deutschen, für den diese dann auch gefälligst bezahlen sollten. - Das Abrüstungs- und Verteidigungsministerium legte schließlich eine Übersicht zu den Standorten der Sowjets auf DDR-Gebiet vor, mit dem bemerkenswerten Vorbehalt:

"Die konkrete Dislozierung der Verbände, Truppenteile und Einrichtungen der WGS (einschließlich deren Numerierung) wurden dem Ministerium für Abrüstung und Verteidigung nicht offiziell übergeben. Die Erkenntnisse wurden aus der bisherigen Zusammenarbeit gewonnen."[335]

Die von den Sowjets mit Beschlag belegten Flächen - angeblich 2300 Quadratkilometer oder knapp zwei Prozent des Staatsterritoriums - vermochte das zuständige Ministerium mangels anderer Informationen lediglich "einzuschätzen".[336]

Genau einen Monat nach Unterzeichnung des 2+4 - Vertrages unterschrieb Genscher am 12. Oktober erneut ein Abkommen mit den Sowjets, diesmal mit dem komplizierten Titel "Vertrag über die Bedingungen des befristeten Aufenthalts und die Modalitäten des planmäßigen Abzugs der sowjetischen Truppen". Die DDR oder die ihr nachfolgenden neuen Bundesländer hatten mit dieser Regelung nichts zu tun. Sie tauchen allenfalls in einzelnen Paragraphen der Übereinkunft als Objekte auf (so dürfen die sowjetischen Truppen in den fünf neuen Bundesländer weder in der Zahl noch in der Bewaffnung verstärkt werden).

## 22. DAS ENDE

Die letzten Tage von Außenpolitik der verschwindenden DDR brachten rasch zunehmende Signale von weiterem politischem Substanzverlust. Selbst die geheiligten Rituale des diplomatischen Protokolls und internationaler Absprachen gaben nunmehr zu Lasten der DDR nach. So war bei Beginn der 2+4 - Gespräche auf Beamtenebene die Übereinkunft erzielt worden, daß die Verhandlungsleitung reihum rotieren sollte. Bei der Schlußrunde in Berlin-Niederschönhausen Anfang September hätte demzufolge unser verbliebener Staatssekretär Helmut Domke den Vorsitz gehabt. Kohl und de Maizière hatten sich freilich schon verständigt, diese wichtige Aufgabe dem Bonner Chefunterhändler Dieter Kastrup zu übertragen - ohne den düpierten Domke oder die anderen Verhandlungsdelegationen auch nur zu fragen.

Die Schließung des Außenministerium bildete den traurigen Schlußakkord zu unseren Aktivitäten. Das MfAA beschäftigte bei unserem Amtsantritt knapp dreitausend Personen. Das waren doppelt soviel wie in Genschers Auswärtigem Amt. Auch beim besten Willen würden somit die meisten der Mitarbeiter des MfAA nicht übernommen werden können. Es stand ein erheblicher Abbau beim Personal an. Ich versuchte intensiv zu beobachten, wie die alte Garde des Ministeriums, der der Kollaboration mit der SED bezichtigte "Apparat", sich in dieser Situation verhalten würde.

Daß die DDR ein Staat mit besonderen sozialen Sicherungen sei, ließ sich nicht finden. Die Spitzendiplomaten des Ministeriums hatten nach zwanzig Jahren Dienstzeit Anspruch auf entweder drei Monate Weiterzahlung ihrer vollen Bezüge, wonach sie sich beim Arbeitsamt als beschäftigungslos registrieren lassen konnten. Oder sie meldeten sich zu Kurzarbeit, verbunden mit Umschulungsmaßnahmen. Kurzarbeit hieß, so wurde sogleich verlautet, Nullarbeit - dem Ministerium war es am angenehmsten, die langjährigen Mitarbeiter ließen sich nicht mehr blicken.

Markus Meckel sah sich als Sozialdemokrat besonders verpflichtet, den Mitarbeitern "seines" Ministeriums auch nach der Vereinigung die Weiterarbeit zu ermöglichen. "Auch heutige DDR-Bürger müssen nach der Vereinigung Diplomaten sein können", äußerte er im Mai gegenüber der *Süddeutschen Zeitung*. "Wenn man die ganze DDR ausgrenzt, wird es für die nächsten zwanzig Jahre keinen gesellschaftlichen Frieden geben."[337]

Verständlicherweise mußte Meckel schon während seiner Amtszeit den Personalbestand des MfAA herunterfahren. Zunächst wurde eine 20-prozentige Personalkürzung verfügt; im Sommer wurden in einem ersten Schritt 18 Botschaften der DDR geschlossen, in einem zweiten Schritt weitere 32. In einem Telegramm an "die Leiter der Auslandsvertretungen und Generalkonsulate der DDR" mußte der Minister am 7.8. weitere Kürzungen anordnen:

> "Die nach meinem Telegramm ... in den AV erarbeiteten Reduzierungsvorschläge zu den Stellenplänen sind in der Zentrale eingetroffen und bearbeitet worden.
> Einschneidende Kürzungen am Haushalt des MfAA und der inzwischen festgelegte Beitritt der DDR zur Bundesrepublik Deutschland in diesem Jahr machen jedoch weitergehende Reduzierungen unumgänglich. Die zuständigen Länderabteilungen sind aufgefordert worden, unter Berücksichtigung der eingesandten Stellenpläne weitergehende Reduzierungsvorschläge zu erarbeiten."[338]

Auch aufgrund des Engagements ihres Ministers machten sich viele Angehörige des MfAA Hoffnungen, auch nach der Vereinigung in ihrem Beruf weiter arbeiten zu können. Markus Meckel hat Bundesaußenminister Genscher verschiedentlich in dieser Hinsicht befragt; Staatssekretär Hans Misselwitz stellte die gleiche Frage wiederholt seinem Bonner Gegenüber. Eine substanzielle Antwort blieb aus. Kurz vor der Vereinigung "berichtete die Presse, Genscher habe die Devise ausgegeben: 'Übernommen wird, wer geeignet ist'."[339] Noch beim letzten gemeinsamen Gespräch der beiden deutschen Außenminister Anfang August agierte Genscher hinhaltend. Unter "Personalfragen" heißt es im DDR-Protokoll der Begegnung:

> "Beide Minister stimmten darin überein, daß es weder eine pauschale Übernahme noch eine pauschale Ablehnung von Mitarbeitern des Ministeriums für Auswärtige Angelegenheiten für den Auswärtigen Dienst eines vereinten Deutschlands geben dürfe. Vielmehr sei dies eine Frage der Einzelbewerbung, wobei neben fachlicher Qualifikation vor allem die politische Vorbelastung sowie eine Mitarbeit beim MfS ausschlaggebend sei.
> Minister Genscher wies darauf hin, daß die politische Sensibilität des Auswärtigen Dienstes dazu geführt habe, daß im Beamtenrecht der Bundesrepublik Deutschland Mitarbeiter im Auswärtigen Dienst bereits in erheblich niederer Funktion als in anderen Ressorts als 'politische Beamte' ohne Angabe von Gründen in den einstweiligen Ruhestand versetzt werden könnten. Dies sei auch bei der Übernahme von Mitarbeitern des MfAA zu bedenken. Im übrigen warte er für eine endgültige Regelung in dieser Frage den Abschluß des Einigungsvertrages sowie eine allgemeine Übereinkunft innerhalb der Bundesregierung ab."[340]

Daß besonders die höheren Chargen des MfAA keinerlei Chance für eine weitere Tätigkeit in ihrem Beruf haben würden, konnten sie Kommentaren in der großbürgerlichen Presse entnehmen (an denen Genscher gewiß nicht vorbei handeln konnte). Mit bedeutsamen Blicken wurde Ende Juli im Hause zum Beispiel ein Leitartikel der *Frankfurter Allgemeinen Zeitung* über die NVA mit der alles beinhaltenden Überschrift "Auflösen - ohne Rest" herumgereicht, der auch das MfAA betraf ("Es ist keine unmenschliche Zumutung, DDR-Offizieren (und auch Polizeiführern sowie DDR-Diplomaten) zu empfehlen, sich einen neuen Beruf zu suchen").[341]

Am 27. September wandte sich der Staatssekretär des Auswärtigen Amtes, Sudhoff, mit einem längeren Schreiben an die "Mitarbeiterinnen und Mitarbeiter" des MfAA. Der Staatssekretär interpretierte umständlich die Aussagen des Einigungsvertrages, daß "geeignetes Personal entsprechend den Notwendigkeiten der Aufgabenerfüllung in angemessenem Umfang zu übernehmen ist." Im Ministerium blieb vor allem dieser Satz des Briefes hängen:

> "Ich bitte Sie deshalb, auch selbst Initiative auf der Suche nach einem neuen Arbeitsplatz zu entwickeln."[342]

Markus Meckel gelang es nicht, seine Intentionen zur Weiterverwendung einer Anzahl von Mitarbeitern umzusetzen. Bei mir meldeten sich wiederholt hochrangige DDR-Diplomaten, darunter ein vormaliger stellvertretender Außenminister, mit der Frage, ob es für sie vielleicht in der Freien Universität eine Beschäftigungsmöglichkeit gäbe. Da die DDR-Diplomaten Regionalspezialisten sind, waren diese Anfragen nicht von vornherein abwegig, aber konkrete Hinweise vermochte ich ebensowenig wie jemand anders auf der Ministeretage des MfAA zu geben. So verbreitete sich in den letzten Wochen Frustration im Hause. Böses Blut machte eine Hausmitteilung, die der Bruder des Ministers, Hans-Martin Meckel, als Personalchef des Ministeriums am 27. Juli den "Leitern der Struktureinheiten" "im Zusammenhang mit der Präsentation des Umschulungsangebotes der Deutschen Angestellten-Akademie e.V. (DAA) der BRD" übermittelte:

> "Mit der Herstellung der Einheit Deutschlands im Dezember 1990 endet die Existenz des MfAA der DDR. Zu der Frage, ob überhaupt und in welchem Umfang eine zukünftige Übernahme (von Personal, U.A.) in den Auswärtigen Dienst möglich ist, kann gegenwärtig keinerlei Aussage gemacht werden. Lediglich für einen kurzen Zeitraum und eine sehr begrenzte Anzahl von Mitarbeitern wird es danach verschiedene sachbezogene Abwicklungsaufgaben geben."[343]

Die Schlußfolgerung:

"Bis Ende des Jahres 1990 müssen folglich die Arbeitsverhältnisse zwischen dem MfAA und fast allen Mitarbeitern beendet werden."

Die Hausmitteilung gerät insofern persönlich, als sie den Betroffenen die nächsten Schritte erläutert ("Nach Erhalt der Kündigung muß sich der Mitarbeiter persönlich bei dem für seinen Wohnort zuständigen Arbeitsamt melden"). Weiter heißt es in einem Rundschreiben, welches der "Leiter der Abteilung 6" Anfang August wegen der Schließung der Botschaften der DDR zirkulieren ließ:[344]

"Angesichts der bevorstehenden Schließung der AV erreichen uns zunehmend Anfragen zu Einzelproblemen. In Kürze werden allen AV Rahmenmaßnahmepläne und vertretungsbezogene Direktiven zur verwaltungsorganisatorischen und technischen Abwicklung der Schließung übersandt."

Wie bei Telegrammen des MfAA üblich, fehlte jede Anrede und Unterzeichnung. Diesmal revoltierten freilich selbst die alten Eliten. Als Echo auf die Veröffentlichung der Hausmitteilung in der *Berliner Morgenpost* wurde gemeldet, die Einleitung der personellen Auflösung des MfAA habe "einen Schock ausgelöst... Mitarbeiter äußerten sich gegenüber der Zeitung verbittert, Meckels früher angekündigtes 'Riesen-Umschulungsprogramm' im Außenministerium sei 'glatt gelogen gewesen'."[345] Die Betroffenen erfuhren, ihren sozialen Ängsten entgegen, was mit den Liegenschaften der DDR-Botschaften zu geschehen hatte, wie "eingebaute Sicherungsanlagen, Si-Türen, Schließsysteme, Abfertigungsschalter" zu behandeln seien, was mit "Reprä.-Geschirr, Silber" zu geschehen habe ("im Land verkaufen"), wie Kraftfahrzeuge zu veräußern seien, sowie das "alle Missionsschilder und Gegenstände, die künftig musealen Charakter tragen", "kostengünstig zurückzuführen" seien.[346] - Von Menschen in den Auslandsvertretungen der DDR war kaum die Rede:

"Bei der Entlassung aAK nach den gültigen Tarifregelungen verfahren und geltendes Arbeitsrecht beachten."

Bevor ich versuchte herauszubekommen, was "aAK" für Menschen seien,[347] notierte ich mit einer gewissen Erschütterung, daß die Beachtung von Recht und Gesetz in diesem Telegramm abgemahnt wurde. - Das Umschulungsangebot des MfAA an seine Mitarbeiter, mit 1,5 Millionen DM veranschlagt, geriet bald in heftigen Streit. Kritikern erschien der Betrag als Verschwendung. Zu verweisen bleibt jedoch darauf, daß das MfAA als einziges Ministerium der abgehenden DDR-Regierung überhaupt seinen Mitarbeitern frühzeitig Angebote zur Umschulung machte, und daß andere Ministerien erst nach der Vereinigung diese Idee nachahmten. Geboten wurde ein dreimonatiges "Grundseminar" ("Berufsorientierung, Demokratie und soziale Marktwirtschaft, Grundgesetz, Rechts- und Sozialordnung BRD, volks- und betriebswirtschaftliche Grundlagen, EDV, Bewerbungstraining").[348] Was auch immer in drei Monaten von diesen Themen hängen blieb, hernach konnte sich ein DDR-Diplomat für einen der folgenden sechs- bis achtmonatigen "Qualifizierungslehrgänge" einschreiben: "Fremdsprachensekretär, Exportsachbearbeiter, Euro-Assistent/Bürokommunikation, Marketing-Assistent Osteuropa, betriebliche Steuerfachkraft, Sozialversicherungsfachkraft, Außendienstbeauftragter im Versicherungs- und Bausparkassenwesen, Anwendungsberater für Daten- und Kommunikationssysteme, Public-Relations-Berater, Fachjournalist (für Unternehmen, Verbände oder Vereine), technischer Redakteur."[349]

Die Bedingungen, eine Kurzausbildung mit ungewissen Chancen der späteren Anerkennung zu durchlaufen, waren hart: "Umschulung für Mitarbeiter nur bei 100% Kurzarbeit (0-Arbeitsstunden) möglich... Kurzarbeitergeld beträgt bei mindestens einem zu versorgenden Kind 68%, sonst 63% des Nettoentgeltes von Grundgehalt und LOG."[350] Verständlicherweise zogen es eine Reihe von Botschaftern und anderen DDR-Diplomaten im Herbst vor, erst einmal abzuwarten. Sie wurden bitter enttäuscht.

Den raschen Personalabbau im Außenministerium spiegeln die Zahlen wieder. Als wir Ostern anfingen, wurden 1800 Mitarbeiter gezählt. Anfang August betrug diese Zahl etwa 1000.[351] Im gleichen Zeitraum waren 18 Botschaften der DDR im Ausland geschlossen worden. Die Zahlen würden im Herbst rasch weiter zurückgehen. Es ist leicht, sich auszumalen, wie es mit der Arbeitsmotivation unserer Mitarbeiter aussah.

440 Diplomaten entschlossen sich, dem Bundesminister des Auswärtigen einen harschen Brief zu schreiben, der die Gefühle vieler ehemaliger Staatsdiener der DDR wiedergeben dürfte:

"Mit großem Befremden registrieren wir als Diplomaten der ehemaligen DDR wie viele andere Beschäftigte des Öffentlichen Dienstes, daß die Übernahme der Regierungsverantwortung für den östlichen Teil Deutschlands sehr einseitig und aus politischer Sicht unverantwortlich erfolgt.

Wer gibt Ihnen, Herr Bundesaußenminister, beispielsweise das Recht, die aus dem Außenministerium der DDR stammenden Diplomaten einfach auf die Straße zu setzen, gleichzeitig jedoch für Personal für den Auswärtigen Dienst zu werben? Wer gibt Ihnen das Recht, die internationale Vertretung Deutschlands ausschließlich in die Hände westdeutscher Beamter des Auswärtigen Amtes zu legen? ... Das ist Berufsverbot für DDR-Diplomaten!"[352]

Die gleichen Diplomaten, darunter 40 Botschafter, wandten sich am 2. Oktober an die Fraktionen des, wie es etwas ungelenk heißt, "Bundestages der Bundesrepublik Deutschland":

"Mit der Auflösung des Ministeriums für Auswärtige Angelegenheiten der Deutschen Demokratischen Republik werden alle seine Mitarbeiter in den Wartestand versetzt, der einer zeitlich verschobenen Kündigung entspricht. Damit werden essentielle Normen des Grundgesetzes und des Arbeitsrechts der Bundesrepublik Deutschland sowie elementare Regeln des menschlichen Anstands verletzt.

Wir, Beschäftigte des Ministeriums für Auswärtige Angelegenheiten, fordern die gleiche Behandlung wie die anderen Angestellten des öffentlichen Dienstes der Bundesrepublik Deutschland."[353]

Am 3. Oktober, dem Datum des Beitritts der vormaligen DDR zur Bundesrepublik, "erlosch die Aufgabenstellung" - so ein Bonner Diplomat[354] - des MfAA, und es etablierte sich auf der Ministeretage am Marx-Engels-Platz die Führung einer in schönem Bürokratendeutsch so benannten "Verwaltungs- und Abwicklungsstelle" (VAS). Einige alte Mitarbeiter erhielten Zeitverträge bis zum Jahresende - schließlich mochte Staatssekretär Dr. Bertele zum Beispiel nicht auf ein diplomatisches Protokoll verzichten.

## 23. BILANZ

Nicht nur in Deutschland reibt man sich die Augen und fragt, wie es innerhalb eines Jahres möglich war, mit dem SED-Regime der DDR eine wirksame deutsche Diktatur abzuschaffen, die Wiedervereinigung zu bewerkstelligen, und die zerstrittenen Alliierten zur Aufgabe ihrer Rechte in Deutschland zu bewegen. Die Antwort ist wahrscheinlich komplizierter als die, daß das alles "vor allem der Schubkraft der Geschichte" (*Die Zeit*)[355] zu verdanken sei. Man wird differenzieren müssen, unterschiedliche Stränge hervorzuarbeiten und deren relative Bedeutung zu betrachten haben. Den Politikwissenschaftler interessieren besonders die Rollen von politisch legitimierten Akteuren, die ihre Motive artikulieren oder eben nicht klarlegen, sowie die Beiträge Dritter.

In der Würdigung der Ergebnisse des Verhandlungsjahres 1990 ist neben manchem Pathetischen von den Akteuren auch vieles Richtige ausgesprochen worden. Außenminister Schewardnadse unterstrich wiederholt, daß es zu Anfang des 2+4 - Prozesses unmöglich erschien, so schnell ein Ergebnis zu erzielen (nach Ansicht von Beobachtern setzt die entscheidende Angleichung des Tempos der Abklärung der äußeren Aspekte der Vereinigung an den innerdeutschen Prozeß Ende Juni 1990 ein). Sein britischer Amtskollege Hurd hob hervor, der Schlüssel zu diesem Erfolg sei das neue Denken der Sowjetunion gewesen. Jeder Minister sagte mehr oder minder gleichlautend, daß mit der deutschen Einigung der Schlußstrich unter den Zweiten Weltkrieg gezogen worden sei. Richtig bleibt auch, daß die 45 Jahre deutscher Teilung eine Periode anhaltender Spannungen und Kriegsgefahren gewesen sind, und daß nunmehr die Grundlage für den Aufbau einer tragfähigen Friedensordnung in Europa gegeben ist.

Bei der Suche nach Verallgemeinerbarem, nach Lehren, die die Verhandlungen über die deutsche Einigung für Lösungsversuche zu anderen Probleme abwerfen könnten, bleibt wenig. Wie wurden mit welcher Wirkung nationale Interessen wo vorgetragen und umgesetzt? Die großen diplomatischen Veranstaltungen, die Außenministerkonferenzen, waren nicht entscheidend. Peter Schlotter nennt sie mit einer gewissen Geringschätzung "Bestätigungsveranstaltungen für das, was auf Beamtenebene bzw. bilateral" ausgehandelt worden sei.[356] Die beiden Ebenen - multilaterale Konferenzen von Diplomaten und zweiseitige Gespräche - erweisen sich jedoch mitnichten als gleichrangig. Schlotter befindet, folgerichtig:

> "Der gesamte 2+4 - Prozeß war weniger durch einen Verhandlungsmultilateralismus als vielmehr durch einen dreifachen Bilateralismus außerhalb der eigentlichen 6er-Verhandlungen geprägt. Auf der Ebene der Supermächte hatten sich die Sowjetunion und die USA im Vorfeld der Verhandlungen auf den Grundsatz geeinigt, der deutschen Einigung nicht im Wege stehen zu wollen. ... Die zweite Ebene bezog sich auf die (west-) deutsch-amerikanischen Beziehungen. Die Vereinigten Staaten gaben mehr oder weniger explizit der Bundesrepublik Deutschland 'grünes Licht' dafür, die außenpolitischen Details der deutschen Einigung bilateral mit der Sowjetunion auszuhandeln... Die dritte Ebene war somit der (west-) deutsch-sowjetische Bilateralismus, auf dem die eigentlichen Anschübe für den Fortgang des 2+4 - Prozesses erfolgten."357

### Ein "neues Europa"?

Der amerikanische Außenminister Baker meinte bei der Unterzeichnungszeremonie, mit dem 2+4 - Vertrag sei "ein neues Europa" entstanden. Lothar Rühl wertete gleichermaßen:

> "Die Londoner Erklärung des Nordatlantikrates vom 6. Juli und die deutsch-sowjetische Verständigung vom 16. Juli über die Mitgliedschaft eines vereinigten Deutschland in der NATO umreißen die Grundlage für eine Friedensordnung in Europa."358

Auch gestandene Kommentatoren wie Robert Leicht von der *Zeit* äußerten sich in dieser Hinsicht verwirrend: "Deutsche Einheit und europäische Einigung sollen für dieses Mal und am Ende in eins fallen. Insofern haben die deutsch-sowjetischen Vereinbarungen auch den europäischen Prozeß ein gutes Stück vorangebracht."359 So einfach soll das sein, umgekehrt nach Palmström - das Postulat "europäische Einigung" ist durch sein bloßes Sollen schon Realität geworden.

Die behauptete "Neuartigkeit" Europas am Jahresende 1990 steht jedoch sehr in Frage. Wilhelm Bruns wertet, es sei "mehr als ein Schönheitsfehler",

> "daß es nicht gelungen ist, einen Einstieg in eine neue europäische Sicherheitsordnung zu finden, wie dies auf sowjetischen Wunsch hin im Tagesordnungspunkt 2 zum Ausdruck kommt, aber sich nicht in einschlägigen Verabredungen konkretisiert. Lediglich in der Präambel gibt es eine vage Bereitschaftserklärung, auf ein 'Verhältnis des Vertrauens und der Zusammenarbeit' hinzuarbeiten, sowie die 'Schaffung geeigneter institutioneller Vorkehrungen im Rahmen der Konferenz über Sicherheit und Zusam-

menarbeit in Europa positiv in Betracht zu ziehen'. Hier hätte man sich eine konkrete Festlegung gewünscht."[360]

Dieser Wertung ist sicher zuzustimmen, auch wenn selbst ein der SPD nahestehender Autor wie Bruns den Beitrag des sozialdemokratisch geführten Außenministeriums zur Belebung der Europa-Dimension nicht sehen will. Aufgrund der geringen Beachtung, die europäische Belange in den Verhandlungen erhielten, dürfte eintreten, was die Beraterrunde in Ost-Berlin schon früh prognostiziert hatte: Mit Vollzug der Einigung und dem Ende der politischen Dynamik, die diesen Prozeß vorantrieb, wird es auch zu einem massiven Verlust an Dynamik im Prozeß kommen, in Europa eine neue Friedensordnung zu entwickeln. Nachdem die Deutschen ihre Souveränität zurückhaben, ist kein Akteur auszumachen, der aus eigenem wesentlichen Antrieb eine zügige Änderung des Status quo in Europa anstrebt. Die neue Sicherheitsstruktur, mit der Europa in das nächste Jahrtausend geht, lautet einfach: NATO minus Warschauer Pakt. - Einzelne Analytiker hatten vergleichbare Befürchtungen schon früh öffentlich vorgetragen, etwa Walther Stützle im Mai 1990:

"Man nehme die DDR, verleibe sie der Bundesrepublik ein, schlage das neue Deutschland der NATO zu und nenne das Ganze eine europäische Friedensordnung... Die Debatte um Deutschlands künftigen Sicherheitsstatus läßt schaudern. Statt Neues zu denken, wird Altes eingefordert."[361]

Dabei bot der Verlauf der 2+4 - Verhandlungen durchaus Ansatzpunkte für neue Lösungen, die auch den europäischen Prozeß befruchtet hätten, etwa bei der Frage der Verifikation der Vereinbarungen. Die Sowjets hatten lange darauf bestanden, daß die "Abschließende Regelung" auch Vorkehrungen zur Überwachung der Vertragstreue enthalten müßten. Noch Mitte Juni wurden im MfAA einschlägige Grundsatzpapiere entwickelt, gemäß der Devise: "Von der Art und Weise, wie jetzt die äußeren Aspekte der deutschen Einheit gelöst werden, wird wesentlich abhängen, wie dynamisch der europäische Prozeß vorangebracht werden kann."[362] Egon Bahr zum Beispiel hat zu jenem Zeitpunkt als Berater, was an übergreifenden Themen in das 2+4 - Schlußdokument sollte, weit ausgreifend formuliert:

"Die 2+4 - Gesprächspartner schlagen ein konkretes Mandat für die KSZE vor, das über die Übergangszeit hinausreicht:
1. Qualifizierte vertrauensbildende Maßnahmen (z.B. Regeltreffen, Institutionalisierungen, ...)
2. Vertrag über die militärische Situation in Zentraleuropa
3. Für die Zwischenzeit eine Übergangslösung..."[363]

Eine DDR-Vorlage für eine Passage im 2. Staatsvertrag, dem sogenannten "Einigungsvertrag", sah als Selbstbindung des vereinten Deutschland vor:

> "Unmittelbar nach Herstellung der deutschen Einheit wird die deutsche Regierung die Regierungen derjenigen Staaten, welche Streitkräfte auf deutschem Boden stationiert haben, sowie die Regierungen derjenigen Staaten, die der NATO oder dem WP angehören und mit Deutschland eine gemeinsame Grenze haben, zu einer Konferenz für den Abschluß eines Abkommens über die Verifikation militärischer Maßnahmen einladen. Ziel des Abkommens ist eine ständige Verifikation aller militärischer Maßnahmen in Mitteleuropa, insbesondere derjenigen, die im Zusammenhang mit der Herstellung der deutschen Einheit vorgesehen sind.
> Der Verifikationsraum wird aus Deutschland und aus den Staatsgebieten (aus an Deutschland angrenzenden Teilen der Staatsgebiete) derjenigen Teilnehmer an dem Abkommen bestehen, die eine gemeinsame Grenze mit Deutschland haben. Die Verifikationen werden durch national gemischte Inspektionsgruppen nach dem Grundsatz 'Alle kontrollieren Alle' durchgeführt."[364]

Solche Vorschläge verhallten ohne Echo, besonders Anregungen darin, auch die Nuklearwaffen einzubeziehen ("Die an dem Abkommen teilnehmenden Nuklearmächte vereinbaren untereinander vergleichbare Verifikationsmechanismen für den nuklearen Bereich"). Carlchristian von Braunmühl wertet das Nichtergebnis des Vereinigungsprozesses für die europäische Sicherheitspolitik als Resultat des Gegensatzes zweier unterschiedlicher Konzepte:

> "Der von der DDR und anfangs auch von der Sowjetunion unterstützte Gegenentwurf, der im Kern darin bestand, die Ablösung der alliierten Rechte zum Auftrieb für eine Überwindung beider Bündnisse und einen viel kräftigeren Impuls für den Aufbau einer gesamteuropäischen Friedensordnung zu nutzen, war unterlegen."[365]

In den Protokollen über die Verhandlungen vermerkt die DDR-Seite wiederholt:

> "Erneut zeigte sich, daß die USA, Großbritannien, Frankreich und die BRD nicht geneigt sind, die Regelung politisch-militärischer Fragen in das abschließende Dokument aufzunehmen."[366]

Angesichts der vielfachen Ausfälle - im europäischen Prozeß, in der Verifikationsfrage, in der Bildung einer neuartigen Friedensordnung - ist offenkundig "der Augenblick des Triumphes auch ein Zeitpunkt der Krise".[367]

Die eigentliche Ursache dafür, daß sich das westalliierte Konzept der deutschen NATO-Mitgliedschaft durchsetzte, liegt nicht darin, daß sich dies als das intelligenteste, alle Fragen am besten beantwortende Konzept herausgestellt hat. Auch stellte es keineswegs den am einfachsten erreichbaren Kompromiß dar. Beim Aufeinanderprallen der verschiedenen sicherheitspolitischen Präferenzen von West und Ost setzte sich vielmehr aufgrund eines deutlichen Machtgefälles die besonders von den Amerikanern betonte Bedingung der NATO-Mitgliedschaft durch. Ein Kommentar im *Wall Street Journal* hatte schon im Frühjahr die amerikanische Haltung auf den Punkt gebracht:

"Das Weiße Haus und das State Department halten an der NATO fest und suchen das Reden über eine neue Ordnung tief zu halten. 'Wir bleiben neuen internationalen Institutionen gegenüber skeptisch, und ich glaube nicht, daß wir zu meinen Lebzeiten eine sowjetische Beteiligung in irgendeiner Sicherheitsstruktur begrüßen werden', sagt ein höherer Beamter des State Department."[368]

In einem anderen Kommentar hieß es zutreffend, die USA hegten den Verdacht, "die Deutschen könnten sich, um des Linsengerichts der Einheit willen, von Moskau aus ihrer Westbindung lösen lassen."[369] Die bundesdeutsche Politik hatte kaum eine andere Option, als auf der NATO-Mitgliedschaft auch des vereinten Deutschland zu bestehen.

Am Ende des Vereinigungsprozesses ist der europäische Prozeß außerhalb der deutschen Grenzen kaum vorangekommen - es gibt noch nicht einmal neue Institutionen wie den Europäischen Sicherheitsrat, eine übernationale Abrüstungs-Kontrollbehörde oder ein Amt für die Konversion militärischer Industriepotentiale. Bundesaußenminister Genscher ist selbst mit seinem Vorschlag, ein Forschungsinstitut für Konversion zu gründen, nicht vorangekommen, und seine Initiative für ein KSZE-Institut wurde auf 1992 vertagt.

### Gescheitert?

Allgemein wird neu antretenden Regierungen eine Frist von 100 Tagen zugestanden, um sich zu etablieren. Die neue Equipe im MfAA brauchte auch ziemlich genau diese Frist, um die erforderliche Routine zu gewinnen. Wir blieben allerdings nur wenig länger im Amt, so daß eine Bilanz schwierig ist. Inhaltlich muß jedoch unterstrichen werden, daß die Außenpolitik der neuen DDR ihr wichtigstes Anliegen bei weitem nicht erreicht hat. In seiner "Regierungserklärung zur Außenpolitik" hatte de Maizière vor der Volkskammer im Juli ausgeführt:

> "Die Grundfrage der Außenpolitik der DDR (lautet): Wie können wir unseren Beitrag zur gleichzeitigen Überwindung der Teilung Deutschlands und der Spaltung Europas am besten leisten? Wie können wir die Übergangszeit bis zur Vollendung der Einheit Deutschlands nutzen, um einen sicheren Einstieg in ein neues Europa der Zusammenarbeit zu schaffen?"[370]

Sein Außenminister Markus Meckel äußerte sich wiederholt im gleichen Sinne, etwa rückblickend:

> "Ich meinte, daß sich die Vereinigung Deutschlands gewisserweise als Mittel benutzen läßt für den europäischen Vereinigungsprozeß. Dabei, glaubte ich, könne noch eine DDR-Regierung eine eigene Rolle spielen."[371]

"Der Versuch nämlich, unabhängig von Bonn eine idealistische, moralisch fundierte Außenpolitik der DDR zu konzipieren, scheiterte," schrieb Christian Wernicke in einem auf der Ministeretage des MFAA vielbeachteten Artikel in der *Zeit*. Der Autor gab zugleich eine Begründung, die unter uns weitgehend geteilt wurde:

> "Der Versuch einer eigenständigen Außenpolitik, er ist auch im 41. und letzten Lebensjahr der DDR mißlungen - mangels Geschick, vor allem aber mangels Macht."[372]

"Mangels Macht" war nicht nur unsere Riege nicht vorangekommen, sondern die gesamte DDR-Regierung, und - wie Hans Arnold hervorhebt - die die Wende in der DDR tragenden Kräfte ("Man darf jedoch nicht übersehen, daß derartige Überlegungen und Initiativen nicht einsame Kopfgeburten von Außenminister Meckel waren, sondern auf Koalitionsvereinbarungen beruhten. Und diese wiederum hatten ihre Wurzeln in der Bewegung, welche die Wende in der DDR herbeigeführt hat und zu weiten Teilen mit der Friedensbewegung in der DDR identisch ist").[373] So blieb am Ende nicht einmal ein Abtritt in Würde, an dem dem Ministerpräsidenten so sehr lag - "Würde zu entwickeln, dafür gab's weder die Zeit noch die Macht".[374]

Die Ereignisse im Kaukasus hatten die Frage nach dem Scheitern unserer Politik endgültig provoziert. Markus Meckel gab hernach seine Gefühle in dieser Situation recht unverhüllt preis:

> "Wenn ich das Regierungshandeln betrachte, ist es faktisch so - und ich muß schon sagen, es war ein Stück Verletzung, daß Kohl plötzlich im Kaukasus bei allen Erfolgen, die er wirklich hatte, die sind nicht wegzureden, bzw. Herr Genscher hat sie vorbereitet - Herr Kohl hat sie abgesahnt. Zumindest vom Öffentlichkeitsbild her, aber das ist so bei Außenminister und Ministerpräsident."[375]

Für uns gab Carlchristian von Braunmühl die den gemeinsamen Nenner bildende Formel vor, mit der seiner Fairness eigenen Betonung der Rolle der Koalition: "Die Außenpolitik der Ost-Berliner Koalition hat wichtige Ziele nicht erreicht. Das Äußere der Einigung hat eine andere Gestalt angenommen, als dies von der Koalition in Berlin geplant war... Es ist von anderen anders gestaltet worden."[376] Der Satz "von anderen anders gestaltet" geriet uns in den letzten Tagen des MfAA nachgerade zur stehenden Formel,[377] er entfaltete einen bleiern beschwerenden Nachhall. Wolfgang Schwegler-Romeis zog unter allen Beratern des DDR-Außenministers die bitterste Bilanz - verständlicherweise, da er zugleich die illusionärsten Zielvorgaben wiederholt:

"Statt der Ablösung der Militärbündnisse am Ende des deutschen Einigungsprozesses durch ein gesamteuropäisches Sicherheitssystem, nun die dauerhafte Mitgliedschaft Deutschlands in der NATO. Kein Stationierungsverzicht für Massenvernichtungsmittel in beiden Teilen Deutschlands. Die NVA wird nicht zum Keimling einer multilateralen KSZE-Friedenstruppe... Der Abzug der sowjetischen Streitkräfte aus dem Territorium der heutigen DDR wird nicht zum 'take-off' der Schaffung einer besonderen zentraleuropäischen Abrüstungszone."[378]

Die weitgehendsten Erwartungen formulierte der Vorsitzende der SPD-Volkskammerfraktion, Richard Schröder. Seiner euphorischen Einschätzung nach

"könne der Einigungsprozeß ein Modellfall werden, zunächst für den größeren Komplex der europäischen Einigung, aber dann auch für die große Aufgabe eine gerechte Weltwirtschaftsordnung zu erfinden. Die Einigung im Nord-Süd-Konflikt. Jedesmal gilt derselbe politische Imperativ 'Löst die Probleme gemeinsam, sonst habt Ihr den Schaden gemeinsam'."[379]

So weitgreifende Erwartungen mußten fehlgehen. Dennoch hebt auch von Braunmühl hervor, daß von einem bloßen Scheitern unserer Bemühungen in diesem halben Jahr nicht zu reden sei:

"Der Eindruck, daß in Ost-Berlin kaum mehr getan werden konnte als 'abzunicken', was in Bonn beschlossen wurde, ist schwer abzuweisen. Um so mehr muß der Legendenbildung widersprochen werden, die den Eindruck verbreiten will, als sei die Regierung der DDR an der Unfähigkeit einiger ihrer Minister gescheitert. Als sei es ein Glück und läge an ihr selbst, wenn sie endlich verschwindet... Was der Blick in den Rückspiegel zeigt, ist nicht der große Erfolg. Was bleibt, ist nicht viel, aber es braucht sich auch nicht zu verstecken. Es bleibt, daß Menschen, die am demokratischen Neubeginn der DDR wesentlich beteiligt waren, Impuls und Gedankengut dieser friedlichen Revolution in die Regierung eingebracht und an internationale Verhandlungstische herangetragen haben... Eigenständigkeit war ein wesentliches Merkmal der friedlichen Revolution. Aber nach dieser Revolution ist sie wenig gefragt und wohl eher als störend empfunden worden."[380]

Minister Meckel unterstreicht gleichfalls die eigenartige Wirkungsbedingung der Außenpolitik der DDR, daß diese von einem abtretenden Akteur betrieben wurde:

"Das Besondere an der heutigen DDR-Regierung war schon seit dem 18. März, daß sie politisch nur bis zur Vollendung der deutschen Einheit ein Mandat hat... Das begrenzt unseren Handlungsspielraum. Doch jedermann wußte das vorher."[381]

In einem Funkinterview wertet Meckel pointierter:

"In dieser Zeit (130 Tage) ist es natürlich nicht möglich, eine eigenständige Außenpolitik zu machen, die wirklich noch in irgendeiner Weise gestaltet."[382]

Wolfgang Schwegler-Romeis, Mitarbeiter im Planungsstab, wertet in seiner Bilanz strenger:

"Eine Regierung, die zu Beginn ihrer Arbeit als erklärtes Ziel die Selbstauflösung propagiert, die sich zudem ihren zeitlichen (Wahlen im Dezember) und finanziellen (1. Staatsvertrag) Handlungsspielraum stetig selbst verringert, kann kein ebenbürtiger Partner für die politisch, militärisch und wirtschaftlich bedeutendsten Staaten Europas sein."[383]

Gänzlich unbemerkt war die Außenpolitik des MfAA nicht geblieben, in der Sicht von Kritikern besonders, wenn sie sich mit sowjetischen Positionen verband: "Bisweilen kann sich Schewardnadse offenbar auf Meckel und seine Umgebung stützen, während der Westen seine Linien durcheinandergebracht sieht," hieß es gelegentlich in der *Frankfurter Allgemeinen Zeitung.* Das Blatt fährt mit einer Wertung fort, über die auf der Ministeretage viel gelacht wurde: "Aber viel Gewicht wird diesem Umstand nicht beigemessen."[384]

Von Braunmühl verweist konkret auf einzelne Niederschläge unserer Bemühungen, die teilweise schwer als Ergebnis unseres Tuns nachweisbar und doch, wie ich meine, greifbar bleiben: einen "ganz persönlichen Beitrag zu dem nicht selbstverständlichen Vertrauen unserer Nachbarn dem zukünftigen vereinten Deutschland gegenüber" oder "eine drastische Verringerung deutscher Streitkräfte". Weiteres wie "konkrete Schritte zum Aufbau einer gesamteuropäischen Friedensordnung und bestimmte Akzente guten Willens in der Entwicklungspolitik" seien "wenigstens gefordert und versucht worden - immerhin von einer deutschen Regierung."[385] Wolfgang

Wiemer führt in einem Anfang August geschriebenen Bilanzpapier weiteres an: Kanzler Kohl hatte ursprünglich "nicht die Absicht, eine so weit gehende Grenzregelung mit Polen zu treffen, die ihn sogar zu Verfassungsänderungen verpflichtet." Ferner: Daß "die 'Modernisierungsdebatten' der letzten 7 Jahre über Nacht beendet (wurde), ist keineswegs eine Kleinigkeit... Eine Entfeindungserklärung zwischen den Staaten der NATO und der WVO war vor einem halben Jahr noch undenkbar."[386]

Auf der Ministeretage des MfAA wurde auch offen über Fehler gesprochen, die die Wirkung unseres Politikversuches beeinträchtigen mußten. Damit ist weniger die Personalpolitik gemeint, die in den Medien wiederholt als Vetterleswirtschaft gebrandmarkt wurde (schon als diese Entscheidungen fielen, war die Reaktion im Stab: "Dafür wird es politische Prügel geben". Meckels Reaktion: daß er dies "nachträglich auch für eine politisch falsche Entscheidung halte").[387] Gemeint sind eher Fehler im strategischen Ansatz. Wolfgang Wiemer meint z.B.:

"Ein Fehler war, die Position zur Grenzfrage in Abhängigkeit zur polnischen Position zu definieren. Damit mußten wir nicht weiter ernst genommen werden."[388]

"Unterlegen" waren bei diesem Punkt allerdings nicht nur wir. Die Polen hatten angesichts der Bonner Sturheit zurückgesteckt, die Westmächte und die UdSSR hatten nachgegeben - da mußte auch die DDR in dieser Frage aufgeben.

Ein weiterer Kritikpunkt, der auch das Eppelmannsche Ministerium betrifft:

"Besonders falsch war es, nach dem Kaukasus weiter und betont auf der Eigenständigkeit der NVA zu bestehen. Jeder Grund dafür war entfallen."[389]

Mit dieser Kritik war nicht nur das Echo in den Medien oder unter den außenpolitischen Profis angesprochen. In seinen sicherheitspolitischen Äußerungen war Markus Meckel vielmehr in den Verdacht geraten, mit Soldaten spielen zu wollen, und etwa in herkömmlicher politischer Manier im Militär eben den Ausdruck staatlicher Souveränität zu erblicken - was ihn auch in der Bürgerbewegung der DDR, den Revolutionskräften des Herbstes 1989, viel Sympathien kosten mußte. - Markus Meckel selber gibt an:

"Die zentrale Fehleinschätzung ... war die Hoffnung, daß der deutsche Einigungsprozeß, und hier speziell das Territorium der DDR, gewissermaßen Katalysator sein könnte, sicherheitspolitisch für gesamteuropäische Strukturen ... (in) Vorwegnahme bestimmter Regelungen, die später für Europa gelten könnten ... mit den konkreten Partnern, also mit Polen, der Tschechoslowakei."[390]

## Die dominanten Akteure

Über die Wurzeln dieser Dynamik oder auch nur Wertungen, wer dominanter Akteur in diesen Prozessen war, wird noch viel geschrieben werden. Die DDR-Regierung war ebensowenig tonangebender Akteur wie die Revolutionskräfte des Herbstes 1989 in der DDR. Konrad Weiß konstatiert:

> "Hervorgegangen aus den Friedens-, Umwelt- und Menschenrechtsgruppen, die unter dem Dach der evangelischen Kirche in halber Illegalität wirksam gewesen waren, hatten (die Bürgerbewegungen) eben keine breite Basis im Volk. Sie waren in gewissem Sinne Außenseiter, lebten unter alternativen Verhältnissen oder waren durch ihre intellektuellen Berufe vom Volke isoliert. Ihre Unzufriedenheit war nicht die Unzufriedenheit der Mehrheit."[391]

In der Sicht eines westdeutschen SPD-Politikers wie Egon Bahr war das Verschwinden dieser Gruppierungen aus der Politik "normal". Er schrieb Weihnachten 1990:

> "Daß Oppositionelle von gestern Minderheiten bleiben, ergänzt durch solche, die Mehrheit spielten, daß sich dabei sogar Ungerechtigkeiten fortsetzten, daß die Revolutionäre, ohne die das alles auch nicht so gekommen wäre, Außenseiter werden oder bleiben - das gehört zur Normalität."[392]

Im Vordergrund des engeren Einigungsprozesses steht unstreitig das Wechselspiel zwischen den förmlichen Verhandlungen der 2+4, auf Minister- und Beamtenebene, mit informellen Gesprächen und Verhandlungen zwischen zwei oder mehreren Beteiligten auf der Ebene der Regierungschefs und Präsidenten. Wilhelm Bruns scheint symmetrisch zu werten:

> "Korrekt wäre es also zu sagen, daß die einvernehmliche Regelung der äußeren Aspekte der deutschen Einigung im Wechsel von formellen 'Zwei-plus-Vier'-Sitzungen und informellen bilateralen Gesprächen zustande gekommen ist."[393]

Wer bei den Beratungen der Minister und ihrer Mitarbeiter dabei war, wird eine solche Wertung allenfalls als formal zutreffend akzeptieren. Die wichtigen Abklärungen und Entscheidungen erfolgten außerhalb des Verhandlungsraums von 2+4, vor allem im Kaukasus. Die Hauptfunktion der Gesprächsrunden war, die strittigen Inhalte in den Positionen der Beteiligten abzuklären, sowie nach deren Entscheidung an dritten Orten die Ergebnisse in Vertragsform umzusetzen.

Dieser Umstand hat entscheidende Bedeutung für den außerordentlich geringen Erfolg, den das Leichtgewicht unter den sechs Beteiligten, die DDR, bei dem Vertragswerk mit ihren eigenen Intentionen hatte. Durch das sich einstellende Arrangement hatte sie gerade die Möglichkeit, konträre Positionen mit zu bestimmen. Bei der Auflösung der Gegensätze und den Entscheidungen, die dann zum Abschlußdokument führten, war die Regierung der DDR nicht beteiligt. Mitten im Verhandlungsprozeß kürzte selbst der wichtigste kooperative Partner Ost-Berlins, die UdSSR, die Zusammenarbeit auf knappe Informierungen des MfAA ein, und suchte vor allem mit Bonn Lösungen von offenen Fragen zu finden. Die drei Westmächte wahrten immerhin die Fassaden diplomatischer Höflichkeit und hörten sich die Ansichten der DDR-Regierung an. Mit dem Bonner AA, auf das sich anfangs in Ost-Berlin, nach dem demokratischen Aufbruch, weitgehende Kooperationshoffnungen gerichtet hatten, kam es bald nicht einmal mehr zu Informationsrunden. Was die beiden Außenminister Genscher und Schewardnadse bei ihren zehn Begegnungen miteinander besprachen, wurde dem MfAA nie offiziell aus Bonn mitgeteilt - das erfuhren wir immer nur in russischer Übersetzung (ein Beispiel: Während der "Blockade" im Mai, als es um die Truppenobergrenze des künftigen Deutschland ging, einigten sich Genscher und Schewardnadse in Genf auf das Verfahren, dieses wichtige Thema nicht bei den 2+4 - Gesprächen, sondern bei der Wiener VKSE abzuhandeln). Der Mangel an Konsultation wurde bald auch der Öffentlichkeit bekannt. "Wir hier in Ost-Berlin", zitierte die *Zeit* aus dem Amte des Ministerpräsidenten und dem MfAA, "sind so gut wie gar nicht konsultiert worden."[394] Die Haltung des Bonner AA war dabei noch konzilianter als die anderer Regierungsstellen. In einem Arbeitspapier für eine Bonner Ressortbesprechung (beteiligt waren neben dem Bundeskanzleramt das AA, das Verteidigungsministerium sowie das Justiz-, das Innen- und das Finanzministerium) am 1. August heißt es zu den anstehenden Verhandlungen mit den Sowjets über einen neuen Truppenvertrag in der Rubrik "Verhandlungspartner":

"ChefBK sieht vor, daß DDR-Vertreter grundsätzlich nicht an den Verhandlungen teilnehmen."[395]

Man muß sich vor Augen halten, daß es sich ausschließlich um Sowjetsoldaten auf dem Territorium der noch selbständigen DDR handelte, und daß die ostdeutsche Regierung sich auf die Verhandlungen vorbereitete. Das AA meinte denn auch: "Wir sind allerdings auf den Sachverstand der DDR-Experten (MfAV, MfAA, NVA) angewiesen", und fragte: "Führen die eingeladenen Ministerien mit den DDR-Ministerien bereits Gespräche, die auch Aufenthaltsfragen der sowjetischen Streitkräfte betreffen"?[396]

Bald stellte sich eine zweite Attitüde ein: Eine Art vorwegnehmender Pro-Existenz der Bundesregierung für die Regierung der DDR, ohne daß diese nach solcher Bevormundung gefragt hätte, wie *Der Tagesspiegel* zusammenfaßt: "Bundeskanzler Kohl hat in Moskau und im Kaukasus schon aus der Perspektive Gesamtdeutschlands verhandelt, sozusagen also ohne legitimierten Auftrag."[397] Das war auch die Sicht der DDR-Akteure. Minister Meckel wertet:

> "Herr Kohl hat dann eben so geredet, daß er für alle Deutschen spricht. Er hat überhaupt keine Konsultation vorher mit uns gemacht."[398]

Ähnlich heißt es zum gleichen Zeitpunkt in einem anderen Journal zur Außenpolitik: "Genscher agierte bereits ganz in dem Bewußtsein, daß die auswärtigen Angelegenheiten der (noch) zwei deutschen Staaten spätestens seit Anfang dieser Woche ausschließlich am Rhein bestimmt werden."[399] Peter Schlotter verweist auf ein weiteres Motiv für dieses Verhalten: "Meckel war eben für Bonn nicht mehr der Außenminister eines souveränen Staates, sondern auch Oppositionspolitiker in einem schon jetzt gesamtdeutschen Wahlkampf."[400] Der Konstanzer Politologe Gerhard Lehmbruch meint grundsätzlicher: "Die westdeutsche Führung (hat) eine zerfallende DDR, die der krisengeschüttelten Sowjetunion entglitt, gleichsam an sich gerissen, ohne ein Konzept für die Gestaltung des zukünftigen Deutschland zu haben."[401] Konrad Weiß zieht ein bitteres Fazit:

> "In ferner Selbstherrlichkeit wurde von Bonn aus entschieden, was gut und was schlecht für die Menschen in der DDR ist."[402]

Teilnehmer an der Kanzlerreise in den Kaukasus berichten den Sachverhalt gleichermaßen. Die Reporterin der *Zeit* schrieb:

> "Von der DDR war nicht einmal mehr die Rede. Sie ist ein abgeschlossenes Kapitel. Es war schon viel, daß Helmut Kohl daran dachte mitzuteilen, daß er die Regierung der DDR 'unverzüglich nach Rückkehr' von den Ergebnissen der Verhandlung unterrichten werde."[403]

Für die Bonner mag dieses Beiseiteschieben der DDR das Geschäft vereinfacht haben. Für die DDR-Bank bei den internationalen Verhandlungen, unsere Altkader ebenso wie die neuen Politiker, erzeugte die bisweilen rüde Art, in der wir mit dem Machtgefälle konfrontiert wurden, einen bitteren Nebengeschmack. Auch nach der Revolution blieben wir aus der DDR

Zeitgenossen minderer Klasse, und daß in unserer Sicht die Wende überhaupt erst die Vereinigungsverhandlungen ermöglicht hatte, interessierte keinen der politischen Profis, mit denen wir es zu tun hatten. Mehr noch, denen entging aufgrund ihrer Machtrivalität völlig das grundsätzliche Dilemma der neuen DDR-Eliten: einerseits möglichst kraftvoll den Kurs der demokratischen Erneuerung in Ostdeutschland zu verfolgen, andererseits aber auch um der Vereinigung willen sich selbst in Frage zu stellen und auf das eigene Ende hin zu arbeiten. Genscher und seinen Bonner Beamten war dieses ur-protestantische Moment der Pro-existenz vollkommen schnurz. Ebensowenig wie irgend jemand sonst meinten sie, in einer Vereinigung mit ihren Posten aufgehen zu sollen - und provozierten so, ohne dies zu sehen, nachhaltige Zweifel an der Demokratiehaftigkeit des westlichen Gegenübers in der Vereinigung.

Es versteht sich, daß auch nach der Klärung von Streitfragen niemand auf die Formulierungskünste der DDR Wert legte, um vertragsfähige Formeln für das Abschlußdokument zu finden. Hier praktizierte das AA eine Art fortgesetzte Alleinvertretung, die den Bonnern in ihrer Sicht anscheinend schon aufgrund ihres Seniorats zukam.

Eine aus einem gewissen Abstand vorgenommene Betrachtungsweise wird zu dem Schluß gelangen, daß Bonn zumindest seit dem Kaukasus-Treffen im Juli im Vorgriff gesamtdeutsche Außenpolitik betrieb und die DDR einfach beiseite schob. Das war nicht lediglich Ausdruck eines ständig sich vergrößernden Machtgefälles. Nach der Aufgabe der Souveränität der DDR in der Wirtschafts- und Finanzpolitik erschöpfte sich sichtbar rasch, ohne daß es darüber ein förmliches Abkommen gegeben hätte, der außenpolitische Handlungsspielraum des zweiten deutschen Staates. Die Intentionen und Interessen, die wir vertraten, liefen nicht Bonner Konzepten parallel, sondern standen diesen zumindest zum Teil entgegen. Eine weiterhin eigenständige Rolle von DDR-Außenpolitik hätte sich unter den gegebenen Umständen nur ergeben, wenn zwischen Bonn und Moskau weiterhin Gegensätze bestanden hätten. Das war nun nicht mehr der Fall, und die von Markus Meckel angegebenen Differenzen zwischen der DDR und der Bundesrepublik in 2+4 - Fragen wurden allenfalls zu einem Thema deutscher Innenpolitik.

Die Bonner Dominanz bei den Verhandlungen fand verständlicherweise auch in einer Anzahl von Ergebnissen ihren Niederschlag. Ähnlich wie bei der inneren Einigung ist auch bei der Regelung der äußeren Aspekte der Einigung eher von einem "Anschluß" der leichtgewichtigen DDR an die große Bundesrepublik zu sprechen als von einem Ineinanderaufgehen zweier deutscher Staaten. Es zeigte sich, daß die DDR-Seite, so demokratisch sie auch legitimiert sein mochte, nur Wünsche, nicht eigenes Gewicht zur Durchsetzung von Belangen ihrer Bürger einzubringen vermochte. Selbst bescheidene Abweichungen vom Normalmaß der Bundesrepublik erwiesen sich als nicht durchsetzbar. Den Vorschlag zum Beispiel, Bürger der ehemaligen DDR vom Militärdienst in der Bundeswehr auszunehmen, hatte etwa auch Theo Sommer in der *Zeit* unterstützt:

> "Warum aus dem DDR-Territorium nicht lieber gleich ein großes West-Berlin machen: keine Wehrpflicht, dafür aber einen obligatorischen Zivildienst? An Aufgaben mangelt es drüben ebensowenig wie hüben."[404]

Am Ende müssen nunmehr selbst junge West-Berliner zur Bundeswehr einrücken - obwohl Markus Meckel sich für die Entmilitarisierung Gesamtberlins eingesetzt hatte und auch der Regierende Bürgermeister Momper in einem Neun-Punkte-Plan die Fortschreibung des entmilitarisierten Status der Stadt vorgeschlagen hatte.

Steckengeblieben ist eine weitere DDR-Forderung, die künftig gleichermaßen für Auseinandersetzungen Anlaß geben dürfte: die vollständige Freiheit Deutschlands von Kernwaffen (so die *Süddeutsche Zeitung*: "In der Frage der Atomwaffen auf dem Gebiet der Bundesrepublik ist ein Konflikt zwischen der deutschen öffentlichen Meinung und den Verbündeten, die keine Singularisierung Deutschlands wollen, beinahe schon programmiert").[405]

Es waren nicht nur wir von der Ministeretage des MfAA, die in den ersten Monaten der neuen DDR-Regierung weitgehende Ansätze zur Beeinflussung der Einigungspolitik für möglich hielten. Die uns wohlgesonnene Presse reagierte durchaus vergleichbar, etwa die *Zeit*: "Die DDR-Regierung insgesamt, Meckel insbesondere, versucht, als Mittler zwischen Osteuropa und Westdeutschland jene Wogen zu glätten, die Bonn mit seinem Gerede über die völkerrechtliche Anerkennung der Oder-Neiße-Grenze aufgewühlt hat... Mehr noch als Genscher will Meckel die Interessen Osteuropas ins westliche Kalkül einbeziehen."[406]

Als folgenlos sind die außenpolitischen Aktivitäten der DDR nicht zu werten. Ob wir "nur bei der Aussaat halfen", wie die *Zeit* formulierte,[407] und Bonn allein erntete, ist im Ergebnis weniger wichtig. Hauptsache bleibt, daß aus der Revolution in der DDR kommende Vorstellungen im Einigungsprozeß artikuliert und in diesen eingebracht worden sind. Selbst wenn es zutrifft, daß von Anbeginn im anderen deutschen Staat die großen Linien des Beitrages der Deutschen zur Regelung der äußeren Aspekte der Einigung festgelegt wurden, so hat doch die DDR-Politik mit ihren Interventionen, gewiß auf einer zweiten Ebene, manches zur Profilierung solcher Positionen in ihrem Sinne beigetragen - und sei es auch nur, daß sie die Position des

FDP-Außenministers Genscher in der Auseinandersetzung mit der etwa in der Polenfrage eher harthörigen Mehrheitsfraktion der Bundesregierung stärkte.

Die Umstände, unter denen die verschiedenen Kooperationsabkommen getroffen wurden, geben nicht viel Hoffnung, daß sie auch zügig mit Leben erfüllt werden. Es handelte sich um herkömmliche Geheimdiplomatie reinster Art, ausgeführt von wenigen Mann Spitzenpersonal (lediglich in der amerikanischen Delegation tauchte hin und wieder einmal eine Frau auf). Entscheidungen von großer Tragweite wurden im engsten Führungskreis getroffen. Elitär fixiert wurde von einem "old-boys-network" von Außenministern, die sich mehrheitlich mit ihren Vornamen ansprachen, getreulich kopiert von ihren Politischen Direktoren, die ein Gleiches praktizierten, Konzepte vereinbart, die dieser Personenkreis gar nicht umsetzen kann.[408] Für die Schnelligkeit, mit der die Übereinkünfte erzielt wurden, mag das Elitemodell der Entscheidungsfindung nützlich gewesen sein. Für den Alltag, der daraus entstehen soll, wären partizipatorische Verfahrensweisen weitaus förderlicher gewesen. Die düpierten Stäbe, die in den verschiedenen Ministerien (und in der UdSSR im Zentralsekretariat der KPdSU) ihre professionelle Qualifikation nicht in Entscheidungen einbringen durften, welche ihr ureigenstes Feld waren, werden möglicherweise loyal dennoch umsetzen, was die Spitzeneliten ohne sie ausgemacht haben. Danach wird es rasch dünn. In einem Europa, welches im Osten durch Dissidentenbewegungen von unten radikal verändert worden ist, und in welchem im Westen Friedens- und Ökobewegungen die Weisheit amtierender Regierungen wirksam erheblich in Zweifel gezogen haben, haben Elitenentscheidungen eher Aussicht, ins Leere zu laufen. Selbst wenn die etwa im deutsch-sowjetischen Grundlagenvertrag aufgeführten "Parteien, Gewerkschaften, Stiftungen, Schulen, Hochschulen, Sportorganisationen, Kirchen und sozialen Einrichtungen, Frauen-, Umweltschutz- und sonstigen gesellschaftlichen Organisationen und Verbände" dem Anliegen sympathisch gegenüberstehen, welches ihnen die top-Figuren der politischen Bühne offerieren - es wäre gewaltig naiv anzunehmen, gesellschaftliche Willensbildung vollzöge sich dann eilfertig gemäß solchen Vorgaben. In einem pluralistischen System sehen sich die benannten Gruppierungen vielfältigen Anforderungen und Anfragen gegenüber, und es wäre ungewöhnlich, wenn sie auf außenpolitisch gesetzte Anreize überdurchschnittlich stark reagieren würden. Die Schwäche der Elitenentscheidungen, um die es geht, bleibt aber gerade, daß sie hinsichtlich der Implementierung keinerlei Phantasie entfalten. Zu Zeiten des Absolutismus, als ebenso verfahren wurde, brauchte sich der Souverän um die Befolgung seiner Willenskundgebungen keine Gedanken zu machen. Dies ist heute anders. Die Gefahr zeichnet sich ab, daß die großmütigen Kooperations- und Partnerschaftszusagen nach Osten, mit Russen und Polen, leer laufen. Es ist nicht sichtbar, daß die bundesdeutsche Außenpolitik willens ist, der Aussöhnung gerade mit Polen und der UdSSR dasselbe Gewicht zu geben, welches in der Adenauer-Ära die Versöhnung etwa mit Frankreich hatte.

Dazu sind die Positionen beider Seiten zu unterschiedlich. So stellt sich etwa Gorbatschow vor, "all das Gute, was in den Jahren der umfangreichen Zusammenarbeit zwischen der UdSSR und der DDR geschaffen wurde, zu erhalten, zu entwickeln und zu festigen, und wir hoffen auf einen produktiven Meinungsaustausch mit der DDR-Führung."[409] Eben dies, ein wie auch immer geartetes positives Erbe der DDR zu übernehmen, oder auch nur die abtretende DDR-Führung am neuen deutsch-sowjetischen Dialog zu beteiligen, hatte Kohl nicht im geringsten vor.

Bei dem Versuch, wohlgemeinte Intentionen in Politik umzusetzen, sind die Eliten erheblich als Ideologieproduzenten tätig geworden, in einer Medienwelt, die für solche Versuche längst zu kompliziert gestaltet ist, und gegenüber Rezipienten, die weitgehendst andere Probleme haben. Formeln wie die aus dem Einigungsvertrag, "durch die deutsche Einheit einen Beitrag zur Einigung Europas und zum Aufbau einer europäischen Friedensordnung zu leisten", werden allenfalls von einem Gähnen des Durchschnittsbürgers begleitet verhallen, schon weil die geringste Überlegung zur Konkretion ausbleibt.

Ideologisch am überhöhtesten ist sicher die Formel aus Artikel 2 der "Abschließenden Regelung" geraten,

"daß von deutschem Boden nur Frieden ausgehen wird."

Gegenüber der Realität ist die Formel Unfug: Gerade sind die Zeitungen voll von Meldungen über deutsche Lieferungen von Chemiewaffenanlagen an den Irak. Auch im Normalalltag geht von Deutschland allerhand aus, diplomatischer und wirtschaftlicher Druck etwa, der nichts mit dem süßlichen Bild gemein hat. Markus Meckel hat sich als Außenminister, mit dem geschärften Sprachempfinden des Theologen, vergeblich gegen die Formel gestemmt, deren Falschheit unverkennbar war. In der Beraterrunde stocherten wir angesichts der fortwährenden Produktion von Wortwolken in Bonn im Nebel, welchen vernünftigen Sinn diese fortwährenden Kreationen haben mochten. Der Bundeskanzler hat die Formel vom von Deutschland "ausgehenden Frieden" auf dem KSZE-Gipfel in Paris wiederholt; zuvor hatte Außenminister Genscher eben diesen ideologiegeprägten Satz bei der Zeremonie der Unterzeichnung des Schlußdokuments der 2+4 - Gespräche von sich gegeben.

Nach unserem Urteil würde das neue Deutschland bestenfalls ein Staat wie irgend ein anderer werden, der seine Interessen mit neu gewonnenem Gewicht durchsetzen würde. Am trefflichsten brachte diese Vormeinung der österreichische Zeitgeist Günther Nenning auf den Begriff:

> "Auf das kleinste Groß-Deutschland, das es je gab, freut sich ganz Europa wie der Hund auf die Schläg', wie der Wiener zu sagen pflegt."[410]

## Die Sowjetunion

Die sowjetische Haltung zum Vereinigungsprozeß, die wiederholten Positionswechsel, werden der Forschung noch für Jahre Rätsel aufgeben. Unverkennbar waren die schweren Jahre der Perestroika in der entscheidenden Phase direkt mit der deutschen Frage verknüpft. Die Deutschen mit ihrer Vereinigung erscheinen als Trittbrettfahrer, die die Gunst der Stunde zu nutzen wußten, um sich von förmlicher sowjetischer Bevormundung zu befreien. Ein sowjetischer Journalist, Generaldirektor der Russian House AG in Moskau, formuliert:

> "Die deutsche Wiedervereinigung war gewissermaßen ein reines Spiel, ein unerwartetes Nebenprodukt der Perestrojka Gorbatschows."[411]

Das ist eine verharmlosende Antwort. Überwölbt wurde unsere Wahrnehmung der sowjetischen Entwicklung durch die Frage, welche Antje Vollmer so faßt: "Wird es auch keine Verlierer geben?" In dieser ihrer letzten Rede vor dem Deutschen Bundestag gibt sie selbst eine bedingte Antwort:

> "Ob es Verlierer geben wird, hängt ganz und gar davon ab, ob es gelingt, eine gerechte Zukunftsordnung für das neue Europäische Haus zu entwerfen."[412]

Bei Beginn unserer Tätigkeit waren uns recht weitgehende Aussagen über die Bedeutung dieses Aspektes vom alten Apparat vorgelegt worden. Am dramatischsten äußerte sich das "Institut für Internationale Politik und Wirtschaft", der vormals direkt dem Zentralkomitee der SED zugeordnete Denktank in Westfragen. Die bei den 2+4 - Verhandlungen anstehenden Probleme könnten, so ein Schriftsatz aus diesem Haus, "das Fortbestehen der Sowjetunion in ihrer bisherigen sozialen Gestalt in Frage stellen."[413]

Zahlen entfalten eine eigene Symbolik. Genau fünfzig Jahre, nachdem sie das Reichsgebiet im Gegenzug zu Hitlers Invasion besetzten, werden die sowjetischen Truppen das von ihnen okkupierte Deutschland auch wieder räumen, unterstrichen uns gegenüber sowjetische Gesprächspartner - sich selber recht sicher, daß diese Deutschen kaum ein Gespür für die Wucht dieser Daten aufbringen würden.

Die Rationalität der wechselnden Positionen der UdSSR während der 2+4 - Verhandlungen ist wiederholt in Zweifel gezogen worden. Dieser Ansatz ist zu einfach. Die Entwicklung der Haltung der Sowjets ist mehrschichtig zu sehen, durchaus durchsetzt mit Brüchen. Die gingen so weit, daß die Verhandlungsdelegation der UdSSR besonders in der hektischen Schlußphase der Gespräche hin und wieder ohne Instruktionen buchstäblich in der Luft hing. Als in einer Verhandlungsrunde Anfang September vor allem der amerikanische Chefunterhändler Stunde für Stunde neue Kompromißvorschläge vorlegte und fortwährend auf das "Njet" seines sowjetischen Gegenübers stieß, fragte er am Ende mit sichtlicher Verärgerung, welche Ansätze denn für die sowjetische Delegation überhaupt annehmbar wären. "Gar keine", lautete die höflich vorgetragene Antwort, denn man habe keinerlei Instruktionen aus Moskau. Rund um den Verhandlungstisch in Niederschönhausen war man sich ersichtlich einig, einmal mehr Zeuge des Niedergangs einer Supermacht zu sein. - Vergleichbare Szenen hatte es zwei Monate früher kurz vor dem 28. Parteitag der KPdSU gegeben, als niemand in Moskau so recht wußte, ob er hernach an seinen Schreibtisch zurückkehren würde. Der sowjetische Chefunterhändler Alexander P. Bondarenko, in der Deutschlandpolitik grau geworden, hatte damals bei den Beamtengesprächen in der 2+4 einfach Wasser getreten, und jedermann, nachdem die sowjetische Situation begriffen worden war, hatte es ihm nachgetan.

Außenminister Schewardnadse beanspruchte, das Aufkommen der Wiedervereinigungsfrage schon früh erkannt zu haben. Auf eine entsprechende Frage Genschers ("Wann haben Sie erkannt, daß Deutschlands Vereinigung unvermeidlich ist?") antwortete er Ende 1990:

"Schon 1986. Bereits zu jener Zeit äußerte ich im Gespräch mit einem unserer Deutschland-Experten die Vermutung, daß dieses Problem demnächst aufkommen werde. Ich sagte damals, in der allernächsten Zukunft würde die deutsche Frage zum wichtigsten, für Europa ausschlaggebenden Problem aufrücken."[414]

Später insistierte Schewardnadse nach einer Rückfrage des *Spiegel*:

"Die Veränderungen waren für mich nicht überraschend. Ende April 1989 informierte uns unser Botschafter Julij Kwizinski, heute stellvertretender Außenminister, daß der Zusammenbruch der DDR nur noch eine Frage von Tagen sei.
Sämtliche Veränderungen waren im Grunde voraussehbar, nur das Tempo nicht, in dem dies alles vor sich ging."[415]

Im Gang der Gespräche erhielten wir vom MfAA manchen Einblick in die Prozesse sowjetischer Politikformulierung - und deren raschen Wandel. Zu Beginn waren für die sowjetische Deutschlandpolitik eindrucksvolle Apparate zuständig. Die Deutschlandabteilung im Außenministerium der UdSSR stellte mit Alexander P. Bondarenko den Chefunterhändler auf der Beamtenebene. Ihm stand (wie anderen Abteilungen im Außenministerium auch) ein eigenes Beratungsgremium von Professoren zur Verfügung, alles Deutschlandexperten. Im Zentralkomitee der KPdSU fand sich eine hochintelligente Mannschaft unter der Leitung von Valentin Falin, die mit uns Wiedervereinigungspolitik diskutierte. Mit Falins Stellvertreter, Rafael Fjodorow, führte die Führungsriege im MfAA wiederholt intensive Gespräche. In der Berliner Botschaft der UdSSR sorgte Wladimir M. Grinin für alltägliche Verbindungen und Zwischenabstimmungen, wie wir bald begriffen, mit den höchsten sowjetischen Stellen. Auf der Spitzenebene koordinierte Juli Kwizinski, vormaliger Botschafter in Bonn und nunmehr stellvertretender Außenminister, die sowjetische Politik. Uns beeindruckten die Genannten mit ihrer Deutschlandexpertise schon dadurch, daß sie alle Deutsch sprachen, viele akzentfrei. Die Gespräche mit uns DDR-Vertretern in Moskau oder Berlin fanden so im Regelfall auf Deutsch statt. Besonders Kwizinski liebte es, uns hin und wieder mit seiner immensen Kenntnis der deutschen Literatur zu erschrecken ("Wissen Sie, das ist wie in der berühmten Stelle in dem Roman 'Am grünen Strand der Spree', das erleichtert Ihnen gewiß das Verständnis ...").

Vorrang beim sowjetischen Zugang zur Frage der Vereinigung hatte das Sicherheitsinteresse des Landes. Den Eckstein bei den Überlegungen in Moskau zum Bau des "europäischen Hauses" bildete der Helsinki-Prozeß sowie die besondere Rolle, die Deutschland bei der Integration der UdSSR in ein künftiges KSZE-Europa spielen könnte. Weitreichende Schritte in der konventionellen Abrüstung und groß angelegte Überwachungseinrichtungen wären in Europa vor allem mit den Deutschen zu gestalten und könnten zu einer anderen und besseren Sicherheit der UdSSR führen als die teure Hochrüstung. Bei der Umschau nach einem geeigneten Wirtschaftspartner in der schwierigsten Phase der Perestroika, des Umbaus hin zur Marktwirtschaft, mußte die Wahl gleichermaßen auf die Deutschen fallen. Ziel der sowjetischen Politik ist es gerade nicht, wie in Washington geargwöhnt wird, Deutschland aus der westlichen Integration herauszulösen, sondern im Gegenteil die Deutschen zu nutzen, um wirksamen Anschluß an den Westen zu erreichen. Diese Position erleichterte es den Sowjets, von ihrer alten Neutralisierungsoption abzugehen, denn ein mit dem Westen nicht integriertes Deutschland erschien unter diesem Blickwinkel als viel weniger attraktiv.

Die im Zuge des von Gorbatschow initiierten "Neuen Denkens" in der sowjetischen Außenpolitik erfolgende Anerkennung des Selbstbesimmungsrechts der Völker schloß auch, das hatten die deutsch-sowjetischen Spitzengespräche im Jahre 1989 ergeben, das Recht der Deutschen ein, die Antwort auf die deutsche Frage selber zu finden. Andererseits gab es in der UdSSR Vorbehalte. So lehnten die Sowjets die Lösung der deutschen Frage durch Aufhebung der Zweistaatlichkeit lange nach wie vor ab. Die von Gorbatschow angestrebte Überwindung der Trennung Europas führte seiner Meinung nach allerdings zwangsläufig auch zur Überwindung der deutschen Teilung. Valentin Falin äußerte ferner Anfang Juni 1990 die Ansicht, die Anerkennung des Selbstbestimmungsrechtes der Deutschen bedeute nicht, daß ein vereintes Deutschland über die Frage, zu welchem Militärbündnis es gehören möchte, selbst entscheiden könne.[416]

Außenminister Genscher und die Seinen erkannten zutreffend, daß diese sowjetische Doppelposition in sich widersprüchlich blieb, und daß sie nicht haltbar sein würde. Das Bestreben, die DDR nicht fallen zu lassen, oder dem neuen Deutschland eine bestimmte sicherheitspolitische Option zu verwehren, mußte in Moskau weitaus weniger wiegen als der Wunsch, den Traumpartner für die Perestrojka zu gewinnen. Auch stand zu erwarten, daß die sowjetische Führung mit dem Ende des Ost-West-Konfliktes und dem sich abzeichnenden Verlust ihrer Weltmachtposition ihre Haltung zur deutschen Frage konsequenter durchdenken würde, als dies in den ersten Verhandlungspositionen ablesbar war.

Im Frühsommer suchten die Sowjets die Deutschen noch durch eine Politik der Faustpfänder in diese Rolle zu bugsieren. Lange Übergangsfristen, Doppelmitgliedschaften und dergleichen sollten Garantien bewirken, daß die Bundesrepublik den sowjetischen Begehren auch tatsächlich folgte. Schewardnadse erwähnt ferner hernach die Möglichkeit, "unsere Truppen in der DDR einzusetzen, um die Vereinigung zu blockieren."[417] Im Kaukasus entschloß sich die sowjetische Führung, von einer freiwilligen Übernahme einer konstruktiven Rolle durch die Deutschen mehr zu erhoffen. Mittlerweile war sichtbar geworden, daß die Apelle an den Westen für wirtschaftliche Unterstützung mit Ausnahme der Bundesdeutschen auf ein flaues Echo stießen. Den beschlossenen Hilfsmaßnahmen des Westens fehlt eine großzügige Anlage und auch der den Moskauern so wichtige Zeitplan. Dem raschen Zerfall der Sowjetwirtschaft entsprachen diese westlichen Reaktionen kaum. Nicht nur in Moskau keimte der Verdacht, besonders die US-Regierung wollte das Sowjetsystem erst ein ganzes Stück seine Talfahrt weiter fortsetzen lassen, ehe sie eingreifen würde - um so den ungeliebten Rivalen in der Supermachtrolle umso deutlicher auf die Plätze zu verweisen.

Auch erschienen die eigenen Faustpfänder im Sommer 1990 als nicht mehr recht zeitbeständig. Selbst die Siegerrechte, originär und von niemandem bestritten, würden der UdSSR als Druckmittel wenig nützlich sein können. Nach interner sowjetischer Aussage ging man in der UdSSR davon aus, daß die Westmächte einseitig die Vier-Mächte-Rechte aufheben würden, falls Moskau sich dagegen sperre. Besonders die amerikanische Regierung befürchtete ferner, daß die Sowjets Berlin als Faustpfand zur Durchsetzung ihrer deutschlandpolitischen Ziele nutzen könnten. Bei Abstimmungen des MfAA mit den Sowjets stufte man jedoch den Berlin-Status eher als zweitrangiges Problem ein. Möglicherweise beeindruckt von der US-Position, aber auch um ein produktives Verhandlungsklima zu begünstigen, erfolgte dann auf der 2. Außenministerkonferenz der überraschende Vorschlag Schewardnadses, Berlin vorzeitig aus der Vier-Mächte-Verantwortung zu entlassen. Der Vorschlag wies freilich auch Spuren "alten Denkens" auf - der Wunsch der Westmächte, von den Deutschen zu einem weiteren Aufenthalt ohne Russen in der Viersektorenstadt eingeladen zu werden, sollte durchkreuzt werden, und über den sicherheitspolitischen Status der Stadt wurde wohlweislich nichts gesagt. Wie wir erfuhren, sah man in Moskau die weitere Berlinpräsenz der Westmächte bald gelassener. Sie wurde nunmehr unter psychologischem Aspekt angesprochen, nämlich "um der Angst zu begegnen, Berlin sei schutzlos den es umzingelnden Sowjettruppen ausgesetzt."[418]

Der überraschende Rücktritt von Außenminister Schewardnadse kurz vor Weihnachten signalisiert drastisch, daß der Kurs der Sowjets intern heftig umstritten war. Schewardnadse protestierte mit seinem Schritt zwar hauptsächlich gegen die "zunehmende Diktatur". Er wiederholte jedoch zugleich die Klage, daß er wegen seiner Deutschlandpolitik, besonders wegen des Rückzuges der Sowjettruppen, als Verzichtpolitiker massiv angegriffen worden sei.[419]

Es bleibt im hohen Maße zweifelhaft, ob die sowjetische Konzeption des Jahres 1990 aufgehen wird. Sie erfordert, sollen die Deutschen nicht fortwährend ein Faß ohne Boden auffüllen, ein Mindestmaß an wirtschaftlicher Gesundung und Fortschritte in der Demokratisierung in der Sowjetunion. Beides wären Voraussetzungen für die Integration der UdSSR in die europäische Gemeinschaft. Schon die Erfüllung dieser Voraussetzungen gerät zunehmend in Zweifel. Andererseits vermittelt die Bundesregierung nicht den Eindruck, daß die Übernahme der von den Sowjets gewünschten Mittlerrolle ihr zentrales Anliegen ist. Es könnte sein, daß die Bundesregierung aufgrund des raschen Zerfalls des Sowjetsystems in ähnlicher Weise einer Verpflichtung ledig wird, wie das mit ihrem KSZE-Rahmenkonzept im Frühsommer infolge der Selbstauflösung des Warschauer Paktes der Fall war. Jedenfalls bedürfen die Motive der Bundesregierung einer genaueren Prüfung.

## Die Rolle der Bundesregierung

Im Vereinigungsjahr 1990 war nur zu deutlich, daß vor allem die Christdemokraten auf ihre Weise versuchten, parteipolitisch Gewinn aus dem Vereinigungsprozeß zu schlagen. Die Machtbilanz des künftigen Deutschland, so die Überzeugung von links bis rechts, würde in der Vereinigung über Jahre hinaus entschieden werden. Im Frühjahr befürchteten die Konservativen, daß sie durch einen triumphalen Wahlsieg der SPD bei den Märzwahlen in der DDR für unabsehbare Zeit in ein Ghetto von unter 40 Prozent der Stimmen getrieben und längerfristig von der Regierung ausgeschlossen würden.[420] Der Wahlsieg der CDU unter de Maizière kehrte die Szene um und ließ nunmehr die Sozialdemokraten annehmen, daß nicht nur die Bundestagswahl, sondern auch folgende Wahlen für sie Probleme bringen würden.

Unser fortwährender Eindruck im MfAA blieb, erhärtet durch Hinweise mit unseren Bonner counterparts, daß Kanzler Kohl seine Entscheidungen in den deutschen Fragen grundsätzlich von der Perspektive des Machterhalts her entschied. Neben der Frage, die Sozialdemokraten kurz zu halten, spielte offenkundig die Bemühung eine Rolle, die für die bundesdeutsche Politik neuartigen Bürgergruppierungen, welche die Revolution in der DDR zustande gebracht hatten, bei einer gesamtdeutschen Wahl ins Aus zu leiten. Befreundete ausländische Politiker teilten diesen Eindruck (Vaclav Havel: "Man muß sagen, daß bei dem Einigungsvertrag auch Parteiziele eine Rolle gespielt haben, und das schien mir nicht allzu gut. Es wäre meiner Meinung nach falsch, wenn das Parteiensystem der Bundesrepublik Deutschland samt und sonders in die jetzige DDR exportiert würde").[421]

Am deutlichsten bekamen wir die Wahlkalküle Bonns in der Polenfrage zu spüren. Auf das rechte Wählerpotential wollte der Kanzler nicht verzichten - deswegen blieben die Bonner so stur, als es um Konzessionen an die Polen mit ihren Wünschen um einen möglichst frühzeitigen Vertragsabschluß ging. Nach der Bundestagswahl, so verstanden wir Kohls Wünsche an den politischen Kalender, war ein Vertrag möglich.

Auch der Termin der deutschen Vereinigung blieb im Kanzleramt, so unser Eindruck, von Wahlkalkülen bestimmt. Er sollte vor der Bundestagswahl liegen, um Kohl den Bonus des Vereinigungskanzlers zu sichern. Besonders in sozialer und wirtschaftlicher Hinsicht mochte eine rasche Vereinigung unsinnig bleiben. Die Daten, die der DDR-Regierung nach der

Einführung der Wirtschafts- und Währungsunion zum 1. Juli vorlagen, kannte auch die CDU. Eine Übergangsperiode von ein bis zwei Jahren bis zum Vollzug der inneren Einheit hätte mutmaßlich die Lösung einer Anzahl von Anpassungsproblemen erleichtert. Aber ein späteres Vereinigungsdatum wäre wahltaktisch uninteressant geraten.

Wir glaubten im MfAA während des Sommers angesichts der sowjetischen Widerstände nicht, daß Genscher das Ziel, einen 2+4 - Abschluß vor dem Wahltag zur Regelung der außenpolitischen Fragen der Vereinigung, erreichen würde. Im Herbst begriffen wir beeindruckt, daß der Termin einer deutschen Bundestagswahl sehr wohl den internationalen politischen Kalender überformt. Die Sowjets hatten zwar vor solchem Druck gewarnt (Botschafter Schikin: "Als 'Druck' würde durchaus auch die Festlegung auf Termine für gesamtdeutsche Wahlen angesehen"),[422] aber um solche Warnungen brauchte man sich in Bonner Sicht nicht mehr zu scheren. Sogar der Termin des KSZE-Gipfels wurde auf November vorverlegt - deutliches Zeichen von der Macht Bonns. Die Golfkrise überschattete zudem die zweite Jahreshälfte 1990 und erleichterte es den Bonnern, angesichts verschobener Prioritäten ihre Ziele im Schatten der Weltpolitik anzusteuern.

Der ursprüngliche Ansatz Genschers, die Zustimmung der Alliierten zur Vereinigung zu erhalten, barg erhebliche Risiken in sich. In großer Nähe zu den Gedankengängen, die im MfAA gepflegt wurden, hob der Bundesaußenminister bei den ersten Beratungen die Eignung der KSZE als Plattform für jene blockübergreifenden Strukturen hervor, in denen die sowjetischen Begehren nach einer Überwindung der Blöcke aufgefangen werden könnten. In seinem "Datenkranz", der den Sowjets das Ja zur Vereinigung ermöglichen sollte, spielte die KSZE eine besondere Rolle. Das Konzept blieb angesichts der tiefen amerikanischen Skepsis, ob sich hier nicht eine Parallelstruktur entwickele, die die Position der USA in Europa aushebeln könnte, zumindest hochgradig spekulativ. Genscher hatte Glück: Mit wachsendem Zerfall des Warschauer Paktes und zunehmender sowjetischer Konzessionsbereitschaft brauchte er diese Linie gegenüber den Westalliierten nicht durchzustehen. Hurtig wurde hernach das KSZE-Banner in Bonn tiefer gehängt. Auch Diskussionsbeiträge aus der DDR in Richtung der Entwicklung der KSZE stießen nunmehr auf weitaus geringeres Interesse.

Skeptisch waren wir ferner angesichts der Frage gewesen, wieweit Kohl bereit war, auf sowjetische Erwartungen zu einer umfassenden Vertragsgemeinschaft einzugehen. Daß die Sowjets sehr weitreichende Hoffnungen hegten, wußten wir von ihnen. Würde aber Kohl den Kommunisten Gorbatschow durch großzügige Wirtschaftshilfe stützen? Immerhin gab es Stimmen, Gorbatschow sei nur ein Übergangsphänomen. Auch die UdSSR würde, ähnlich wie die kommunistischen Regime im östlichen Europa, unausweichlich einer Demokratisierung entgegengehen, und da solle man Fallendes nicht künstlich stützen. Überdies gäbe es dann die sowjetische Zustimmung zur deutschen Vereinigung, ohne daß man viel dafür bezahlen müßte. - Offenkundig entschloß sich der Bundeskanzler dennoch, da hier und heute das sowjetische Ja zur Einheit zu haben war, den Wünschen Gorbatschows breit entgegenzukommen.

**Die Rolle der SPD**

Abschließend sind freilich auch an die bundesdeutsche Sozialdemokratie, diesen Nicht-Akteur im Einigungsprozeß, kritische Rückfragen zu stellen, über die im Abschnitt "Zwischenbilanz" angegebene kritische Selbstreflexion in der DDR hinaus. Mit den Dissidenten des Herbstes 1989 hatte die westdeutsche SPD Schwierigkeiten. Sie war auf den Dialog mit der SED festgelegt. Ähnlich ging es den DDR-Grünen und ihnen nahestehenden Gruppierungen. Konrad Weiß sieht hier ein grundsätzliches Versagen auch anderer:

"Es ist eine fatale Fehlentwicklung gewesen, daß sowohl die SPD wie auch die Grünen die nationale Frage den konservativen Parteien überlassen haben, sich selbst mit der Zweistaatlichkeit abfanden und nach einer Zusammenarbeit mit der SED strebten, die an Kollaboration grenzte. Sie sind damit objektiv den alternativen Bewegungen in der DDR in den Rücken gefallen. Sie haben das SED-Regime gestärkt."[423]

Die Haltung der SPD-Spitze, der SED das Panier zu halten, wird durch eine Äußerung Egon Bahrs während eines *Bergedorfer Gesprächs* im September illustriert, als längst Tausende DDR-Bürger in bundesdeutsche Botschaften flüchteten und die Krise des Honecker-Staates offenkundig war. Bahr stimmt einem anderen Gesprächsteilnehmer zu, der

"sagt, die deutsche Frage jetzt zu stellen, sei reine Zeitverschwendung. Es ist auch nicht erwünscht, sie jetzt aufzuwerfen, weil das die Entwicklungen in Osteuropa nur behindern würde. Deshalb sollten wir uns ausdrücklich dazu bekennen, daß die deutsche Frage von uns in absehbarer Zeit nicht gestellt wird. Ich würde sogar soweit gehen, in Anlehnung an eine Formel, die Konrad Adenauer einmal im Hinblick auf die DDR gebraucht hat, und für 10 oder 15 Jahre eine Art 'Burgfrieden' erklären, um die Demokratisierungsprozesse in Osteuropa nicht zu stören.
Ich sage das als jemand, der den Brief zur deutschen Einheit erfunden hat, den wir beim Moskauer Vertrag und beim Grundlagenvertrag übergeben haben. Ich sage das auch unter dem Gesichtspunkt, daß ich keine Notwendigkeit sehe, den Anspruch auf

Selbstbestimmung aufzugeben. Aber ich sage klar, dies wird niemand in den nächsten 15 Jahren beschäftigen müssen."[424]

Egon Bahr hat sich wohl selten gründlicher geirrt. Intern verteidigte er im MfAA weiterhin die Konzeption der SPD. Man habe im Dialog mit der SED zunächst tragfähige Sicherheitsstrukturen zu bilden versucht, die dann politisch aufgefüllt werden sollten - hin zu mehr Demokratie. Faktisch, so Bahr im Nachhinein, seien die Prozesse anders gelaufen, nämlich umgekehrt. Zuerst sei es zu einer radikalen politischen Neuordnung gekommen, für die nunmehr Sicherheitsstrukturen zu bilden seien. Neben Bahr lassen sich andere führende Sozialdemokraten mit solchen Einschätzungen anführen.[425] Im Ergebnis hieß das, daß die führenden Köpfe der Partei desorientiert waren, als sich in der DDR die friedliche Revolution vollzog.[426]

Günter Grass geht weiter und meinte später, man müsse untersuchen, warum die SPD "nicht über Ansätze verfügte, geeignet für ein Deutschland-Konzept, das brauchbar gewesen wäre, als sich dann eine Möglichkeit dank Gorbatschows Politik bot." Die SPD habe sich, meint Grass weiter, "auf das notwendige Klein-Klein so eingerichtet, daß alles andere, was darüber hinaus ging, abgetan wurde als gefährliches Rütteln am Status quo." "Kalt erwischt, alternativlos stand die SPD da."[427]

Am deutlichsten hat Carlchristian von Braunmühl den Anspruch der anderen, der SPD im Osten, in bezug auf auswärtige Politik vorgetragen:

"Die in langjähriger Opposition wurzelnde Sozialdemokratische Partei der DDR hat den Anspruch erhoben, den Vereinigungsprozeß gerade auch in seinen für die Zukunft Europas so wichtigen äußeren Aspekten mitzugestalten. Die für die Mitgestaltung grundlegenden Ziele und Konzepte sind aus solider Opposition heraus entstanden. Sie fanden ihren Niederschlag - nicht ohne Abstriche, aber im ganzen unverkennbar - im Koalitionsvertrag."[428]

Von Braunmühl scheint mir auf der richtigen Spur, wenn er das eigenständige Moment des neuen Versuchs der kurzlebigen demokratischen DDR als das eigentlicher Irritans (west-) deutscher Politik, beileibe nicht nur der SPD, anspricht:

"Eigenständigkeit war ein wesentliches Merkmal der friedlichen Revolution. Aber nach dieser Revolution ist sie wenig gefragt und wohl eher als störend empfunden worden."[429]

Im folgenden kündigt von Braunmühl, in seiner zurückhaltenden Art der Rede, ein gewisses Sprengpotential dieser außenpolitischen Hinterlassenschaft an: "Ob es weise war" (wer, so die Zwischenfrage, stellt in Bonn einmal die Frage nach der "Weisheit" von äußerer Politik?), "welche Spuren es hinterlassen, und wie es den schwierigen Prozeß des Zusammenwachsens, der vor uns liegt, beeinflussen wird", das sei heute nicht abmeßbar.[430]

**Westliche Positionen**

Die Haltung der Westmächte erwies sich als keineswegs einheitlich. Am deutlichsten setzten sich die USA für die Vereinigung der beiden deutschen Staaten ein. Im Gegensatz zu England und Frankreich würden sie durch einen solchen Vorgang nichts verlieren, sondern im Gegenteil ihre Position gegenüber der UdSSR stärken können. Zwar gab es Befürchtungen auf Seiten der Regierung Bush: "Auf einem Kontinent, der sich verändert hat", so *Newsweek*, könnten die Vereinigten Staaten an Einfluß verlieren.[431] Daher suchte die US-Regierung früh, ihren europäischen Stützpfeiler, die NATO, vor den Veränderungen abzuschirmen. Würde ein vereintes Deutschland aus der Allianz ausscheiden, "hätte nach Überzeugung der Westmächte das Bündnis kaum Aussicht auf Bestand."[432] Nachdem die Bundesregierung sich eindeutig auf eine weitere Bündnismitgliedschaft Deutschlands festgelegt hatte, bestand in Washington kein Anlaß zur Beunruhigung mehr. Naturgemäß wußte unsere Mannschaft im DDR-Außenministerium wenig über die vielfältigen Abklärungen zwischen Washington und Bonn. Auffällig blieb uns aber regelmäßig die nahtlose Übereinstimmung der Positionen zwischen diesen beiden Verhandlungspartnern.

Das war bei England und Frankreich anders. "Wenn Deutschland und Rußland einander erwärmen, fangen andere Staaten zu frösteln an", hatte der britische *Economist* gewarnt.[433] Mit der deutschen Einigung stand für die diplomatischen Vormächte des alten Kontinents, England und Frankreich, ein Positionsverlust an. Die britische Premierministerin Thatcher sagte denn auch in einem Fernsehinterview Anfang September 1990, das vereinigte Deutschland werde ein "sehr dominierendes Land" in der Europäischen Gemeinschaft sein, was aber durch gemeinsame Anstrengungen Frankreichs und Großbritanniens verhindert werden könne.[434]

Die britische Skepsis hatte sich seit längerem abgezeichnet. Äußerungen von Außenminister Hurd vor Beginn des 2+4 - Prozesses hatten wir als Ankündigung von Bremsversuchen verstanden ("Wir ziehen nicht zurück, was wir in der Vergangenheit über Selbstbestimmung für das deutsche Volk gesagt haben... Jedoch das Wie und Wann muß mit größter Sorgfalt ausgearbeitet werden").[435] Im Februar 1990 hatte Premierministerin Thatcher weitere Hürden für die deutsche Einigung angekündigt. Sie stellte fest, "daß es eine deutsche Einheit nur mit Zustimmung der Siegermächte und (der) 35 Unterzeichner-Staaten der KSZE-Schlußakte geben dürfe."[436] Im März 1990 hatte die Premierministerin weiter, gewiß ein ungewöhnlicher Schritt, auf ihrem Landsitz Chequers ein später breit bekannt gewordenes Seminar mit britischen Deutschlandkennern veranstaltet. Sie wollte "zu einer Einschätzung darüber gelangen, wie ein vereintes Deutschland beschaffen sein werde."[437] Auf dem Seminar wurde festgehalten:

> "Wir wünschten, daß Deutschland in eine Sicherheitsstruktur eingebunden werde, die die besten Chancen biete, ein Wiederaufleben des deutschen Militarismus zu verhindern. Wir wünschten eine andauernde militärische Präsenz Amerikas in Europa als ein Gegengewicht zur deutschen Macht. Wir wünschten Obergrenzen für die Größe der deutschen Streitkräfte, vorzugsweise im Rahmen eines neuen KSE-Abkommens (über) selbstauferlegte Obergrenzen. Wir wünschten einen erneuerten deutschen Verzicht auf atomare und chemische Waffen. Wir wünschten die Sowjetunion institutionell einzubeziehen in Gespräche über künftige europäische Sicherheit durch die KSZE, ... nicht zuletzt deshalb, weil auf lange Sicht ... die Sowjetunion als einzige europäische Macht fähig wäre, ein Gegengewicht zu Deutschland zu bilden."[438]

Die Polemik, mit der das Seminarunternehmen von Frau Thatcher in den deutschen Medien aufgenommen wurde, erschien manchem von uns auf der Ministeretage des MfAA denn doch als sehr schnell, teilten wir doch zumindest einige der kritischen Beobachtungen ("Schon falle eine Art Triumphalismus an deutschen Denk- und Verhaltensweisen auf, der uns und alle anderen mit Unbehagen erfüllen müsse").[439] Französische Äußerungen wiesen, wenngleich weniger deutlich vorgetragen, in die gleiche Richtung. Zwar unterstützte Mitterrand das Streben nach deutscher Einigung im Grundsatz, zeigte aber eine eher zurückhaltende Herangehensweise, als die Angelegenheit konkret wurde. Zumindest bis Ende 1989 war die französische Position, auch beeinflußt von Bonner Vorgaben wie dem Kohl-Plan, von dem Gedanken bestimmt, die deutsche Einigung würde in einem möglicherweise breiter europäisch angelegten "konföderalen Gebilde" vollzogen, und dies erst am Ende komplexer Integrationsprozesse auf dem alten Kontinent.[440] Mit Blick auf Sicherheitsinteressen der UdSSR blieben die Franzosen sowjetischen Vorstößen gegenüber aufgeschlossen, den Status des künftigen Deutschland zwischen Ost und West gesondert festzuschreiben.

Ursprünglich hatte man im Kreise der westlichen Siegermächte offenbar gemeint, die Übergabe der Verantwortung für Deutschland als Ganzes ohne die Deutschen vorklären zu können ("Zunächst hieß die favorisierte Variante, so wie Paris und London sie gern realisiert hätten, schlicht 'vier plus null', weil an eine gleichberechtigte Beteiligung der beiden deutschen Staaten nicht gedacht war").[441] Alle vier Mächte, auch die Sowjetunion, bewegten sich im vergangenen Jahr als Reagierende auf die deutsche Entwicklung. In einem Papier von SPD-Experten wird hervorgehoben:

"Als am 9. November die Berliner Mauer geöffnet wurde, griffen die vier Besatzungsmächte, die der Souverän der Stadt sind, nicht ein. Erst einen Monat später, am 11. Dezember, traten sie nach fast zwanzigjähriger Pause im früheren Gebäude des Kontrollrats in Berlin zusammen und berieten die neue Lage, faßten jedoch keine Beschlüsse."[442]

Die Botschafter der Westmächte unterbreiteten ihrem sowjetischen Kollegen einen leicht angejahrten Vorgang, der urplötzlich Aktualität gewonnen hatte. Sie legten erneut die Vorschläge für eine Berlin-Initiative vor, die der amerikanische Präsident Ronald Reagan 1987 angeregt hatte. In einer Rede direkt am Brandenburger Tor hatte Reagan damals rhetorisch an Gorbatschow apelliert, er solle die Mauer niederreißen. Ferner hatte er Verbesserungen im Luftverkehr, einen verstärkten Jugendaustausch, mehr internationale Begegnungen sowie Olympische Spiele in Gesamt-Berlin vorgeschlagen. Der sowjetische Vertreter hernach zu der Nachrichtenagentur TASS: "Wir sprachen uns auch für Schaffung von Möglichkeiten zur vollen Einbeziehung Westberlins in den gesamteuropäischen Prozeß aus, dafür, daß die Einwohner dieser Stadt in gleicher Weise wie andere Europäer die Früchte der Entspannung genießen können."[443] Mit solchen angestaubten Absichten war kurz vor Weihnachten 1989 im einigungsseligen Berlin keinesfalls ein Blumentopf zu gewinnen.

Falls in Paris oder London je die Absicht bestanden hatte, über Alternativen zu Kohls Wiedervereinigungspolitik nachzudenken, so war aufgrund der sich beschleunigenden Entwicklung der Zeitpunkt früh verpaßt worden. In der Folge blieb die Rolle der Westmächte auf Reaktion beschränkt. Fielen diese Reaktionen nicht nach Geschmack der Bundesregierung aus, etwa bei Überlegungen der Alliierten zur Garantie der deutsch-polnischen Grenze, so war es für die Bonner Diplomatie offenkundig ein Leichtes, solche Alternativen zu verhindern. Im Effekt sahen sich die Alliierten, die ihrem Selbstbild nach mit ihren Siegerrechten den Schlüssel zur deutschen Wiedervereinigung und Souveränität in den Händen hielten, um jede aktive Rolle in der Deutschlandpolitik des vergangenen Jahres gebracht.

Aus England kamen vor allem verbale Vorbehalte. Exminister Nicholas Ridley, mit dem Markus Meckel vor Bekanntwerden seiner Ausfälle gegen die Deutschen im Juni ein ausführliches Wirtschaftsgespräch geführt hatte, meinte hernach, die Wiedervereinigung werde Deutschland "für die nächsten fünf bis zehn Jahre schwächen." In einer Währungsunion würden die Deutschen die Briten beherrschen. Bekannt geworden sind auch kritische

Äußerungen der Premierministerin, die die *Daily Mail* unter der Schlagzeile "Bedrohung durch die Mark" veröffentlichte.[444] In einer ausführlichen Untersuchung meint der britische Analytiker Oliver Ramsbotham, daß infolge einer "extraordinary irony of timing" die britische Debatte über Sicherheitsfragen eben zu dem Zeitpunkt für beendet erklärt worden sei, nämlich mit dem Labour-Parteitag vom Oktober 1989, als sich die Verhältnisse auf dem Kontinent mit dem Fall der Mauer dramatisch änderten.[445] Seither habe sich die britische Debatte anderen Fragen zugewendet.

Unter den Führungspersönlichkeiten der beiden Militärbündnisse habe es, so Ramsbotham weiter, eine Art Konsens gegeben, daß die deutsche Wiedervereinigung unabweisbar werden würde. Dies wurde aber erst am Ende eines längeren Prozesses erwartet, wenn die Gorbatschowschen Reformen Früchte getragen hätten und eine allgemeine "Normalisierung" Europas eingetreten wäre. Mit dem Fall der Mauer wurde sichtbar, daß die deutsche Vereinigung am Anfang und nicht am Ende solcher Prozesse stehen würde. "Und die Tatsache, daß die deutsche Vereinigung als erstes und nicht als letztes kam, hat fast alles andere verändert", wertet Ramsbotham. "Es fällt schwer, die Folgen zu überschätzen."[446]

Zur Jahreswende gerieten die Grundannahmen der britischen Sicherheitspolitik durcheinander: eine anhaltende militärische Konfrontation entlang der deutsch-deutschen Grenze, das Bestehen integrierter Militärblöcke, eine enge Wechselbeziehung zwischen Abschreckung und Sicherheit, hohe Militärausgaben und - "Entscheidungen in Verteidigungsfragen als eifersüchtig gehütetes Monopol des herkömmlichen sicherheitspolitischen Establishments."[447]

Ähnlich gespalten wie in London blieb die Haltung zur Wiedervereinigung in Paris. Vereinzelt war dort, mit kritischem Blick auf die deutsche Friedensbewegung, schon zu Beginn der achtziger Jahre von der Möglichkeit einer Wiedervereinigung gesprochen worden (so der sozialistische Abgeordnete Jean Poperen 1982: "Man müsse jetzt die Hypothese ernst nehmen, daß die Deutschen mit Moskau ihre Wiedervereinigung im Austausch gegen ihre Neutralität aushandelten").[448] Walter Schütze, der diesen Ausspruch weitergibt, faßt zusammen: "Die Franzosen, jedenfalls die sogenannte politische Klasse und deren getreuer Seismograph, die Medien ... erlebten die Wiedervereinigung des ganzen Deutschland nicht, sie erduldeten sie."[449]

Die französischen Diskussionen über die Aussichten auf eine deutsche Wiedervereinigung in der Mitte der achtziger Jahre erschöpfen sich bemerkenswerterweise nicht in Aussagen von Außenseitern. Wie sich die Sache im nachhinein darstellt, unterstellte man in Frankreich der deutschen Friedensbewegung, die später in der DDR Regierungseinfluß bekommen sollte, zu Recht, "es handelte sich um Pazifisten und um einen Sonderweg zur Wiedervereinigung durch Bündnisverzicht", so Walter Schütze 1985 in einem Bericht. "Das Phänomen bleibt jedenfalls, daß vor allem auf Seiten der französischen (nicht-kommunistischen) Linken der 'Nuklear-Pazifismus' mit deutschen Wiedervereinigungsträumen identifiziert wurde."[450] Die Politikchance der Friedensbewegung wurde in Paris damals offenkundig sehr viel ernster als in Bonn genommen, "und so rätseln die über die Vorgänge beim westlichen Nachbarn einigermaßen Informierten über die Gründe für das plötzliche Hochspielen eines Problems, das es eigentlich in der internationalen Politik nicht mehr gab."[451] Der vormalige Bonn-Botschafter Frankreichs Henri Froment-Meurice veröffentlichte 1984 ein Buch mit der These, eine französische Politik, die bezwecke oder den Eindruck erwecken würde, man wolle die Deutschen von der Wiedervereinigung abbringen, sei auf längere Sicht zum Scheitern verurteilt.[452]

Die Situation wird dadurch komplexer, daß französische Spitzenpolitiker eine deutsche Vereinigung kategorisch ausgeschlossen hatten. Angeführt sei lediglich der Präsident der Republik, Francois Mitterrand, der etwa als Oppositionsführer im Europawahlkampf 1979 äußerte, er halte die Wiedervereinigung weder für wünschenswert, noch für möglich.[453]

Mit Blick auf diese wenige Jahre zurückliegende Debatte in Frankreich war unsere DDR-Mannschaft besonders gespannt, wie die Unterhändler aus diesem Land sich in den Verhandlungen bewegen würden. Bei 2+4 gab es auf französischer Seite tatsächlich neben deutlichen Äußerungen bei den internen Verhandlungen, wenn die Sprache auf die Grenzfrage kam, wiederholte Hinweise auf Dissens. In diplomatischen Kabeln der DDR-Vertretungen (das Auswärtige Amt in Bonn wird ähnliche Telegramme erhalten haben) wurde wiederholt angeführt, "aus Äußerungen französischer Partner Arbeitsebene sei gewisses Mißtrauen gegenüber zukünftiger europäischer Position sich vereinigenden Deutschlands zu spüren."[454] Der Frankreichkenner im Planungsstab von Markus Meckel, Peter Schlotter, bilanzierte die französische Haltung:

"Ursprünglich war sie ziemlich zwiespältig gewesen. Einerseits konnte die französische Regierung aufgrund der seit de Gaulle vorherrschenden Ansicht, daß der Nationalstaat im Zentrum der internationalen Politik stehe, schlecht gegen die deutsche Einigung Position beziehen. Andererseits war es kein Geheimnis, daß Frankreichs 'politische Klasse' die französischen Interessen so interpretierte, daß sie am besten durch die deutsche Zweistaatlichkeit gesichert würden."[455]

In diesem Sinne informierte die *Frankfurter Allgemeine* über die Ansicht von Verteidigungsminister Chevènement: "Das vereinigte Deutschland hält er für eine neue Großmacht, die das im Kalten Krieg glücklich gefundene

Gleichgewicht Europas bedroht."[456] Ähnlich denken Meinungsumfragen zufolge knapp zwei Drittel aller Franzosen: "62 Prozent der französischen Bevölkerung (sind) davon überzeugt, daß die Europäische Gemeinschaft (EG) vom deutschen Nachbarn beherrscht wird. Deshalb sehen die meisten Franzosen dem künftigen europäischen Binnenmarkt eher besorgt entgegen. Der deutsche Wirtschaftsriese, so ängstigen sie sich, könnte eines Tages auch die politische Vormachtstellung in Europa anstreben."[457] Entsprechend war das Konzept für die 2+4 - Verhandlungen geraten. Schlotter berichtet:

"Die französischen Überlegungen gingen noch bis Ende des Jahres 1989 dahin, die Aufhebung der Spaltung Europas (mit dem vagen Ziel einer 'europäischen Konföderation') so mit dem deutschen Einigungsprozeß zu synchronisieren, daß gewissermaßen als 'Krönung' am Ende auch die Einigung Deutschlands stehen sollte. Sie zielten in erster Linie auf Zeitgewinn... Gemäß dem Selbstverständnis der 'politischen Klasse' gingen die ursprünglichen Planungen im Quai d'Orsay auch davon aus, nicht '2+4'-, sondern '4+2' - Verhandlungen zu führen und eine Art Friedensvertrag mit - und auch ein bißchen über - Deutschland abzuschließen."[458]

Neben der Sowjetunion und den beiden deutschen Staaten zeigten sich die Franzosen ursprünglich gleichfalls daran interessiert, den Prozeß der deutschen Einigung mit einer Aufwertung der KSZE zu verbinden, im Zuge von Überlegungen, wie der neue deutsche Einheitsstaat einzubinden sei. Die französischen Äußerungen in dieser Richtung blieben jedoch außerordentlich vage. Augenscheinlich wurden die Politikplaner vom Tempo des Vereinigungsprozesses wie andere auch einfach überrollt, so daß es forthin nicht zur Entwicklung einer eigenständigen Politik kam.

Die KSZE galt das ganze Jahr 1990 hindurch und auch hernach als hoffnungsvollster Träger einer künftigen europäischen Politik. Besonders in den kleineren europäischen Ländern war dieser Ansatz populär. Gegenüber einer solchen KSZE-Euphorie hatte es andererseits immer Vorbehalte gegeben. Das gesamte Konzept war ein Kind des Kalten Krieges gewesen, und hatte damals enorme Verdienste. Die nicht genannten Hauptziele des KSZE-Prozesses waren seinerzeit gewesen, einen internationalen Rahmen für die neue Brandtsche Ostpolitik zu finden, und dem sowjetischen Begehren nach einer friedensvertragsähnlichen Regelung zur Sicherung der Nachkriegserwerbungen im Osten einschließlich des Gürtels staatssozialistischer Gesellschaften Rechnung zu tragen. Den Westmächten lag seinerzeit daran, globalen Forderungen wie der nach der Beachtung von Menschenrechten auch im Osten Nachdruck zu verleihen. Das ist alles erfüllt oder nunmehr gegenstandslos. Warum also das Leben einer Einrichtung, die ihren Zweck erfüllt hat, durch die Übertragung neuer Aufgaben verlängern? Egon Bahr meint pragmatisch: "Diese alten Instrumente müssen zu Hilfskonstruktionen genutzt werden, weil es neue so schnell nicht gibt."[459] Nicht sehr überzeugend - das neue Europa nach der Vereinigung sollte dauerhafte Fundamente erhalten. Ähnlich die Regierung der CSFR in einem diplomatischen Non-Paper: "Die gegenwärtigen grundlegenden Veränderungen in Europa schaffen Raum für eine wesentliche Erweiterung und Intensivierung des KSZE-Prozesses"[460] - das wäre schön, aber die Verhältnisse sind nicht so.

Haupthindernis bleiben die massiven Vorbehalte, die von westlicher Seite gegen eine Aufwertung der KSZE angemeldet werden. Selbst in der SPD artikuliert sich Protest. Egon Bahr schrieb im gleichen Zusammenhang in bezug auf die KSZE, sie habe "eine erstaunliche politische Kraft entwickelt, aber man kann ihr nicht die Sicherheit anvertrauen."[461]

Andere Übergangsstücke erscheinen derzeit kaum als besser tragfähig. Offen bleibt beispielsweise, was der polnische Außenminister Krzystof Skubiszewski die "polnisch-deutsche Gemeinsamkeit der Interessen" genannt hat.[462] Was jene Gemeinsamkeit ausmacht und sie von den Beziehungen anderer Länder mit dem vereinten Deutschland unterscheidet, ist nicht so recht auszumachen. In der kooperativen Ausgestaltung der Beziehungen zu den östlichen Nachbarn, vor allem zu Polen, liegt andererseits die Chance der Politik des neuen Deutschland, auch die alte Beziehung zum Westen nach der Vereinigung überzeugend neu zu füllen. Aber, wie gesagt, das alles bleibt mit Blick auf die Themen, die die Bonner Politik im Alltag umtreiben, sehr offen.

## Epilog

Dieser Band soll ebenso persönlich enden, wie er begonnen wurde. Was hat ein Professor der Politischen Wissenschaft, aufgrund der Ereignisse kurzfristig aus dem Hörsaal geholt und urplötzlich als Leiter des Planungsstabes eines Außenministeriums tätig, aus diesem Rollenwechsel gelernt? Was ergibt sich gar an verallgemeinerbaren Aussagen zum Verhältnis von Theorie und Praxis?

Die Frage sei erweitert. Was ist der Stellenwert wissenschaftlicher Politikvorbereitung in Bonn und den anderen Hauptstädten, wo man am 2+4 - Prozeß beteiligt war? Was bedeuten die Theoreme von "verwalteter Außenpolitik", von "internationalen Regimen" - oder, um willkürlich eine andere analytische Figur aus dem Köcher der Analytiker herauszugreifen - vom Zusammenhang von Politik und Ökonomie im Alltag eines Außenministeriums, wahrgenommen in der Sichtweise eines Theoretikers?

Verallgemeinerungen bleiben schwierig. Schon das höchst unterschiedliche Ambiente, in dem Außenminister mit ihren Vertrauten in Dienstzimmern beraten, signalisiert beträchtliche Unterschiede. Die Spitzen des "Foreign and Commonwealth Office", wie das britische Außenministerium nach wie vor heißt, treffen ihren Minister in einem gewaltigen, im indischen Stil kostbar eingerichteten, an die Pracht des "Pavillon" im Seebad Brighton erinnernden Raum. Das Quai d'Orsay in Paris mit seinen mit Goldbronze überladenen Fluchten gemahnte unmittelbar an die Tage des Sonnenkönigs und vermittelte ganz andere Eindrücke etwa als Genschers neudeutsch-funktionale Ministersuiten in Bonn. Eine überraschende Parallele gab es bei den Supermächten. Während sich das State Department in der Washingtoner E-Street als gesichtsloser moderner Zweckbau ähnlich dem Bonner AA darbietet, ist die Ministersuite im kopierten altenglischen Stil eingerichtet, mit den obligaten Pferdebildern sowie Wandpaneelen und Drechselarbeiten aus Holz rundum. Ganz ähnlich das Hochhaus des Moskauer Außenministeriums, nach außen Stalinscher Zuckerbäckerstil. Viele Büros machen einen recht nüchternen Eindruck. Verläßt man den Lift in den Führungsetagen, findet man sich in die Umgebung zaristischer Notablen im vorigen Jahrhundert, zumindest großbürgerliche Salons zurückversetzt. Es bleibt sicher voreilig, das Alltagsambiente der verschiedenen Diskussionsorte, an denen sich die DDR-Delegation in Vereinigungsdingen wiederfand, als Einflußgröße auf politische Prozesse zu werten. Aber nach Kenntnis der unterschiedlichen Alltagsenvironments fand ich die Verfahrensstile der verschiedenen Delegationen besser nachvollziehbar.

Die Einigungsverhandlungen fanden auf drei Ebenen statt: der sogenannten Beamtenebene, bei Außenministertreffen, und bei bilateralen Begegnungen. Die "Beamtenebene" bleibt vor allem für analytische Ansätze interessant, welche auch in der Außenpolitik bürokratietheoretisch vorgehen. Nun waren die Einigungsverhandlungen kein Routinevorgang. Ungewöhnliche Vorgänge charakterisieren aber zunehmend die internationale Entwicklung. "Wir sind froh, wenn wir den Ereignissen um drei Monate im voraus sind", äußerte der Leiter des Planungsstabes im Bonner AA gelegentlich. Für verwaltungsmäßiges Handeln bleibt da wenig Raum.

Die Beamtenrunden zeigten deutlich, daß die Unterhändler straff an Mandate gebunden waren und häufig auf deren Grenzen stießen. Dann mußten Sitzungen unterbrochen, innerhalb der verschiedenen Delegationen Kompromißlinien oder Interpretationsmöglichkeiten ausgelotet oder auch neue Weisungen eingeholt werden. Die sowjetischen Unterhändler, die in der Deutschlandpolitik das Seniorat beanspruchen durften, erwiesen sich als am wenigsten flexibel und starr an die einander ablösenden Konzepte gebunden. Andererseits soll die Leistung der sowjetischen Delegation nicht unterschätzt werden: Sie hatte die deutschen Gegenleistungen für Gorbatschows Grundsatzentscheidungen auszuhandeln, und sie wirkte effizient in der endgültigen Ausgestaltung der verschiedenen Vertragswerke.

Die Außenministertreffen ließen schon aus Zeitgründen nur wenig Möglichkeit, einläßlich zu verhandeln. Den Auftakt der Sitzungen bildeten häufig längere Reden. Besonders der sowjetische Außenminister führte mit seinen Einführungsbeiträgen wiederholt gänzlich neue Konzepte in die Verhandlungen ein, die regelmäßig so umfangreich ausgearbeitet waren, daß er sie nicht einmal zur Gänze vortragen konnte. Seine Partner reagierten häufig, indem sie nur einzelne Aspekte einer solchen Vorlage aufgriffen. Es war nur zu deutlich, daß die eigentliche Meinungsbildung über den jeweils neuen sowjetischen Vorstoß hernach zu Hause oder im Benehmen mit politischen Freunden stattfinden würde. Die lange Mittagspause, der regelmäßige Fototermin der sechs und die im voraus terminierte Pressekonferenz taten ein übriges, die Konferenzen der sechs Außenminister eher zum Ort der Sanktionierung anderswo erzielter Ergebnisse als zu einer genuiner Quelle von Fortschritten in der Sache zu machen. Wie kontingent die Abklärungen erfolgten, erhellt schlaglichtartig ein Detail: Die gewiß wichtige Bereitschaft der Sowjets, den Deutschen ihre Souveränität noch im Verlaufe des Jahres 1990 zurück zu geben, artikulierte Außenminister Schewardnadse erst auf der Pressekonferenz am Abend der Berliner Außenministerkonferenz. Solch ein zentrales Zugeständnis ist dem sowjetischen Außenminister sicher nicht erst eingefallen, als er auf seinen Auftritt wartete. Die Verhandlungen im Tagesverlauf hatten aber simpel nicht den Punkt erreicht, wo Schewardnadse sich zu den deutschen Eilwünschen hätte äußern können.

Gegenüber den formellen Zusammenkünften der sechs Außenminister der an den Verhandlungen beteiligten Staaten sind für den Sachfortschritt Spitzengespräche bilateraler Art bedeutsamer gewesen. Da grundsätzliche Fragen des Verhältnisses der Staaten und Blöcke anstanden, engagierten sich die Führungspersonen, dramatisch illustriert durch den Kaukasus-Gipfel zwischen Gorbatschow und Kohl. Aber auch andere Gipfeltreffen, besonders die in diesen Einzelheiten nicht zugänglichen zwischen den Staatsoberhäuptern der beiden Supermächte, dürften entscheidende Weichenstellungen für den Vereinigungsvorgang erbracht haben.

Damit soll systematisch keineswegs gesagt werden, daß die ins Kraut schießende Personalisierung der hohen Politik berechtigt ist, wie sie besonders Karl Kaiser in seinem Buch zur Wiedervereinigung betreibt.[463] Die Akteure versuchten vielmehr, auf ihre Weise politische Prozesse zu verstehen und voranzutreiben, und beeindruckten intern des öfteren durch eine heillose Hilflosigkeit bei Bemühungen in dieser Richtung. Alle beteiligten

Akteure haben sich bei ihren Situationsanalysen und ihren Schlußfolgerungen über nächste Schritte auch kräftig geirrt. So verlagert sich die Frage nach dem tatsächlichen Sitz der Dynamik, die in so kurzer Frist zur Vereinigung führte, auf allgemeinere Ebenen als die des Spitzenpersonals im Management der internationalen Beziehungen. Analytisch weiterführend erscheint ein komplexeres Verständnis des Politischen, wie es mit populären deutschen Vereinigungsbegehren, dem Niedergang von sowjetischer Großmachtposition (und dem Wunsche, möglichst viel vom Ertrag des Sieges 1945 zu retten), vor allem auch der Konfrontation von demokratischer Ideologie zum Selbstbestimmungsrecht der Völker und der alltäglichen Manipulation eben dieses Rechtes angezeigt wird. Auf den Punkt gebracht: Die deutsche Vereinigung bleibt ein Element umfassender Transformationsvorgänge, die gewiß von Politikern so oder so beeinflußt werden, die insgesamt zu steuern oder auch nur zu verstehen diese Herren aber nicht beanspruchen können.

Verblüffend eng fand ich zweitens den Zusammenhang zwischen Politik und Ökonomie. Das mag auf den ersten Blick verwundern. Wo sollten ökonomische Aspekte bei der Regelung der auswärtigen Aspekte der deutschen Einigung eine Rolle spielen? - Der Diplomatenalltag erwies sich hier als eindeutig. Bei internationalen Begegnungen mußte der DDR-Außenminister zu großen Teilen auf ökonomische Fragen reagieren. Bei seinem ersten London-Besuch hatten die Gastgeber das Programm gar so eingerichtet, daß zwei Drittel der Zeit Wirtschaftsfragen galten (auf diese Weise hatte unsere Delegation ausgiebig Gelegenheit, den bald weithin bekannt werdenden Handelsminister Ridley kennen und würdigen zu lernen). US-Außenminister Baker erklärte uns ausführlich in Washington, warum die demokratische DDR keine Aussicht habe, im Handel mit den USA den Status einer "most favored nation" zu erhalten. Daneben hatte der DDR-Außenminister bei Begegnungen mit Vertretern amerikanischer Industriefirmen darüber zu plaudern, welche Geschäftschancen es denn so in Ostdeutschland gebe. Die amerikanischen, britischen und französischen Gesprächspartner ließen recht unverhohlen erkennen, daß sie den Bonnern in bezug auf Informationen über Geschäftsmöglichkeiten in der abtretenden DDR nicht so recht über den Weg trauten, und daß sie jenseits aller protokollarischen Höflichkeiten vor allem wegen wirtschaftlicher Interessen den direkten Kontakt mit der verschwindenden DDR-Regierung pflegen wollten.

Es überrascht nicht, daß wirtschaftliche Fragen auch in den Beziehungen mit den östlichen Nachbarn breiten Raum einnahmen. Durch die Währungsunion waren wirtschaftliche Interessen besonders Polens, der Tschechoslowakei und der Sowjetunion massiv betroffen. Vor und nach dem 1. Juli 1990 gab es zu Wirtschaftsfragen auch im Außenministerium eine Reihe von Terminen. Mit polnischen und tschechischen Fachleuten wurde mit Hilfe des New Yorker Institute for East-West-Security Studies gar eine Notstandssitzung abgehalten, der weitere folgen sollten. Außenminister Dienstbier, der sonst stets ohne Unterlagen verhandelte, habe ich bei Wirtschaftsbesprechungen erstmals mit einem Schriftstück in der Hand erlebt. Ökonomische Fragen spielten bei allen Verhandlungspartnern eine große Rolle. Ihr hoher Stellenwert in der Tätigkeit eines Außenministeriums wird von den Politologen, die sich analytisch mit internationalen Beziehungen befassen, zumeist unterschätzt.

Drittens stimmte das Mißverhältnis zwischen dem, was das Fach Politische Wissenschaft an Ergebnissen anbot, und was bei dem Kernvorgang Vereinigung von der praktischen Politik nachgefragt wurde, recht nachdenklich. Die Planungsstäbe der Außenministerien griffen, als sie rasch Ausarbeitungen über Doppelmitgliedschaften in Bündnissen, über die mögliche Neutralität eines vereinten Deutschland, über ein KSZE-Europa benötigten, weitgehend ins Leere. Die etablierte Politikwissenschaft erwies sich als weitaus zu Establishment-orientiert und damit zu konventionell, um hier nutzbar zu sein. Der DDR-Außenminister nutzte in dieser Situation gezielt einzelne Wissenschaftler, etwa Dieter Senghaas, um sich durch Ausarbeitungen anregen zu lassen.

Die Disziplin ist auch nicht dadurch zu entschuldigen, daß diese Themenanforderungen ungewöhnlich blieben und letztendlich auch die praktische Politik nicht bestimmten. Selbst das zentrale Ergebnis der Einigungsverhandlungen, die NATO-Mitgliedschaft des neuen Deutschland, findet mit seiner sicherheitspolitischen Bedeutung kaum einen Vorlauf in der wissenschaftlichen Literatur. Sehr oft habe ich ungläubig dreinblickenden Kollegen aus Polen, der CSFR oder auch der UdSSR zu sagen gehabt, daß die Position der Bundesregierung bei den Einigungsverhandlungen nicht begleitet oder gar vorbereitet wurde von wissenschaftlichen Publikationen, weder affirmativen noch kritischen. Die Vereinigung hat die Politische Wissenschaft in Deutschland kalt erwischt, zu ihrem Nachteil. Es ist auch nicht sichtbar, daß aus dem Fach substantielle Anregungen zur Gestaltung der neuen Situation kommen. So spannend es bleibt, die Optionen der neuen Demokratien in Osteuropa für Sicherheitsarrangements neben der NATO, in Entwicklung des Westbündnisses oder der KSZE, mit Brücken zur UdSSR, zu analysieren - die (west-) deutsche politologische Wahrnehmung solcher Debatten erscheint wie vom Mehltau belegt.

Das Ergebnis muß leider verallgemeinert werden. Auf Anfragen polnischer oder tschechischer Kollegen, was denn an Forschungsliteratur zum Übergang zu Marktwirtschaften oder zu parlamentarisch-repräsentativen

Demokratien empfehlenswert sei, etwa mit Blick auf die Erfahrungen im Nachkriegsdeutschland, blieb eine befriedigende Antwort schwierig. Nachdenkenswerterweise haben Förderprogramme zur Transformationsforschung erst in jüngster Zeit eingesetzt.

# ANMERKUNGEN

1 Ministerium für Auswärtige Angelegenheiten (MfAA), Bericht über den dritten Beratungstag des 8. Beamtentreffens im Rahmen der 2+4 - Gespräche am 6.9.(1990), S. 1.
2 Zit. nach: *Der Spiegel*, Nr. 40/1990, S. 19.
3 Ein (ansonsten) aufgeschlossener Beobachter, der Mailänder Generalkonsul Manfred Steinkühler, stellte generell über Frauen im auswärtigen Dienst der DDR fest, daß "in der Regel die Ehepartner der Auslandsbediensteten des MfAA ... auch an den Auslandsvertretungen der DDR beschäftigt (waren), was dazu führte, daß im allgemeinen die Wertigkeit zum Beispiel der Frauen im MfAA höher war, als sie im AA ist" ("Ganz offensichtlich wog das NS-Erbe nicht so schwer...", in: *Frankfurter Rundschau*, 19.12.1990, S. 16).
4 *Le Monde*, 6.10.1990.
5 Zit. nach: *Der Spiegel*, Nr. 40/1990, S. 18. Aus der Vielzahl ähnlicher Wertungen sei noch die Japan Times angeführt: "Die erweiterte Macht von Kanzler Helmut Kohls Deutschland hat anderen nahegelegt, daß der Einfluß der Supermächte auf die europäischen Angelegenheiten nicht schwächer wird, sondern sich von den alten Supermächten nur auf eine neue verlagert - Deutschland" (zit. nach: *Frankfurter Rundschau*, 12.10.1990, S. 15).
6 Nikolai Portugalow, "Der Dornenweg zur Weltmacht", in: *Der Spiegel*, Nr. 41/1990, S. 190.
7 Volkskammer der Deutschen Demokratischen Republik, 10. Wahlperiode, 21. Tagung, 5.7.1990 (Stenografische Niederschrift), S. 827.
8 Ebd., S. 831.
9 Ein Beleg: *New York Times*, 25.1.1990, S. A 10.
10 Brief von Staatssekretär Peter Kauffold an den Minister für Auswärtige Angelegenheiten vom 14.8.1990, ZVS-0281/90. Die nachfolgende Begründung zeigt eine gewisse Weitsicht des Staatssekretärs: "Damit könnten wir eine völkerrechtliche Grundlage für die Bodenreform nachweisen. Das dürfte großen Einfluß auf eine Entscheidung des Bundesverfassungsgerichtes haben."
11 Christian Wernicke, "Zum Anfang eine Dienstreise", in: *Die Zeit*, Nr. 18, 27.4.1990, S. 2.
12 "Das Grundproblem ist die Eile", Interview mit dem ehemaligen Außenminister Markus Meckel, in: *Das Parlament*, Nr. 38, 14.9.1990, S. 4.
13 *Der Spiegel*, Nr. 31/1990, S. 56.
14 Studiogespräch Markus Meckel, 24.8.1990, Sender Freies Berlin, Programm SFB 2, Transskript S. 7.
15 Bernt Conrad, "Markus Meckel und die Diplomatie", *Die Welt*, 26.7.1990.
16 Heinz-Peter Finke, "Genschers Geduldsfaden ist gerissen", *Stuttgarter Nachrichten*, 20.7.1990, S. 3.
17 Alle Zitate nach Conrad, "Markus Meckel...", a.a.O., Anm. 15.
18 Finke, "Genschers...", a.a.O., Anm. 16,
19 Die Zahlen über die Beschäftigten des MfAA schwanken sehr, was sich aber aufklären läßt. Der oben zitierte Generalkonsul Steinkühler (a.a.O., Anm. 3), dessen Bilanz wiederholt benutzt werden wird, beziffert das MfAA auf "etwa 2500 Bedienstete", die "nahezu alle ... über eine abgeschlossene Hochschulausbildung verfügten, daher Diplomaten im ei-

gentlichen Sinne waren, was im AA nur auf die etwa 1200 Angehörigen des höheren Dienstes unter den insgesamt etwa 6000 Bediensteten einschließlich der Ortskräfte zutrifft". Die Lösung: Neben 2500 DDR-Diplomaten gab es im Dienst des MfAA rund 500 Hilfskräfte (Sekretärinnen, Fahrer), so daß sich eine Gesamtsumme von 3000 Beschäftigten ergibt. Das AA arbeitet mit einem herkömmlicheren Stellenkegel mit 1200 Diplomaten an der Spitze, so daß die Aussage gerechtfertigt bleibt, daß die DDR doppelt so viele Diplomaten beschäftigte wie das AA. In der Gesamtzahl der Beschäftigten, schon weil die DDR kaum auf "Ortskräfte" zurückgriff, bleibt das AA die beschäftigungsintensivere Einrichtung.

20 Zit. nach: Steinkühler, a.a.O., Anm. 3.
21 Systematisch habe ich dies ausgeführt in dem Buch *Internationale Politik. Einführung in das System internationaler Herrschaft*, München/Wien 1986, Kapitel 9.
22 *Der Spiegel*, Nr. 17/1990, S. 18.
23 Text u.a. in: *Europa-Archiv*, Folge 24/1989, S. D 728-734.
24 Vergl. *Frankfurter Rundschau*, 13.9.1990, S. 16.
25 Eduard Schewardnadse, *Die Zukunft gehört der Freiheit*, Reinbek bei Hamburg (Rowohlt) 1991, hier zit. nach dem Vorabdruck in: *Der Spiegel*, Nr. 23/1991.
26 *Bulletin des Presse- und Informationsamtes der Bundesregierung*, Nr. 27, 20.2.1990, S. 215.
27 Die Bezeichnung schwankt (es war auch von der "Ebene der Politischen Direktoren", hochrangigen Beamten unterhalb der Staatssekretärsebene, die Rede). Keine der beiden Titulierungen ist voll zutreffend: das amerikanische und das sowjetische Außenministerium haben keinen "Politischen Direktor", und die Diplomaten der UdSSR und der DDR waren keine "Beamten". - Die Delegationen, welche die Außenminister oder die "Politischen Direktoren" aus der "Beamtenebene" rekrutierten, waren recht unterschiedlich zusammengesetzt. Im sowjetischen Fall war Chefunterhändler der langjährige Leiter der "3. europäischen Abteilung", Alexander P. Bondarenko, der bei wichtigen Sitzungen gelegentlich von einem der stellvertretenden Außenminister ersetzt wurde. Neben der Abteilung Bondarenkos gehörte der Planungsstab zur "Beamtenebene". Vergleichbar waren die Delegationen Großbritanniens und der DDR zusammengesetzt (Teilnahme von Mitarbeitern von Planungsstäben); in der amerikanischen Delegation fand sich häufig ein Mitarbeiter des Nationalen Sicherheitsrates.
28 Studiogespräch Markus Meckel, a.a.O., Anm. 14, S. 13.
29 *Bulletin des Presse- und Informationsamtes*, a.a.O., Anm. 26, S. 215.
30 Interview in: *Le Monde*, 9.3.1990 (Hervorhebung U.A.).
31 Rede Außenminister Meckel, Europarat, 9.5.1990, S. 2. Der Minister hat diesen Satz handschriftlich in sein Manuskript eingefügt, einschließlich der Hervorhebung.
32 Memorandum über die Europäische Sicherheitskommission, inoffizielle Übersetzung der Botschaft der Tschechischen und Slowakischen Föderativen Republik, Berlin, 6.4.1990.
33 Ebd., S. 1.
34 Ebd., S. 3.
35 Brigitta Richter, KSZE als Basis einer neuen europäischen Architektur, Planungsstab des MfAA, Berlin, o.D., S. 6.
36 Einige Überlegungen für ein akzentuiertes Engagement der DDR in den Verhandlungen der 35 KSZE-Staaten über Vertrauens- und Sicherheitsbildende Maßnahmen (Empfehlung aus der Sicht der DDR-Delegation bei den VSBM-Verhandlungen), o.O. (Wien), o.D., S. 2.

37 MfAA, Bericht über das Treffen von Experten aus der Republik Polen, der CSFR und der DDR am 11. und 12.5.1990 in Berlin zur Problematik gemeinsamer Initiativen in Vorbereitung auf das KSZE-Gipfeltreffen 1990, Berlin, 14.5.1990.
38 Adam Krzeminski, "Was von der DDR bleibt", in: *Die Tageszeitung*, 12.7.1990.
39 MfAA, Bericht über das Treffen..., a.a.O., Anm. 37, Anlage 2.
40 Ebd.
41 Ebd., S. 2.
42 Blitztelegramm Herder vom 19.6.1990 an Dr. Misselwitz, ct 494/90.
43 Blitztelegramm Reemer vom 25.6.1990, 506/90. Der Text wird erneut nicht orthographisch korrigiert wiedergegeben.
44 Ebd., S. 2.
45 Telegramm Hoecker vom 2.7.1990 an Staatssekretär Dr. Domke, 473/90.
46 Zit. nach: MfAA, Abt. 1, Zur Reaktion der KSZE-Teilnehmerstaaten auf die trilaterale Initiative zur Institutionalisierung des KSZE-Prozesses, o.O. (Berlin), o.D. (4.7.1990), S. 3f.
47 Protokoll der Gespräche von Außenminister Meckel mit dem Außenminister der Republik Polen, Herrn Skubiszewski, am 4.7.1990, Berlin, 20.7.1990, S. 3.
48 Bericht über den Besuch des Außenministers, Herrn Markus Meckel, in der CSFR am 9.7.1990, Berlin, 10.7.1990, S. 2.
49 Ebd., S. 3.
50 "CSFR und Deutschland planen gemeinsame KSZE-Initiative. Erklärung von Genscher nach Arbeitsbesuch in Prag", in: *Der Tagesspiegel*, 12.4.1991.
51 Besonders Karl Kaiser, Direktor des Forschungsinstitutes der offiziösen "Deutschen Gesellschaft für Auswärtige Politik" in Bonn, trat einst dafür ein, durch die Beteiligung von Abgeordneten an internationalen Verhandlungen zur Demokratisierung von Außenpolitik beizutragen; vergl. seinen Aufsatz: "Das internationale System der Gegenwart als Faktor der Beeinträchtigung demokratischer Außenpolitik", in: *Politische Vierteljahresschrift*, Sonderheft 2/1970, S. 355.
52 Pfarrer Edelbert Richter hatte in der Bürgerrechtsbewegung in der alten DDR einen bekannten Namen. Er war 1989 Mitbegründer des "Demokratischen Aufbruchs" gewesen, hatte aber die Kehrtwende dieser Gruppierung hin zur CDU nicht mitvollzogen, sondern sich der SPD zugewandt. - Nach meinem Eindruck wurde Meckels symbolträchtige Entscheidung, einen Abgeordneten in die Delegation der DDR-Regierung aufzunehmen, in Bonn nicht einmal wahrgenommen.
53 Vergl. Horst Schreitter-Schwarzenfeld, "Die NATO bleibt der Zankapfel", in: *Frankfurter Rundschau*, 21.3.1990.
54 *Frankfurter Allgemeine Zeitung*, 12.2.1990.
55 "Meckel wie Diestel wurden beim Amtsantritt mit militärisch zackigem Gruß empfangen - und beide Bürger antworteten mit der herzlichen Bitte um zivilere Umgangsformen", so Christian Wernicke, "Ein Regieren zum Ende hin", in: *Die Zeit*, Nr. 31, 27.7.1990, S. 3.
56 Falsch ist die wiederholte Aussage, diese Gebietsdefinition sei erst bei dem Kohl-Gorbatschow-Treffen im Kaukasus "erarbeitet" worden, etwa bei Jörg Reckmann, "Von Rapallo nach Schelesnowodsk", in: *Frankfurter Rundschau*, 19.7.1990.
57 *Der Spiegel*, Nr. 19/1990, S. 26.
58 Das Sprachproblem mit dem alten Apparat blieb bis zum Schluß erhalten. Am 18.7. legte die Abteilung 1 des MfAA den Entwurf für die "Präambel einer abschließenden völkerrechtlichen Regelung" der Vereinigung vor, in dem gleich zu Beginn von der "Achtung des

Selbstbestimmungsrechtes des deutschen Staates zur Herstellung eines einheitlichen, friedliebenden deutschen Staates" die Rede war. Besonders das Adjektiv "friedliebend" erinnerte die Ministeretage nun doch zu sehr an den Sprachgebrauch der vormaligen Herren.

59  MfAA, Bericht über das Treffen ..., a.a.O., Anm. 37, Anlage 2.
60  Zit. nach: *Frankfurter Rundschau*, 9.5.1990, S.1.
61  Gerd Nowakowski, "Der Kreml sorgt für Streit in Bonn", in: *Die Tageszeitung*, 10.5.1990, S. 2.
62  Interview mit Lothar de Maizière in: *Neue Zeit*, 2.7.1990, S. 1.
63  Rolf Schmachtenberg, "Währungs-, Wirtschafts- und Sozialunion. Zwei Monate nach dem Tag X", Berlin, 31.8.1990, S. 4. Schmachtenberg war Mitarbeiter der Ministerin Regine Hildebrandt in der Regierung de Maizière und folgte dieser nach der Vereinigung in die Landesregierung Brandenburg.
64  Ebd., S. 5.
65  Bericht über den Besuch des Außenministers, Herrn Markus Meckel, in der CSFR am 9. Juli 1990, Berlin, 10.7.1990, S. 2.
66  Ebd., S. 3.
67  Wernicke, a.a.O., Anm. 55.
68  Blitztelegramm Reichel/London an Minister Meckel, "Erste britische Reaktionen auf Ergebnisse Gipfel Gorbatschow/Kohl", 17.7.1990, ct 485/90, S. 2.
69  SZ-Interview mit Botschafter a.D. Hans Arnold, "Hehre Absichten und zuwenig Bodennähe", in: *Süddeutsche Zeitung*, 8.8.1990, S. 8.
70  Christian Wernicke, "Makler ohne Macht", in: *Die Zeit*, Nr. 30, 20.7.1990.
71  Studiogespräch Markus Meckel, a.a.O., Anm. 14, S. 10.
72  "Anschluß ist ein falscher Begriff. Innenminister Wolfgang Schäuble und Markus Meckel, Vize der DDR-SPD, über die künftige Verfassung", in: *Der Spiegel*, Nr. 12/1990, S. 48.
73  "Ich habe keinen Tag in diesem Land umsonst gelebt". Was wird von der DDR bleiben? Über die Chancen und Hoffnungen/Gespräche mit Bärbel Bohley und Konrad Weiß", zit. nach: *Frankfurter Rundschau*, 12.5.1990, S. 25, orig. in: *Blätter für deutsche und internationale Politik* ("Margaret Thatchers Expertenseminar über den deutschen Nationalcharakter"), H. 5/1990.
74  Ebd.
75  Grundsätze der Koalitionsvereinbarung zwischen den Fraktionen der CDU, der DSU, dem DA, den Liberalen (DFP, BFD, FDP) und der SPD, 12.4.1990, Anlage A, Abschnitt 3.2. Zu den weiteren NATO-Aussagen in diesem Dokument vergl. den Abschnitt über den NATO-Gipfel in diesem Band.
76  Zit. nach: *The Wall Street Journal*, 12.3.1990.
77  Zit. nach: *Der Tagesspiegel*, 9.3.1990.
78  Walther Stützle, "West und Ost in einem Bündnis", in: *Die Zeit*, Nr. 22, 25.5.1990, S. 4
79  Regierungserklärung zur Außenpolitik, Volkskammer der DDR, 10. Wahlperiode, 21. Tagung, 5.7.1990, S. 829.
80  Ulrich Deupmann, "Meckel: Gesamtdeutschland ohne Atomwaffen", in: *Süddeutsche Zeitung*, 11.7.1990.
81  Unabhängiges Institut für Friedens- und Konfliktforschung (UIFK), Forschungsbericht über Meinungen der DDR-Bürger zu einigen Aspekten des deutsch-deutschen Vereinigungsprozesses, Berlin/Leipzig, 2.8.1990, S. 9. - In seiner "Presseinformation des UIFK

e.V.1" macht das Institut diesen Befund zum Aufmacher: "Einheit Deutschlands ohne Militär? Nur 10% der DDR-Bevölkerung für NATO-Beitritt!", Berlin/Leipzig, 2.8.1990.
82 Brief von Prof. Karl-Heinz Thieme, Stiftung Gesellschaftsanalyse e.V., Berlin, in einem am 14.8.1990 eingegangenen Schreiben an Minister Meckel, ZVS-0282/90.
83 Bn., "Meckels Armee", in: *Der Tagesspiegel*, 19.7.1990.
84 Rainer Witzel, "Ein Gipfel mit Wenn und Aber", in: *Junge Welt*, 23.7.1990.
85 David P. Calleo, *Die Zukunft der westlichen Allianz. Die NATO nach dem Zeitalter der amerikanischen Hegemonie*, Stuttgart 1989.
86 So ein nichtgenannter Beamter des State Department, nach: Schreitter-Schwarzenfeld, "Die NATO ...", a.a.O., Anm. 53.
87 Friedrich-Ebert-Sftiftung, "Der künftige sicherheitspolitische Status Deutschlands. Probleme und Perspektiven der '2+4' - Gespräche", Kurzpapier Nr. 42 der Abteilung Außenpolitik und DDR-Forschung, Studiengruppe Sicherheit und Abrüstung, Bonn, Juni 1990, S. 2f.
88 Zit. nach: Serge Schmemann, "Don't Annex, Kohl's Foes Say", in: *International Herald Tribune*, 8.3.1990.
89 Hier zit. nach: *Die Zeit*, Nr. 19, 4.5.1990, S. 8.
90 Vergl. die Berichterstattung, etwa *Frankfurter Rundschau*, 19.3.1990, S. 1f.
91 Dimitri Tulschinski, "Streit um Deutschland", Gastkommentar in *Die Tageszeitung*, 19.3.1990.
92 Zit. nach: *Der Spiegel*, Nr. 37/1990, S. 72.
93 Gesprächsnotiz vom Gespräch mit Wladimir M. Grinin am 15.6.1990, S. 1.
94 Christian Schmidt-Häuer, "Poker zum Beginn", in: *Die Zeit*, Nr. 19, 4.5.1990, S. 8.
95 *Bild am Sonntag*, 18.3.1990.
96 So verständlicherweise in bezug auf die Grenzen von Polen, vergl. Helga Hirsch, "Polen fühlt sich allein gelassen", in: *Die Zeit*, Nr. 30, 20.7.1990.
97 So Dimitri Tulschinski in dem angeführten Gastkommentar in der *Tageszeitung* vom 19.3.1990.
98 Schmidt-Häuer, a.a.O., Anm. 94, S. 8.
99 UIFK, a.a.O., Anm. 81, S. 10. Lediglich 10 Prozent setzten sich für den Fortbestand der Bündnisse ein.
100 Nowakowski, a.a.O., Anm. 61, S. 2.
101 "Für Deutschland, einig Vaterland. Konzeption für den Weg zu einem einheitlichen Deutschland" von Hans Modrow, Ministerpräsident der DDR, vorgestellt auf einer Pressekonferenz am 1.2.1990, hier zit. nach: *Außenpolitische Korrespondenz*, Hg. von der HA Presse des MfAA, 34. Jg., Nr. 4, 9.2.1990, S. 26.
102 Erklärung von Ministerpräsident Hans Modrow vor der 16. Tagung der Volkskammer der DDR, hier zitiert nach: *Außenpolitische Korrespondenz*, a.a.O., Anm. 101, S. 27.
103 Zit. nach: *Frankfurter Rundschau*, 19.3.1990, S. 1.
104 Interview in: *Le Monde*, 9.3.1990.
105 Zit. nach: *Die Zeit*, Nr. 19, 4.5.1990. Vergl. auch die Äußerungen Skubiszewskis auf dem Außenministertreffen des Warschauer Paktes am 17. März 1990 in Prag: "Neutralität würde Deutschland innerhalb von wenigen Jahren isolieren. Dies würde auf einen Weg führen, der nicht gut ist für Europa. Sie könnte Bestrebungen in Deutschland fördern, eine Großmacht zu werden und allein zu handeln" (zit. nach: *Archiv der Gegenwart*, 17.3.1990, S. 34332).
106 Zit. nach: *The New York Times*, 25.1.1990, S. A 10.

107 Das Thema wurde intern auf der Ministeretage am 11.7.1990 negativ diskutiert, vergl. die "Gesprächsnotiz vom Gespräch mit Egon Bahr" vom gleichen Tage, daß auch gemäß M. Meckels Meinung "eine weitere Mitgliedschaft im RGW nichts bringe" (S. 1).
108 Hans-Jörg Helms, "Eine Inventur der äußeren Aspekte", in: *Der Morgen*, 25.6.1990, S. 3.
109 Klaus Wilczynski, "2 plus 4 wollen Tempo zulegen", in: *Berliner Zeitung*, 25.6.1990.
110 Sergej A. Karaganow, "Mit dem Rücken an der Wand", in: *Die Zeit*, Nr. 29, 13.7.1990, S. 39.
111 Rede des Präsidenten der Union der Sozialistischen Sowjetrepubliken, M.S. Gorbatschow, Moskau, 7.6.1990, zit. nach dem Manuskript, S. 11.
112 Ebd., S. 14f.
113 Ebd., S. 15.
114 Ebd., S. 19. - Es handelt sich, wie ein Vergleich mit dem russischen Text ergibt, nicht um Übersetzungsfehler. Gorbatschow hatte anhand von Stichworten frei formuliert.
115 Presseerklärung des Ministeriums für Auswärtige Angelegenheiten zum Vorschlag von Präsident Gorbatschow einer assoziierten Teilnahme des vereinten Deutschlands in beiden Bündnissen, o.O. (Berlin), o.D. (Juni 1990).
116 Nowakowski, a.a.O., Anm. 61.
117 Stützle, a.a.O., Anm. 78.
118 Lothar Rühl, "Partnerschaft mit Moskau als Kern einer Friedensordnung", in: *Die Welt*, 19.7.1990.
119 Ebd.
120 Karl-Heinz Baum, "Beschleunigte Fahrt", in: *Frankfurter Rundschau*, 25.6.1990.
121 Bn., "Meckels Armee", in: *Der Tagesspiegel*, 19.7.1990.
122 Stützle, a.a.O., Anm. 78.
123 Interview in der *Frankfurter Rundschau*, 7.6.1990. Dort auch die folgenden Zitate.
124 Ebd.
125 Ebd.
126 "UdSSR-Sicherheitsinteressen dürfen nicht ignoriert werden", *Neues Deutschland*, 22.6.1990.
127 Volkskammer der Deutschen Demokratischen Republik, 10. Wahlperiode, 13. Tagung, Donnerstag, den 14. Juni 1990, (Stenografische Niederschrift), S. 407.
128 MfAA, Zum Konzept der Sicherheitszone, 7.7.1990, Hervorhebung im Original.
129 Brief des Ministers für Auswärtige Angelegenheiten der Republik Polen vom 26. Juli 1990, S. 2.
130 Interview in: *Der Spiegel*, Nr. 40/1990, S. 200.
131 Brief des Botschafters der DDR in Prag, Ziebart, an den Politischen Direktor des MfAA, von Braunmühl, vom 2.7.1990, S. 2.
132 Ulrich Deupmann, "Meckel: Zahl der Truppen halbieren. Deutschland, Polen und die CSFR sollen vorangehen", in: *Süddeutsche Zeitung*, 10.7.1990.
133 Zit. nach: (MfAA), Referat Benachbarte Länder, Bericht über den Besuch des Außenministers, Herrn Markus Meckel, in der CSFR am 9. Juli 1990, S. 2f.
134 Zit. nach: ebd.
135 Zit. nach: ebd., S. 4.
136 Deupmann, a.a.O., Anm. 132.
137 Deutschlandfunk, Interview am 22.6.1990, zit. nach dem Transkript, S. 3.
138 Studiogespräch Markus Meckel, a.a.O., Anm. 14, S. 8.
139 Ebd.

140 Conrad, "Markus Meckel...", a.a.O., Anm. 15
141 Protokoll eines Gespräches von Außenminister Baker mit Außenminister Meckel in Kopenhagen am 5.6.1990, S. 2.
142 Wolfgang Wiemer, Bilanz und Ausblick, insbes. 2+4, Berlin, 1.8.1990, vervielf. Man., S. 3.
143 Studiogespräch Markus Meckel, a.a.O., Anm. 14, S. 8.
144 Ebd.
145 Interview mit Markus Meckel zu den 2+4 - Gesprächen im Deutschlandfunk am 22.6.1990, zit. nach dem Transkript, S. 1f.
146 Non-Paper, Bericht vom Arbeitstreffen E.A. Schewardnadses mit dem Außenminister der BRD, H.-D. Genscher vom 18.6.1990 in Münster (Übersetzung aus dem Russischen), o.O. (Moskau), o.D. (Juni 1990), S. 2.
147 Le Ministre des Affaires Etrangères, A European Security Charter, Bruxelles, 7 May 1990.
148 Viktor Meier, "Nicht gegen Deutschland gerichtet", in: *Frankfurter Allgemeine Zeitung*, 25.1.1991, S. 5.
149 Bericht über das zweite Treffen im Rahmen 2+4 auf Ministerebene am 22. Juni 1990 in Berlin, Berlin, 22.6.1990, S. 2.
150 Non-Paper, a.a.O. Anm. 146, S. 3.
151 Grundprinzipien für eine abschließende völkerrechtliche Regelung mit Deutschland, Entwurf, S. 3. Hier scheitert der sowjetische Dolmetscher, indem er versehentlich eine Zukunftsaussage in Vergangenheitsform wiedergibt (die eigentliche Intention des Satzes wurde anhand des russischen Originals überprüft).
152 Ebd., S. 3.
153 Ebd., erneut den russischen Text unkorrigiert zitierend (im Deutschen würde man nicht von der "Gründung" eines Parlamentes sprechen). Da mit dem Beitritt am 3. Oktober 1990 ein deutsches Parlament und eine gesamtdeutsche Regierung gegeben sind, hätte eine - so sowjetische Gesprächspartner - von ihnen so nicht vorgesehene frühzeitige Laufzeit der Frist eingesetzt.
154 Diese in der Auflösung der Gegensätze rasch eine Schlüsselrolle einnehmende Konzeption ist augenscheinlich tatsächlich im Januar 1990, also vor dem Einsetzen des 2+4 - Prozesses, erstmalig in Bonn artikuliert worden. Gemäß der Bonner Mär, daß ein in einem Ministerium geäußerter wichtiger Gedanke immer dem Minister (und nicht etwa einem seiner Hintersassen) zuzuordnen sei, handelt es sich um einen "Genscher-Plan". Dabei kann allerdings nicht ausgeschlossen werden, daß auch einmal ein Konzept auf den Minister höchstpersönlich zurückgeht. In diesem besonderen Fall scheint freilich die Kompromißformel zuerst im amerikanischen State Department artikuliert worden zu sein, wie am Rande des Besuches von Außenminister Meckel in Washington verlautete. So wird ein Beamter des State Departments später wie folgt zitiert: "Das Gebiet der heutigen DDR müsse einen militärischen Sonderstatus genießen, der den Sicherheitsinteressen der Sowjetunion Rechnung trage" (Schreitter-Schwarzenfeld, "Die NATO bleibt ...", a.a.O., Anm. 53).
155 Klaus Becher/Ingo Kolboom, "Franzosen und die Oder! Plädoyer für deutsch-französische Brigaden auf DDR-Gebiet", in: *Die Tageszeitung*, 6.4.1990.
156 Grundprinzipien, a.a.O., Anm. 151, S. 7.
157 Schon damals hielt sich hartnäckig der Hinweis, daß der Text der Rede des sowjetischen Außenministers vorrangig mit Blick auf den (damals im Ausgang noch unsicheren) Parteitag im Juli zu lesen sei.
158 Ebd., S. 9f. Der Originaltext wurde erneut nicht grammatikalisch verbessert.
159 Bericht..., a.a.O., Anm. 149, S. 3.

160 Zit. nach: Hans-Jörg Helms, "Eine Inventur der äußeren Aspekte", in: *Der Morgen*, 25.6.1990, S. 3.
161 Sergej A. Karaganow, a.a.O., Anm. 110.
162 Vergl. dazu bestätigend: Claus Gennrich, "Schewardnadse forciert das Tempo", in: *Frankfurter Allgemeine Zeitung*, 25.6.1990: "Genscher kannte Schewardnadses Absicht ebensowenig wie Baker und Hurd, Dumas und Meckel. Dabei hatte sich Genscher wiederholt mit Schewardnadse getroffen."
163 *Der Spiegel*, Nr. 26/1990, S. 18.
164 Rede des Ministers für Auswärtige Angelegenheiten der DDR, Markus Meckel, zit. nach dem Manuskript, S. 1.
165 Ebd.
166 Vergl. die Presseberichterstattung am 23.7.1990.
167 Später entstand ein Disput, welcher der beiden deutschen Außenminister als erster die Idee vertrat, die Frage der Obergrenzen der KSZE vorzulegen. Markus Meckel beansprucht - bislang nicht widerlegt - dieses Erstgeburtsrecht. In der "Stellungnahme des Außenministers der DDR zu den Ergebnissen der Gespräche von Bundeskanzler Kohl und Präsident Gorbatschow" heißt es in bezug auf die vereinbarten Obergrenzen: "Damit greift die Bundesregierung auf einen alten Vorschlag der Regierung der DDR zurück." Später wiederholte der Minister: "Wir begrüßen es, daß die Bundesrepublik sich unserem Vorschlag angeschlossen hat, daß beide deutschen Staaten mit der Festlegung von Obergrenzen in die Wiener Verhandlungen gehen" (Interview in der *Frankfurter Rundschau*, 20.7.1990). Peter Schlotter hat in seiner Bilanz als Ministerberater ("Nun stürzt zusammen, was zusammenwachsen sollte", in: *Frankfurter Rundschau*, 29.9.1990, S. 6) diesen Punkt gebührend gewürdigt: "Als Meckel zu Recht die Urheberschaft für die Grundidee einer einseitigen Festlegung beim Pariser Außenministertreffen reklamierte, wurde er kräftig abgebügelt - und die erinnerungsschwache Presse betete Genscher willig nach."
168 Siehe v.a. eine Reihe von Beiträgen des Kapitäns zur See Dr. phil. Siegfried Fischer, etwa: "Notwendigkeit, Möglichkeiten, Bedingungen und Folgen einer Entmilitarisierung der DDR", nunmehr zusammengefaßt in: Studiengruppe Entmilitarisierung der Sicherheit (SES), *Das erste Jahr!* Berlin 1990 (Kontaktadresse: Dr. sc. Wolfgang Schwarz, Schreinerstr. 59, O-1035 Berlin).
169 Christoph Bertram, "Ein Weltrekord der Diplomaten", in: *Die Zeit*, Nr. 37, 7.9.1990, S. 4.
170 Christian Schmidt-Häuer, a.a.O., Anm. 94, S. 8.
171 Karaganow, a.a.O., Anm. 110.
172 Information über die Hauptergebnisse der Gespräche M.S. Gorbatschows mit dem Bundeskanzler der BRD, H. Kohl, während dessen Arbeitsbesuches in der UdSSR vom 14.-16. Juli 1990, o.O. (Berlin), o.D. (21.7.1990), S. 1; als "weitere Mitteilung" siehe z.B.: (MfAA), Abteilung 1, Vermerk über ein Gespräch mit Herrn Grinin, Botschaftsrat der Botschaft der UdSSR in der DDR, am 22.8.1990, S. 1; ADN-Korrespondent Michael Graeme, "Schewardnadse und Genscher mit 'kompaktem' Verhandlungsprogramm", Fernschreiben ba 367 4 al 225 ADN ber, 25.8.90.
173 Vergl. z.B. Jörg Reckmann, "Von Rapallo nach Schelesnowodsk", in: *Frankfurter Rundschau*, 19.7.1990; Nina Grunenberg, "Ohne Euphorie und Überschwang", datiert mit: "Shelesnowodsk, im Juli", in: *Die Zeit*, Nr. 30, 20.7.1990, S. 3, sowie - mit Bezug auf Stawropol - Heinz-Joachim Melder, "In Moskau wurde reiner Tisch gemacht", in: *Der Tagesspiegel*, 18.7.1990.

174 Vergl. *Bulletin Presse- und Informationsamtes der Bundesregierung*, Nr. 93, 18.7.1990, S. 802/3.
175 Carlchristian von Braunmühl, "Die Herstellung der Einheit ist keine gemeinsame Sache geworden", in: *Frankfurter Rundschau*, 24.8.1990, S. 14.
176 Karl-Heinz Baum, "Die NATO muß sich weiter verändern. DDR-Außenminister Markus Meckel im Gespräch über Abrüstung und Staatsvertrag", in: *Frankfurter Rundschau*, 20.7.1990.
177 Interview in der *Märkischen Oderzeitung*, 20.7.1990.
178 Alle Zitate ebd.
179 Zit. nach: Karl Jetter, "Frankreich übt sich in Selbstkritik und vertraut dem deutschen Freund", *Frankfurter Allgemeine Zeitung*, 19.7.1990, S. 3. Dort weitere Stimmen in gleicher Richtung.
180 Blitztelegramm Reichel, London, an Minister Meckel vom 17.7.1990, "Erste britische Reaktionen auf Ergebnisse Gipfel Gorbatschow/Kohl", ct 485/90.
181 Rudolph Chimelli, "Ein Jahr und zehn Tage", in: *Süddeutsche Zeitung*, 20.7.1990.
182 Blitztelegramm van Zwoll, Warschau, an Staatssekretär Misselwitz, MfAA, "Polnische Reaktion auf Treffen Gorbatschow-Kohl", ct 378/90, 17.7.1990.
183 Ebd., S. 2.
184 Robert Leicht, "Den Frieden mit Deutschland gemacht", in: *Die Zeit*, Nr. 30, 20.7. 1990, S. 1.
185 Blitztelegramm 143/90, Absender Krause, Teheran, 19.7.1990.
186 Grundsätze der Koalitionsvereinbarung zwischen den Fraktionen der CDU, der DSU, dem DA, den Liberalen (DFP, BFD, FDP) und der SPD" vom 12.4.1990, Anlage A, 3.2.
187 Zit. nach: *Die Zeit*, Nr. 30, 20.7.1990, S. 2.
188 Die deutsche Übersetzung, erstellt von der Gustav-Heinemann-Initiative, wird hier zitiert nach der Wiedergabe in der *Frankfurter Rundschau* vom 25.7.1990.
189 Londoner Erklärung, Abschluß-Kommunique vom 6.7.1990, Punkt 2, zit. nach: *Bulletin des Presse- und Informationsamtes der Bundesregierung*, Nr. 90, 10.7.1990, S. 777.
190 *Der Spiegel* schrieb von der Frage, "ob aus London außer 'viel schöner Sprache' (ein NATO-Diplomat) etwas über die westlichen Pläne für eine neue europäische Friedensordnung zu hören sein wird", Nr. 27/1990, S. 19; in der folgenden Ausgabe befand das Blatt bündig, die von Gorbatschow erhoffte "Hilfe geriet nicht ganz" (Nr. 28/1990, S. 25).
191 Christian Schmidt-Häuer, "Kraftvoll draußen, hilflos zu Hause", in: *Die Zeit*, Nr. 30, 20.7.1990, S. 2.
192 Rühl, a.a.O., Anm. 118.
193 Telegramm Reichel an Staatssekretär Dr. Misselwitz vom 11.7.1990, "Briefing FCO zu Ergebnissen NATO-Gipfels", S. 2.
194 Blitztelegramm Reichel an Staatssekretär Dr. Misselwitz vom 6.7.1990, ct 466/90, "NATO-Gipfel". Im Einzelnen hatte Premierministerin gegenüber der UdSSR kritisch angeführt, daß neben den erwähnten 100 Flugabwehrraketen pro Woche auch täglich sechs Panzer und zwei Kampfflugzeuge gebaut würden und alle sechs Wochen ein U-Boot fertig würde (ebd., S. 2). - Die Abkürzungen: PM = Premierministerin; CFE-2 = 2. Wiener Verhandlungsrunde über konventionelle Waffen in Europa; WVO-ML = Mitgliedsländer der Warschauer Vertrags-Organisation.
195 Ebd., S. 3.
196 Interview in der *Frankfurter Rundschau*, 20.7.1990.

197 In einer Presseerklärung zum Londoner Dokument betonte Markus Meckel, daß "Europa heute keine Atomwaffen für seine Sicherheit benötigt. Deshalb lehnen wir für Deutschland die Stationierung, aber auch Herstellung, Weitergabe, Besitz und Transit solcher Massenvernichtungsmittel ab."
198 Zit. nach: *Die Tageszeitung*, 9.7.1990.
199 *Der Spiegel*, Nr. 29/1990, S. 17.
200 Sprechzettel für Gespräch mit AM Baker/Scowcroft am 13.7.90. INF = Intermediate Nuclear Forces, Mittelstreckennuklearraketen; AM = Außenminister.
201 Telegramm Reichel/London an Staatssekretär Dr. Misselwitz, "Briefing FCO zu Ergebnissen NATO-Gipfels".
202 Andreas Zumach, "Nordatlantische Allianz - quo vadis?", in: *Die Tageszeitung*, 4.4.1991, S. 13.
203 Telegramm Schmidt/Tokio an Lindner, UA 50 (Unterabteilung 50 des MfAA) vom 23.7.1990, 196/90.
204 Vergl. *Der Spiegel*, Nr. 37/1990, S. 126.
205 Ebd.
206 Ulkoasiainministeriö (Außenministerium), Beschluß der Finnischen Regierung über die Deutschland betreffenden Bestimmungen des Pariser Friedensvertrages und die Beschränkungen der Finnischen Souveränität, Lehdistö Tiedote (Pressemitteilung), Nr. 277, 21.9.1990, S. 2.
207 Ebd.
208 Ebd., S. 1.
209 Ebd., S. 3.
210 Siehe Pekka Visuri, Die militärischen Artikel des Pariser Friedensvertrages; die Vorgeschichte der militärischen Beschränkungen für Finnland und Probleme bei der Auslegung, Finnish Features (Ulkoasiainministeriö) 13/1990, 1(9), S. 1.
211 Ulkoasiainministeriö, Lehdistö Tiedote, Nr. 278, 21.9.1990.
212 Vergl. die Erklärung von Bundesminister Dr. Alois Mock anläßlich der Nationalratsdebatte über den Staatsvertrag, o.O. (Wien), 22.11.1990, S. 3.
213 Mitteilung an die vier Signatarstaaten des Staatsvertrages, o.O. (Wien), o.D. (6.11.1990), S. 1.
214 Ebd.
215 Erläuterung zur Mitteilung an die vier Signatarstaaten des Staatsvertrags, o.O. (Wien), o.D. (6.11.1990), S. 1.
216 Erklärung von Bundesminister Dr. Alois Mock, a.a.O., Anm. 212, S. 6 (zit. nach dem Manuskript, Hervorhebung U.A.). Auf Anfrage teilt die österreichische Regierung mit, "daß sich die Mitteilung der österreichischen Bundesregierung an die vier Signatarstaaten des Staatsvertrages vom 6. November 1990 nicht auf Artikel 11 bezieht, und daß dieser nicht zu jenen Bestimmungen des Staatsvertrages gehört, die nach übereinstimmender Rechtsauffassung Österreichs und der vier Signatarstaaten nicht mehr gelten, weil sie obsolet sind." Vielmehr sei "davon auszugehen, daß der Art. 11 des Staatsvertrags erfüllt ist" (Schreiben der Österreichischen Generalkonsulin Matzner an den Verf. vom 18.2.1991).
217 Erklärung von Bundesminister Dr. Alois Mock, a.a.O., Anm. 212, S. 2.
218 Ebd., S. 8.
219 Zit. nach: Fredy Gsteiger, "In Konzept von gestern", in: *Die Zeit*, Nr. 44, 26.10.1990, S. 8.
220 Frank Blohm, "Kohl ist ein Bolschewik!", in: *Die Tageszeitung*, 23.10.1990, S. 10.
221 Ebd.

222 Zit. nach: "Balten planen Demarche", *Die Tageszeitung*, 7.9.1990, S. 4.
223 Michel Foucher, "Die Ost-West-Verschiebung Polens nach dem II. Weltkrieg", in: Klaus Bednarz und Peter Hirth, Polen. Daten, Bilder, Perspektiven, Luzern/Frankfurt a.M. 1980. - Foucher ist Leiter des Observatoire européen de géopolitique in Paris; der Beitrag, dem dieses Zitat entnommen ist, erschien zuerst in *Le Monde*, 17.3.1990.
224 In: *Der Spiegel*, Nr. 12/1990, S.48.
225 Thomas Urban, "Warschauer Pakt ohne Leben", in: *Süddeutsche Zeitung*, 27.7.1990, S. 8.
226 Zit. nach: *Süddeutsche Zeitung*, 1.6.1990.
227 Interview mit Tadeusz Mazowiecki in *Le Monde*, 9.3.1990.
228 Address by Mr. Krzystof Skubiszewski, Minister of Foreign Affairs of the Republic of Poland, at the extraordinary Session of the Assembly of the Western European Union at Luxemburg, 22nd March 1990, zit. nach dem Manuskript, S. 4.
229 Ebd., S. 2.
230 Artikel 116: "Deutscher im Sinne dieses Grundgesetzes ist ..., wer ... Abkömmling in dem Gebiete des Deutschen Reiches nach dem Stande vom 31. Dezember 1937" ist.
231 Ergebnisprotokoll der trilateralen Beratungen (BRD, DDR, Polen) am 29.5.1990 von 11.00 - 18.00 Uhr im Gästehaus Treptow, S. 1.
232 Ebd., S. 3.
233 Ebd., S. 1.
234 Ulrich Schmidla, "Warschau will Arbeitsplätze von Polen in der DDR sichern", in: *Die Welt*, 24.7.1990.
235 Interview in: *Frankfurter Rundschau*, 20.7.1990
236 Empfehlungen für Minister für Gespräche in Washington, Berlin, 12.7.90, 1.1 (Hervorhebungen im Original).
237 Gunter Hofmann, "Zäher Abschied von einer fixen Idee", in: *Die Zeit*, Nr. 11, 9.3.1990, S. 5.
238 Ebd.
239 Peter Nonnenmacher, "Kohl ersucht Polen um Eingeständnis von Schuld", in: *Frankfurter Rundschau*, 31.3.1990, S. 1.
240 Thomas Urban, "Mehr als eine Demonstration guten Willens", in: *Süddeutsche Zeitung*, 23./24.6.1990, S. 4.
241 "Polen-Debatte hält an", in: *Frankfurter Rundschau*, 25.6.1990.
242 Ebd.
243 Polnische Ergänzungsvorschläge, Grundsätze zur Regelung der Grenzfrage, Vorlage auf dem Beamtentreffen am 4.7.1990 in Berlin.
244 Hirsch, a.a.O., Anm. 96.
245 MfAA, Abteilung 1, Unterabteilung Europäische Einigungsprozesse, Bericht über das 6. Treffen im Rahmen der 2+4 auf Beamtenebene am 3./4.7.1990 in Berlin, S. 7.
246 Zit. nach: *Der Tagesspiegel*, 15.7.1990. Das Blatt bezieht sich auf eine Äußerung der Regierungssprecherin Niezabitowska im polnischen Fernsehen.
247 Erklärung des Sprechers des polnischen Außenamtes, Wladyslaw Klaczynski, veröffentlicht von PAP am 11.7.90, hier zitiert nach: ADN, 12.7.90.
248 Ebd.
249 Peter Ruge, "Beim Pariser Treffen soll Streit in der Grenzfrage endgültig beigelegt werden", in: *Die Welt*, 17.7.1990.
250 Helga Hirsch, a.a.O., Anm. 96.

251 Premierminister Tadeusz Mazowiecki äußerte in einem Interview in *Le Monde* (am 9.3. 1990, Hervorhebung U.A.): "Dieser (Grenz-, U.A.) Vertrag muß nach den Wahlen in der DDR abgeschlossen werden. Er müßte von beiden Regierungen noch vor der Vereinigung paraphiert und nach der Vereinigung ratifiziert werden. Die BRD will den Vertragsabschluß erst nach der Vereinigung. Dieser Unterschied ist essentiell."
252 chi (Rudolph Chimelli), "Kontroverse zwischen Bonn und Paris", *Süddeutsche Zeitung*, 13.7.1990.
253 C.G., "Bonn will den Wünschen Polens nicht entsprechen", *Frankfurter Allgemeine Zeitung*, 13.7.1990, S. 1.
254 Bernt Conrad, "Bonn: Warschau wird sich nicht durchsetzen", *Die Welt*, 13.7.1990.
255 C.G., a.a.O., Anm. 253.
256 Interview in *Le Monde*, 9.3.1990.
257 Der von Charles Powell, Privatsekretär und außenpolitischem Berater der Premierministerin, verfaßte Text wurde am 15.7.1990 in der Wochenendausgabe des *Independent*, S. 19, unmittelbar vor der Pariser Außenministerkonferenz der 2+4 veröffentlicht. Hier wird die deutsche Übersetzung zitiert aus: *Blätter für deutsche und internationale Politik*, Heft 8/1990, S. 1021-1022.
258 Conrad, "Bonn...", a.a.O., Anm. 254
259 Marc Fisher, "In his rush to unity, Kohl may be stoking fears of Germany", in: *International Herald Tribune*, 8.3.1990
260 chi, "Kontroverse zwischen Bonn und Paris", *Süddeutsche Zeitung*, 13.7.1990.
261 Hans-Hagen Bremer, "Deutschland Glück gewünscht", in: *Frankfurter Rundschau*, 21.3.1990, S. 1.
262 Helga Hirsch, "Polen fühlt sich allein gelassen", in: *Die Zeit*, Nr. 30, 20.7.1990.
263 Ebd.
264 C.G., "Auch mit Polen", *Frankfurter Allgemeine Zeitung*, 19.7.1990, S. 1.
265 Rede des polnischen Ministers für Auswärtige Angelegenheiten Kryztof Skubiszewski auf dem Ministertreffen 2+4, Paris, den 17. Juli 1990, vervielf. Manuskript, S. 1 (im folgenden zitiert als "Redemanuskript").
266 Foucher, a.a.O., Anm. 223.
267 Conrad, "Bonn...", a.a.O., Anm. 254.
268 Redemanuskript, a.a.O., Anm. 265, S. 2.
269 Bernt Conrad, "Der nächste Durchbruch", *Die Welt*, 19.7.1990, S. 2, schreibt von einem "fragwürdigen polnischen Einfall", "ein Junktim zwischen der Ratifizierung eines Grenzvertrages und dem Inkrafttreten einer Zwei-plus-vier Regelung anzustreben", und urteilt: "Außenminister Skubiszewski jedenfalls tat gut daran, die Idee jetzt als ein 'Mißverständnis' darzustellen." Die *Süddeutsche Zeitung* vom 19.7.1990, S. 4, formulierte den Rückzieher von dem Junktim am deutlichsten: "Er (Skubiszewski, Original hervorgehoben, U.A.) habe nicht hinter dieser Forderung gestanden."
270 Redemanusskript, a.a.O., Anm. 265, S. 11. Skubiszewski beeilt sich, im Manuskript die Fundstelle anzugeben (von der anzunehmen bleibt, daß niemand unter seinen Zuhörern sie zu nutzen versteht): CPJI, B, Nr. 10, S. 20 (Exchange of Greek and Turkish Populations).
271 Vergl. auch den Bericht von Axel Vornbäumen, "Einen Diskussionsbeitrag durfte auch Meckel leisten", in: *Frankfurter Rundschau*, 19.7.1990.
272 Redemanuskript, a.a.O., Anm. 265, S. 21.

273 Protokoll der Ministerratstagung der Sechs, "von der französischen Präsidentschaft (der Sitzung, U.A.) aufgestellt", übermittelt von der Botschaft der Französischen Republik am 23.7.1990, S. 1.
274 Der Vertragstext ist zitiert nach: Auswärtiges Amt (Hg.), *Die Auswärtige Politik der Bundesrepublik Deutschland*, Köln 1972, S. 762.
275 Zit. nach: ebd., S. 778.
276 Conrad, "Der nächste Durchbruch", a.a.O., Anm. 269.
277 Protokoll der Ministerratstagung der Sechs, a.a.O., Anm. 273, S. 2. Dort auch die weiteren Zitate.
278 "Damit ist das von interessierter Seite eingeführte Thema Reparationen endgültig vom Tisch", kommentiert *Die Welt* (19.7.1990, S. 2 ). Tatsächlich hat Außenminister Skubiszewski in der Pressekonferenz am 17.7.90 ausgeschlossen, daß sein Land nochmals die Frage nach Reparationen aufwerfen würde.
279 "Auch mit Polen", *Frankfurter Allgemeine Zeitung*, 19.7.1990, S. 1.
280 Conrad, "Der nächste Durchbruch", a.a.O., Anm. 269.
281 "Genscher sieht baldiges Ende von Zwei plus Vier", *Die Welt*, 19.7.1990, S. 1.
282 Gunter Pieper, "Harte Nuß geknackt", in: *Der Morgen*, 19.7.1990.
283 Gert Baumgarten, "Die deutsche Souveränität hat ihren Preis", in: *Der Tagesspiegel*, 20.7.1990.
284 Zit. nach: ebd.
285 ADN-Nachrichtenübersicht, 18./19.7. 1990, S. 2.
286 Zit. nach: Minister für Auswärtige Angelegenheiten, Außenpolitische Tagesinformation, Nr. 142/90, 25.7.1990, S. 4.
287 *Zycie Warszawy*, 19.7.1990 (nach der Übersetzung durch ADN vom gleichen Tage).
288 Helga Hirsch, "Polen fühlt sich allein gelassen", in: *Die Zeit*, Nr. 30, 20.7.1990.
289 Bericht über das dritte Treffen im Rahmen 2+4 auf Ministerebene am 17.7.1990 in Paris, Berlin, 18.7.1990, Abteilung 1, UA 10, S. 3.
290 Von Braunmühl, a.a.O., Anm. 175.
291 Vergl. auch die wiedergegebene Äußerung Bakers in Vornbäumen, a.a.O., Anm. 271.
292 Zit. nach. *Der Tagesspiegel*, 18.7.1990, S. 6.
293 Interview mit Roland Dumas in *Le Figaro*, 25.7.1990.
294 So wird Bundesminister Schäuble zitiert, in: *Frankfurter Rundschau*, 4.8.1990, S. 3. - Vergl. auch die Wiedergabe eines Rundfunkinterviews von Außenminister Genscher: "Nach Ansicht des Außenministers ist für den Beitritt der DDR zur Bundesregierung nicht unbedingt ein Einigungsvertrag zwischen Bonn und Ost-Berlin erforderlich. Auch ein Überleitungsgesetz ermögliche es, die Interessen der Menschen in der DDR wahrzunehmen" (nach: *Frankfurter Rundschau*, 21.8.1990).
295 Vergl. die Darstellung in der *Allgemeinen Jüdischen Wochenzeitung*, Nr. 30, 26.7.1990, S. 1.
296 Interview in der *Märkischen Oderzeitung*, 20.7.1990.
297 Studiogespräch Markus Meckel, a.a.O., Anm. 14, S. 19.
298 Ähnlich intensiv wurde augenscheinlich in Moskau gearbeitet. ADN-Korrespondent Michael Graeme kabelte am 25.8.1990 nach einem Gespräch mit dem Sprecher des sowjetischen Außenministeriums, Juri Gremitskich, dessen Sicht: "Unsere Vertreter scheuen weder Zeit noch Kraft. Anstelle ihres Jahresurlaubs absolvieren sie fast alle ein 'Arbeitssemester'." (ba 367 ADN 4 al).
299 Bernt Conrad, "Markus Meckel und die Diplomatie", *Die Welt*, 26.7.1990.

300 "Meckels Mätzchen", in: *Der Spiegel*, Nr. 32/1990, S. 16.
301 Volkskammer der Deutschen Demokratischen Republik, 10. Wahlperiode, 13. Tagung, Donnerstag, den 14. Juni 1990, (Stenographische Niederschrift), S. 408.
302 Wilhelm Bruns, "Die äußeren Aspekte der deutschen Einigung", Studie Nr. 40 der Abteilung Außenpolitikforschung im Forschungsinstitut der Friedrich-Ebert-Stiftung, Bonn 1990, S. 7.
303 Peter Christ, Lust ander Konfrontation", in: *Die Zeit*, Nr. 35, 24.8.1990, S. 5.
304 Interview in: *Die Tageszeitung*, 16.8.1990, S. 4.
305 Nach: *Die Tageszeitung*, 15.8.1990, S. 1.
306 Grundsätze der Koalitionsvereinbarung zwischen den Fraktionen der CDU, der DSU, dem DA, den Liberalen (DFP, BFD, F.D.P.) und der SPD vom 12.4.1990, II, 5.
307 Studiogespräch Markus Meckel, a.a.O., Anm.14, S. 6.
308 *Die Tageszeitung*, 17.8. 1990, S. 3.
309 Vergl.: "SPD beharrt auf Beitritt im September", in: *Frankfurter Rundschau*, 20.8.1990, S. 2.
310 Bericht über das 7. Treffen im Rahmen 2+4 auf Beamtenebene am 19.7.1990 in Bonn, S. 1.
311 Interview in *Le Figaro*, 25.7.1990.
312 Peter Schlotter, "Nun stürzt zusammen, was zusammenwachsen sollte", in: *Frankfurter Rundschau*, 29.9.1990, S. 6.
313 MfAA, Abteilung 1, Vermerk über ein Gespräch mit Herrn Grinin, Botschaftsrat der Botschaft der UdSSR in der DDR, am 22.8.1990., S. 1.
314 Ebd., S. 2
315 Ebd.
316 Ebd., S. 3.
317 *Der Spiegel*, Nr. 36/1990, S. 25.
318 Als Bundesbürger reiste Wolfram von Fritsch, der Büroleiter Meckels und nunmehr Staatssekretär Domkes, mit nach Moskau, figurierte aber nicht auf der Liste der Verhandlungsteilnehmer.
319 Andreas Zumach, "DDR bei letzter 4+2-Runde ausgebootet", *Die Tageszeitung*, 5.9.1990, S. 4.
320 Zumindest in der Sicht der Bundestagsfraktion der Grünen war der Kernwaffenverzicht im Schlußdokument der 2+4 - Verhandlungen nicht eindeutig geregelt und schloß atomare Teilhabe gemäß dem Konzept, daß die Bundeswehr über atomare Trägermittel verfügen dürfe, nicht aus. Vergl. die Beiträge in der Debatte über das Ratifikationsgesetz zum 2+4 - Vertrag.
321 Tatsächlich hat das Bundesverfassungsgericht 1991 die Akzeptierung der Bodenreform bestätigt.
322 *Der Spiegel*, Nr. 38/1990, S. 19f. Ähnlich weitere Presseberichte, detailreich etwa Jörg Reckmann: "Nach zwanzig Minuten war die historische Stunde vorbei", in: *Frankfurter Rundschau*, 13.9.1990, S. 3.
323 Redebeitrag im Deutschen Bundestag am 5.10.1990, zit. nach: *Der Tagesspiegel*, 6.10.1990, S. 1.
324 Ebd., S. 20.
325 Christoph Bertram, "Ein Weltrekord der Diplomaten", in: *Die Zeit*, Nr. 37, 7.9.1990, S. 4.
326 Text des Schreibens von John Weston an die Politischen Direktoren der 2+4, o.O. (London), o.D. (August 1990), S. 1.

327 Genschers Text ist nunmehr leicht zugänglich im *Bulletin des Presse- und Informationsamtes der Bundesregierung,* Nr. 109, 14.9.1990, S. 1157ff.
328 Rede des Ministerpräsidenten der DDR auf dem Moskauer 2+4 - Treffen am 12. September 1990, vervielf. Man., S. 2.
329 Bundesgesetzblatt, Teil II, Jg. 1990, S. 1331f.
330 MfAA, Bericht über den dritten Beratungstag des 8. Beamtentreffens im Rahmen der 2+4 - Gespräche am 6.9. (1990), S. 2, Punkte 4 - 6, und S. 4.
331 Bruns, a.a.O., Anm. 302, S. 14.
332 (MfAV), Problemstellungen für die Vorbereitung und Verhandlung eines deutsch-sowjetischen Abkommens über den etappenweisen Abzug der sowjetischen "Westgruppe".
333 Vermerk über ein Gespräch von Außenminister Meckel mit Bundesaußenminister Genscher am 6.8.1990 in Bad Reichenhall, ZVS-0029/90, S. 3.
334 Siegfried Fischer, "Abzug sowjetischer Truppen - aber wie?", in: *Berliner Zeitung,* 31.8.1990. Fischer kommentiert drei "Themenkomplexe", erkennbar in Kenntnis amtlicher Unterlagen, und gibt Verfahrensvorschläge, die auch nach dem Abgang der DDR aktuell bleiben.
335 MfAV, Übersicht über die Dislozierung der Westgruppe der Streitkräfte, o.O. (Berlin-Strauβberg), o.D. (August 1990), S. 3.
336 Ebd.
337 Zit. nach: Udo Bergdoll, "Das Bemühen, bleibende Akzente zu setzen", in: *Süddeutsche Zeitung,* 29.5.1990.
338 MfAA, Unterabteilung Information, "Reduzierungsvorschläge zu den Stellenplänen", 32/VIII, 7.8.1990.
339 Steinkühler, a.a.O., Anm. 3 - Zur Frage, wer geeignet sei, zitiert der Generalkonsul ohne Angabe der Quelle weiter: "Auf der Führungsebene vom Referatsleiter an aufwärts, so lautet das geheime Einverständnis in Bonns diplomatischer Kaste, niemand. Darunter (Gehaltsgruppe A14 und tiefer) mag es Personalbedarf durch künftige Mehrarbeit geben."
340 Vermerk über ein Gespräch von Außenminister Meckel mit Bundesaußenminister Genscher am 6.8.1990 in Bad Reichenhall, ZVS-0029/90, S. 1f. - Es folgen Einzelabreden etwa über Möglichkeiten der Zusammenarbeit der Personalchefs beider Ministerien.
341 Günther Gillessen, "Auflösen - ohne Rest", in: *Frankfurter Allgemeine Zeitung,* 25.7.1990.
342 Zit. nach: Steinkühler, a.a.O., Anm. 3.
343 MfAA, Hausmitteilung, Leiter des Referats Personal und Bildung, an Leiter Struktureinheiten, vom 27.7.1990, S. 1.
344 MfAA, Unterabteilung Information, 25/VIII vom 6.8.1990, "Schließung der AV der DDR" (AV = Auslandsvertretungen).
345 Vergl. *Berliner Morgenpost,* 1.8.1990. - Das Zitat ist einer Meldung der AFP vom gleichen Tage entnommen
346 MfAA, Unterabteilung Information, Schließung der AV der DDR, 25/VIII vom 6.8.1990, S. 2f.
347 Selbst Staatssekretäre des MfAA versetzte die Abkürzung ins Grübeln. Ausbuchstabiert heißt es wohl: "aktive Auslandskader".
348 MfAA, Unterabteilung Information, "Information für Rückkehrer nach Auslandseinsatz, 91/VIII, 27.8.1990.
349 Ebd., S. 2.
350 Ebd., S. 1.

351 Daten nach: dpa, DDR/Ministerien (Zusammenfassung), "In DDR-Ministerien läuft Umschulungs- und Entlassungswelle an - Mehrere Botschaften geschlossen - Mitarbeiter in Sorge", ber 270 3 pl 336, 5.8.1990.
352 Jörg Drischmann/Werner Heiden/Thomas Ruttig, Offener Brief an Bundesaußenminister Genscher, Berlin, 5.10.1990, S. 1f. - In ihrem Brief sprechen die empörten Diplomaten von einer "politischen Neutronenbombe" Genschers: "Übernahme von Immobilien und Eigentum des ehemaligen MfAA - ja, nur das Personal soll verschwinden!"
353 Brief vom 2.10.1990 an die "Präsidentin des Bundestages der Bundesrepublik Deutschland, Frau Rita Süßmuth" sowie "Fraktionen des Bundestages der Bundesrepublik Deutschland". Laut Auskunft eines der Initianten, Werner Heiden, vom 20.1.1991 ging als Antwort lediglich ein Zwischenbescheid des Petitionsausschusses ein.
354 Steinkühler, a.a.O., Anm. 3.
355 Christoph Bertram, "Ein Weltrekord der Diplomaten", in: *Die Zeit*, Nr. 37, 7.9.1990, S. 4.
356 Schlotter, a.a.O., Anm. 312, S. 20.
357 Ebd., S. 20f.
358 Rühl, a.a.O., Anm. 118 - Rühl setzt den Satz unvermittelt fort: "Deren Kern (wird) eine Sicherheitspartnerschaft zwischen der atlantischen Allianz und der Sowjetunion sein."
359 Robert Leicht, "Den Frieden mit Deutschland gemacht", in: *Die Zeit*, Nr. 30, 20.7.1990, S. 1.
360 Bruns, a.a.O., Anm. 302, S. 11f.
361 Stützle, a.a.O., Anm. 78.
362 MfAA, Abt. 1, Gedanken für ein Konzept gesamteuropäischer Sicherheit unter den Bedingungen der deutschen Einheit, Berlin, 15.6.1990.
363 Gesprächsnotiz zum Gespräch mit Egon Bahr am 15.6.1990, MfAA.
364 MfAA, In Staatsvertrag II aufzunehmender Passus, vervielf. Papier ohne weitere Quellenangabe.
365 Von Braunmühl, a.a.O., Anm. 175.
366 Niederschrift zum 5. Treffen im Rahmen 2+4 auf Beamtenebene am 20.6.1990 in Bonn, Berlin, 21.6.1990, S. 2.
367 David Marsh, "Gelungene Operation ohne Plan", in: *Frankfurter Rundschau*, 2./3.10.1990, S. 7. Marsh hat freilich die krisenhafte soziale Situation der DDR vor Augen.
368 Walter S. Mossberg, 'European Peace Order' Presses NATO, in: *The Wall Street Journal*, 12 March 1990. - Das Blatt empfiehlt allerdings vorsichtig, die USA sollten sich in der Debatte über neue Strukturen engagieren.
369 Reckmann, "Von Rapallo...", a.a.O., Anm. 56. Kritisch gegen eine Alternative sich wendend, setzt dieser Kommentator fort: "Außerdem ist damit die Gefahr abgewendet, daß sich Europa in eine unfertige, nicht einmal im Ansatz existierende pan-europäische Sicherheitsstruktur flüchtet."
370 Volkskammer der Deutschen Demokratischen Republik, 10. Wahlperiode, 21. Tagung, 5.7.1990 (Stenographische Niederschrift), S. 827.
371 "Das Grundproblem ist die Eile", Interview mit dem ehemaligen Außenminister Markus Meckel, in: *Das Parlament*, Nr. 38, 14.9.1990, S. 4.
372 Christian Wernicke, "Ein Regieren zum Ende hin", in: *Die Zeit*, Nr. 31, 27.7.1990, S. 3.
373 SZ-Interview mit Botschafter a.D. Hans Arnold, "Hehre Absichten und zuwenig Bodennähe", in: *Süddeutsche Zeitung*, 8.8.1990, S. 8.
374 Klaus Hartung, "Einigung ohne Einigungsvertrag", in: *Die Tageszeitung*, 18.8.1990. - Zu den Vorstellungen de Maizières vergl. dessen Interviewäußerung auf eine Frage des *Spie-*

*gel* (Nr. 31/1990, S. 23), ob er froh sein würde, wenn er sein Amt abgeben kann: "Ich werde froh sein, wenn ich das Gefühl haben kann, ich habe das mit Anstand und Würde getan." - In Peter Schlotters Bilanz ("Nun stürzt zusammen...", a.a.O., Anm. 312) wird merkwürdigerweise auch Minister Meckel zugeschrieben, er wollte "den kurzen, besseren Teil der DDR-Geschichte *würdevoll* abschließen."
375 Studiogespräch Markus Meckel, a.a.O., Anm. 14, S. 28.
376 Von Braunmühl, a.a.O., Anm. 175.
377 Vergl. den Titel der Bilanz von Wolfgang Schwegler-Romeis, "Es wurde eben von anderen eine andere Lösung gefunden. Betrachtungen zur Außenpolitik des Ministeriums für Auswärtige Angelegenheiten der DDR", Berlin, 24.8.1990 (vervielf. Man.), sowie S. 2 seines Textes.
378 Ebd., S. 1.
379 Richard Schröder, "Der riskante Mut zur bedrückenden Wahrheit", Eröffnungsrede zur Ausstellung "Karicartoon 90" in Hannover, unkorrigiert zitiert nach dem Abdruck in: *Frankfurter Rundschau*, 8.8.1990, S. 14.
380 Von Braunmühl, a.a.O., Anm, 175 - Vergl. zum letzten genannten Aspekt auch Schwegler-Romeis (a.a.O., Anm. 377, S. 3): "Andererseits war und ist die Personalpolitik von Markus Meckel auch Ausdruck eines anderen Politikverständnisses. Nicht professionelle Erfahrung und Brillanz, sondern innovationsorientierte Kompetenz waren die Orientierungsschwerpunkte... Das Experiment einer anderen Form der politischen Kultur wurde als solches in der Presse aber nur selten diskutiert."
381 Interview in: *Frankfurter Rundschau*, 20.7.1990.
382 Studiogespräch Markus Meckel, a.a.O., Anm. 14, S. 1.
383 Schwegler-Romeis, a.a.O., Anm. 377, S. 2.
384 Gennrich, a.a.O., Anm. 162.
385 Von Braunmühl, a.a.O., Anm. 175 - In einem weiteren Punkt irrt von Braunmühl leider: die "Entfernung aller Massenvernichtungsmittel von deutschem Boden" wird auf sich warten lassen (da die Nuklearwaffen der britischen Rheinarmee sowie die atomaren Fliegerbomben der US Air Force zumindest vorerst nicht abgezogen werden).
386 Wolfgang Wiemer, a.a.O., Anm. 142. Auch meint Wiemer, daß Kohl "ursprünglich keinerlei Neigung hatte, im Zusammenhang mit der Vereinigung niedrigere Streitkräfteobergrenzen zu akzeptieren oder gar anzubieten". Sein Fazit: "Von einem Scheitern unserer Absichten kann also überhaupt keine Rede sein" (ebd.).
387 Studiogespräch Markus Meckel, a.a.O., Anm. 14, S. 10.
388 Wiemer, a.a.O., Anm. 142, S. 2.
389 Ebd., S. 3.
390 Studiogespräch Markus Meckel, a.a.O., Anm. 14, S. 2.
391 Konrad Weiß, "Bürgerbewegung als Erinnerungsverein des Deutschen Herbstes?", in: *Frankfurter Rundschau*, 2./3.10.1990, S. 26. - Vergl. auch den Leitartikel von Friedrich Karl Fromme in der *Frankfurter Allgemeinen Zeitung* vom 31.8.1990: "In der DDR war die Revolution des vorigen Herbstes wesentlich das Werk einer Elite: 'Technische Intelligenz' stand in der ersten Reihe, Ärzte unter ihnen, dazu kamen Pfarrer und Laien aus der Kirchenarbeit, Musiker, auch Schauspieler, kaum Schriftsteller, wenig Studenten."
392 Egon Bahr, "Keine Teilung in der Einheit", in: *Die Zeit*, Nr. 52, 21.12.1990, S. 10.
393 Bruns, a.a.O., Anm. 302, S. 7.
394 Christian Wernicke, "Makler ohne Macht", in: *Die Zeit*, Nr. 30, 20.7.1990.

395 Arbeitspapier, Betr.: Abwicklung des sowjetischen Truppenabzuges aus der DDR, hier: Ressortbesprechung am 1. August 1990, 201-363.14 SOW, Bonn, 30.7.1990, o.S. (S. 2).
396 Ebd. MfAV = Ministerium für Abrüstung und Verteidigung, NVA = Nationale Volksarmee.
397 Heinz-Joachim Melder, "In Moskau wurde reiner Tisch gemacht", in: *Der Tagesspiegel*, 18.7.1990.
398 Studiogespräch Markus Meckel, a.a.O., Anm. 14, S. 28.
399 Vornbäumen, a.a.O., Anm. 271.
400 Schlotter, a.a.O., Anm. 312.
401 Gerhard Lehmbruch, "Die improvisierte Vereinigung: Die Dritte deutsche Republik", in: *Leviathan*, H. 4/1990, S. 462.
402 Weiß, a.a.O., Anm. 391.
403 Nina Grunenberg, "Ohne Euphorie und Überschwang", in: *Die Zeit*, Nr. 30, 20.7.1990, S. 3.
404 Theo Sommer, "Stichwort: Militär", in: *Die Zeit*, Nr. 22, 25.5.1990.
405 Rudolph Chimelli, "Ein Jahr und zehn Tage", in: *Süddeutsche Zeitung*, 20.7.1990.
406 Christian Wernicke, Zum Anfang eine Dienstreise, in: *Die Zeit*, Nr. 18, 27.4.1990, S. 2.
407 *Die Zeit*, Nr. 30, 20.7.1990.
408 Die Texte, die diese Leute verfassen, bieten schlagende Beispiele für die These. So heißt es in der Präambel der "Abschließenden Regelung", in charakteristischer Wechselfolge, "eingedenk der jüngsten historischen Veränderungen in Europa" - die haben nicht die angestammten Eliten, sondern andere bewirkt, und die werden sprachlich anonymisiert - "unter Berücksichtigung der Rechte und Verantwortlichkeiten der Vier Mächte" (hier ist man auf vertrautem Gebiet) geschähe dies und das. Mal reagieren die Eliten, mal handeln sie aktiv. "Entschlossen, die Sicherheitsinteressen eines jeden zu berücksichtigen" - welche Versicherungsgesellschaft wird soviel je in Aussicht stellen? Vermutlich wurde nur flau formuliert, und es geht gar nicht um "die Sicherheitsinteressen eines *jeden*", wie der Text formuliert, sondern allenfalls um die Sicherheitsbelange von Staaten.
409 Information über die Hauptergebnisse der Gespräche M.S. Gorbatschows mit dem Bundeskanzler der BRD, H. Kohl, während dessen Arbeitsbesuches in der UdSSR vom 14.-16. Juli 1990, a.a.O., Anm. 172, S. 3.
410 Günther Nenning, Keine Stimme für Kohlmarck, in: *Die Zeit*, Nr. 49, 30. 11.1990, S. 47.
411 Wladimir Kulistikow, Lieber Stimmenthaltung, in: *Die Zeit*, Nr. 49, 30. 11.1990, S. 47.
412 Rede der Abgeordneten Vollmer am 22.11.1990 im Deutschen Bundestag.
413 Institut für Internationale Politik und Wirtschaft, Sicherheitspolitische Aspekte des deutschen Einigungsprozesses im Lichte der 2+4 - Verhandlungen, Berlin, 24.4.1990, S. 7f.
414 Schewardnadse, a.a.O., Anm. 25, S. 155.
415 Ebd., S. 160.
416 Nach: *Der Tagesspiegel*, 6.6.1990, S. 1.
417 Schewardnadse, a.a.O., Anm. 25, S. 158.
418 Protokoll des Gesprächs zwischen E. Bahr und U. Albrecht, P. Schlotter, U. Stehr und W. Wiemer am 2. Juli 1990 in Bonn, o.O. (Berlin), o.D. (2.7.1990).
419 Rede vor dem Kongreß der Volksdeputierten am 20.12.1990, hier indirekt zit. nach Agenturmeldungen.
420 Vergl. Lehmbruch, a.a.O., Anm. 401, S. 469.
421 Interview in: *Der Spiegel*, Nr. 40/1990, S. 204.
422 MZ, "Moskau: Wahltermin belastet Verhandlungen", in: *Frankfurter Allgemeine Zeitung*, 21.6.1990.

423 Weiß, a.a.O., Anm. 391.
424 88. Bergedorfer Gesprächskreis, Auf dem Weg zu einem neuen Europa? Perspektiven einer gemeinsamen westlichen Ostpolitik, Bad Godesberg, 6.u.7.9.1989, Protokoll Nr. 88, S. 44.
425 Eine Zusammenstellung findet sich bei Tilman Fichter, "Demokratisierung statt Spaltung", in: *Die Neue Gesellschaft/Frankfurter Hefte*, H. 8/1990, S. 697ff.
426 Vergl. auch Egon Bahr, "Keine Teilung in der Einheit", in: *Die Zeit*, Nr. 52, 21.12.1990, in bezug auf die hier vorgetragene Kritik in gewisser Hinsicht ein Rechtfertigungsversuch.
427 Günter Grass, "Gegen meinen Willen setzt bei mir so eine Art Absonderung ein", in: *Die Neue Gesellschaft/Frankfurter Hefte*, Heft 8/1990, S. 702.
428 Von Braunmühl. a.a.O., Anm. 175.
429 Ebd.
430 Ebd.
431 "Do the Europeans still need America?", in: *Newsweek*, 14.5.1990, S. 18.
432 Friedrich-Ebert-Sftiftung, Kurzpapier 42, a.a.O., Anm. 87, S. 3.
433 "Encounter at Stavrapallo", in: *The Economist*, 21-27 July 1990, S. 23.
434 Zit. nach: ADN London, 2.9.1990 (Medienspiegel des MfAA, 3.9.1990, S. 1).
435 Zit. nach: *Frankfurter Allgemeine Zeitung*, 15.12.1989.
436 Zit. nach: *Frankfurter Rundschau*, 12.2.1990.
437 "Margaret Thatchers Expertenseminar über den deutschen Nationalcharakter, veranstaltet am 24.3.1990 in Chequers", a.a.O., Anm. 73, S. 1021.
438 Ebd., S. 1024.
439 Ebd., S. 1023.
440 In Einzelheiten nunmehr dazu: Stefan Fröhlich, "Umbruch in Europa. Die deutsche Frage und ihre sicherheitspolitischen Herausforderungen an die Siegermächte", in: *Aus Politik und Zeitgeschichte*. Beilage zu der Zeitschrift *Das Parlament*, B 29/1990, 13.7.1990, S. 42.
441 Jörg Reckmann, "Nach zwanzig Minuten war die historische Stunde vorbei", in: *Frankfurter Rundschau*, 13.9.1990, S. 3.
442 Friedrich-Ebert-Sftiftung, Kurzpapier Nr. 42, a.a.O., Anm. 432, S.2
443 Zit. nach: Bundesminister für innerdeutsche Beziehungen, Information Nr. 23, Bonn, 20.12.1989. Ich verdanke diesen Fund Sabine Huth und Petra Lehmann mit ihrer Untersuchung "Die Teilung der Berliner Verfassungsorgane und die Wiederherstellung ihrer Einheit unter Berücksichtigung der Rolle der Alliierten", Berlin 1991 (vervielf. Man.).
444 Alle Äußerungen in diesem Absatz wiedergegeben nach: Wilfried Kratz, "Vertrauensvorschuß für das neue Deutschland", in: *Der Tagesspiegel*, 6.10.1990, S. 3.
445 Oliver Ramsbotham, Britain, Germany and the new European Security Debate, vervielf. Man., S. 2.
446 Ebd., S. 3.
447 Ebd., S. 4.
448 Zit. nach: Walter Schütze, "Angst vor Träumen an deutschen Kaminen. Das Offenhalten der Deutschen Frage setzt die deutsch-französische Freundschaft aufs Spiel", in: *Sicherheit und Frieden*. Vierteljahreszeitschrift (Hamburg), No. 2/1985, S. 87. - Jean Poperen war damals offiziell die No. 2 in der Sozialistischen Partei, und Schütze zitiert den Leitartikel des Nouvel Observateur vom 11.1.1982.
449 Walter Schütze, "Es geht um einen gemeinsamen Neubeginn", in: *Dokumente* (Bonn), 47, No.1, Februar 1991, S. 4.
450 Walter Schütze, "Angst vor Träumen an deutschen Kaminen", a.a.O., Anm. 448, S. 87.

451 Ebd., S. 86. Weitere Belege bei Jean Klein, "Actualité du problème allemand", in: *Politique Etrangère*, No. 4/1984.
452 Henri Froment-Meurice, *Une Puissance nommé Europe*, Paris 1984 (dt. unter dem Titel: Europa als eine Macht, Köln 1986).
453 Wiedergegeben nach Ingo Kolboom, "Deutsche Fragen, französische Antworten", In: *Merkur*, H. 1/1985, S. 78-83.
454 Telegramm van Zwoll an UA 22 (Unterabteilung 22 des MfAA), "Zu offiziellen Besuch polnischen Außenministers in Frankreich (18./19.7.1990)", ct 393/90.
455 Peter Schlotter, "Die 2+4 - Verhandlungen und der KSZE-Prozeß", in: Beate Kohler-Koch (Hrsg.), *Die politischen Konturen eines neuen Europa*, Baden-Baden 1991, hier zit. nach dem Manuskript, S. 4.
456 Nm., "Dagegen", in: *Frankfurter Allgemeine Zeitung*, 28.8.1990.
457 Uwe Karsten Petersen, "Frankreich zur deutschen Vereinigung", in: *Der Tagesspiegel*, 6.10.1990, S. 3.
458 Schlotter, a.a.O., Anm. 455, S. 4.
459 Egon Bahr, "Sicherheit durch Annäherung", in: *Die Zeit*, Nr. 27, 29.6.1990, S. 6.
460 CSFR, Non-Paper, Deklaration des Pariser KSZE-Gipfels, o.O. (Prag), o.D. (1990), S. 2. In dem Papier heißt es weiter recht euphorisch: "Es bieten sich vollkommen neue Möglichkeiten für die Schaffung kooperativer Sicherheit, die Stärkung des Vertrauens, die Festigung freundschaftlicher Beziehungen und gegenseitig nützlicher Zusammenarbeit". Sehr Prager Hoffnungen spiegelt der Satz (ebend., S. 2), die KSZE-Staaten seien entschlossen, "den angenommenen Bestimmungen allmählich rechtlich verbindlichen Charakter zu verleihen, so daß sie in ein System einer neuen Generation von Helsinki-Verträgen übernommen werden können."
461 Ebd. Bahr plädiert anschließend sehr abstrakt für den "Umbau" der KSZE zu einem Bündnis - ohne zu sagen, warum in Europa Militärallianzen künftig noch nötig sein sollen.
462 Vergl. Maria Wagrowska, "Bitterer Beigeschmack mit einer Spur Hoffnung", in: *Frankfurter Rundschau*, 2./3. 1990, S. 3.
463 Karl Kaiser, *Deutschlands Vereinigung. Die internationalen Aspekte*, Bergisch-Gladbach 1991.

# LITERATUR

## 1. Chronologien, Dokumentationen und Handbücher

Braun, S./B. Michalowski, *3. Oktober 1990. Der Weg zur Einheit. Eine Dokumentation*, München 1990.

Diemer, G./E. Kuhrt, (Hg.), *Kurze Chronik der deutschen Frage. Mit den drei Verträgen über die Einigung Deutschlands*, München 1991.

Stern, K./B. Schmidt-Bleibtreu, *Verträge und Rechtsakte zur deutschen Einheit*, München 1991.

Weidenfeld, W./K.-R. Korte (Hg.), *Handwörterbuch zur deutschen Einheit*, Frankfurt a.M. 1991.

## 2. Beiträge in Zeitschriften

Adomeit, H., "Gorbachev and German Unification - Revision of Thinking, Realignment of Power", in: *Problems of Communism*, vol. 39, No. 4/1990, S. 1-23.

Armour, D., "Germany. How Unity Came", in: *The World Today*, vol. 47, No.2/1991, S. 21-23.

Bezrukov, M./M. Kozhokin, "The German Question: What Do the Interested Parties Think?", in: *New Times* (Moscow), No. 51/1989, S. 12-14.

Birnbaum, N., "German Unification - It's Already Happening", in: *The Nation*, vol. 250, No. 5/1990, S. 160-162.

Fröhlich, Stefan, "Umbruch in Europa. Die deutsche Frage und ihre sicherheitspolitischen Herausforderungen für die Siegermächte", in: *Aus Politik und Zeitgeschichte*, B 29/1990 v. 13.7.1990, S. 35-45.

Glynn, P., "German Unification", in: *Commentary*, vol.88, No. 6/1989, S. 19.

Hartmann, K., "Polen und die Einigung Deutschlands", in: *Osteuropa*, vol. 40, No. 8/1990, S. 761-765.

Heather, R.W., "NATO and a United Germany", in: *Defence* (London), vol. 21, No. 3/1990, S. 200-202.

Hummer, W., "Deutsche Wiedervereinigung und Alliierte Vorbehaltsrechte", in: *Österreichische Zeitschrift für Politikwissenschaft*, vol. 19, No. 2/1990, S. 203-229.

Kaiser, K., "German Unification", in: *Foreign Affairs*, vol. 70, No. 1/1991, S. 179-205.

Kolosov, A., "The 'German Question' in the European Context", in: *New Times* (Moscow), No. 6/1990, S. 14-16.

McAdams, A.J., "Towards a New Germany - Problems of Unification", in: *Government and Opposition*, vol. 25, No. 3/1990, S. 304-316.

McCurdy, G.V.S., "German Reunification: Historical and Legal Roots", in: *Journal of International Law and Politics*, vol. 22 (Winter '90), S. 253-317.

Mead, W.R., "The Once and Future Reich", in: *World Policy Journal*, vol. 7, (Fall '90), S. 593-638.

Newman, B., "Border Angst: Once Part of Germany, a Polish Town fears a United Deutschland", in: *The Wall Street Journal*, 9.3.1990, S. 1.

Szummi,B./I. Lichtleitner/F. Bauske, "Datenreport: Die Vereinigung der beiden deutschen Staaten", in: *Zentralarchiv für empirische Sozialforschung*, No. 26/1990, S. 62-71.

Thies, J., "German Unification - Opportunity or Setback for Europe", in: *The World Today*, vol. 47, No. 1/1991, S. 8-11.

o.V., "One Germany: 'The whole European Equation has Changed'", in: *Business Week*, 2.4.1990, S. 46-52.

o.V., "A Soviet View of Reunification: Security and Unity are Inseparable Issues", in: *World Press Review*, vol. 37, April 1990, S. 26-28.

Verwiesen sei besonders auf drei Fachzeitschriften, von denen einige Aufsätze exemplarisch angegeben werden:

*Europa Archiv:*

(Vergl. auch den Sammelnachdruck von Thies/Wagner, s.u.)

Dawydow, J.P./D.W. Trenin, "Die Haltung der Sowjetunion gegenüber der deutschen Frage", in: Folge 45/1990, S. 251-263.

Scholz, R., "Deutsche Frage und europäische Sicherheit: Sicherheitspolitik in einem sich einigenden Deutschland und Europa", in: Folge 45, S. 239-246.

Skubiszewski, K., "Die völkerrechtliche und staatliche Einheit des deutschen Volkes und die Entwicklung in Europa", in: Folge 45/1990, S. 195-202.

Wagner, W., "Die Dynamik der deutschen Wiedervereinigung: Suche nach einer Verträglichkeit für Europa", in: Folge 45/1990, S. 79-88.

*Außenpolitik:*

Gornig. G., "The Contractual Settlement of the External Problems of German Unification", in: No. 1/1991, S. 3-12.

Wettig, G., "German Unification and European Security", in: No. 1/1991, S. 13-19.

*Deutschland Archiv:*

Jesse, E., "Der 'dritte Weg' in der deutschen Frage", in: 22. Jg. (1989), S. 543-558.

Kiesling, G., "Zum Begriff der Neutralität in der deutschlandpolitischen Diskussion", in: 22. Jg. (1989), S. 384-390.

Schultz, E., "Europäische Sicherheit als ein Aspekt der deutschen Frage", in: 22. Jg. (1989), S. 524-532.

Voigt, K.D., "Deutsche Einheit und gesamteuropäische Ordnung des Friedens und der Freiheit", in: 23. Jg. (1990), S. 562-568.

Wagenlehner, G., "Gorbatschow und die deutsche Frage", in: 22. Jg. (1989), S. 1005-1011.

Wettig, G., "Stadien der sowjetischen Deutschland-Politik", in: 23. Jg. (1990), S. 1070-1078.

## 3. Monografien

Berg, H./ P. Burmeister (Hg.), *Mitteleuropa und die deutsche Frage*, Bremen 1990, 116 S.

Bradley, J. u. C., *Germany: The Unification of a Nation*, Gloucester (Watts) 1991, 40 S.

Brauns, H.-J., *Wiedervereinigung und europäische Integration*, Frankfurt a.M. 1990 (Diss. Univ. Würzburg 1989), 252 S.

Burrichter, C. (Hg.)/Hanns-Seidel-Stiftung, *Rahmenbedingungen einer Deutschlandpolitik für die 90er Jahre*, München 1990.

End, H., *Zweimal deutsche Außenpolitik. Internationale Dimensionen des innerdeutschen Konflikts*, 1949-1972, Köln 1973.

Fritsch-Bournazel, R., *Europa und die deutsche Einheit*, Stuttgart u.a. 1990, 280 S.

Gladis, C.M., *Alliierte Wiedervereinigungsmodelle für das geteilte Deutschland*, Frankfurt a.M. 1990 (Diss. Univ. Göttingen 1988/9), 275 S.

Hacke, C., *Weltmacht wider Willen. Die Außenpolitik der Bundesrepublik Deutschland*, Stuttgart 1988.

Haftendorn, H., *Sicherheit und Entspannung. Zur Außenpolitik der Bundesrepublik Deutschland 1955-1982*, 2. Aufl. Baden-Baden 1986.

Hanrieder, W.F., *Deutschland, Europa, Amerika. Die Außenpolitik der Bundesrepublik Deutschland 1949-1989*, Paderborn 1991, xx+604 S.

Henrich, D., *Eine Republik Deutschland: Reflexionen auf dem Weg aus der deutschen Teilung*, Frankfurt a.M. 1990.

Kaiser, K., *Deutschlands Vereinigung. Die internationalen Aspekte. Mit den wichtigen Dokumenten*, bearb. v. K. Becher, Bergisch-Gladbach 1991, 384 S.

Kielmansegg, P., *Überlegungen zur Deutschlandpolitik im Herbst 1989*, Mannheim (Preprint Nr. 163, Institut für Sozialwissenschaften, Universität Mannheim), 1989, 35 S.

Kuby, E., *Der Preis der Einheit: Ein deutsches Europa formt sein Gesicht*, Hamburg 1990, 112 S.

ders., *Deutschland: Von verschuldeter Teilung zur unverdienten Einheit*, Rastatt (Moewig Bd. 3446), 398 S.

Liebert, U./W. Merkel (Hg.), *Die Politik zur deutschen Einheit. Probleme, Strategien, Kontroversen*, Düsseldorf 1991, 360 S.

Loth, W., *Ost-West-Konflikt und deutsche Frage: Historische Ortsbestimmungen*, München (dtv) 1989, 215 S.

Mangoldt, H.v., u.a., *(Wieder-) Vereinigungsprozeß in Deutschland*, Stuttgart 1991 (Kohlhammer TB Bd. 1092) 164 S.

Martin, E., *Zwischenbilanz: Deutschlandpolitik der 80er Jahre*, Bonn 1986.

Nolte, E., *Deutschland und der Kalte Krieg*, München 1974.

Schäuble, W., *Der Vertrag. Wie ich über die deutsche Einheit verhandelte*, hg. von D. Koch u. K. Wirtgen, Stuttgart 1991, 320 S.

Schneider, H./U. Uffelmann, *Zur Außenpolitik der Bundesrepublik Deutschland*, Paderborn 1976.

Schröder, H.-J. (Hg.), *Die deutsche Frage als internationales Problem*, Stuttgart 1990, 144 S.

Schweisfurth, Th., *Fahrplan für ein neues Deutschland*, Erlangen u.a. 1990, 173 S.

Steininger, R., *Eine vertane Chance. Die Stalin-Note vom 10. März 1952 und die Wiedervereinigung*, Berlin/Bonn 1985.

Sternburg, W.v. (Hg.), *Geteilte Ansichten über eine vereinigte Nation. Ein Buch über Deutschland*, Frankfurt a.M. 1990.

Teltschik, H., *329 Tage*, Berlin 1991.

Thies, J./W. Wagner (Hg.), *Das Ende der Teilung. Der Wandel in Deutschland und Osteuropa.* In Beiträgen und Dokumenten aus dem Europa-Archiv, Bonn 1990, 340 S.

Timmermann, H. (Hg.), *Deutschland und Europa nach dem 2. Weltkrieg. Entwicklungen, Verflechtungen, Konflikte*, Saarbrücken 1990.

Venohr, W. (Hg.), *Ein Deutschland wird es sein*, Erlangen u.a. 1990, 178 S.

Walters, V.A., *Der amerikanische Standpunkt zur europäischen Sicherheit und zur deutschen Frage*, Bonn (Friedrich-Ebert-Stiftung / Projektgruppe Systemauseinandersetzung / Vortragsreihe "Die Deutsche Frage aus Internationaler Sicht") 1990, 34 S.

Weidenfeld, W. (Hg.), *Die Deutschen und die Architektur des europäischen Hauses. Materialien zu den Perspektiven Deutschlands*, Köln 1990, 223 S.

Wettig, G. (Hg.), *The Soviet Union and German Unification*, Köln (Bundesinstitut für Ostwissenschaftliche und Internationale Studien), Berichte 38-1990, iii+32 S. (in der gleichen Reihe weitere ältere Arbeiten d. Verf.).

Wewer, G. (Hg.), *DDR - von der friedlichen Revolution zur deutschen Vereinigung*, Opladen 1990, 192 S.

Wickert, U. (Hg.), *Angst vor Deutschland*, Hamburg 1990, 335 S.

# Der Weg der DDR in die Demokratie

Gert-Joachim Glaeßner
**Der schwierige Weg zur Demokratie**
Vom Ende der DDR zur deutschen Einheit.
2., durchges. Aufl. 1992. 230 S. Kart.
ISBN 3-531-12318-1

Das Jahr 1989 markiert eine historische Wende. Die sozialistischen Systeme in Osteuropa brachen innerhalb weniger Monate zusammen. Die DDR, der langjährige „Vorposten" des sowjetischen Imperiums, überlebte diesen revolutionären Umbruch nur ein Jahr. Die Einheit Deutschlands, an die kaum noch jemand geglaubt hatte, wurde Wirklichkeit.
Dieses Buch untersucht die Ursachen für den Zusammenbruch und Sturz des politischen Systems in der DDR und beschreibt den komplizierten und widerspruchsvollen Weg des Übergangs zur Demokratie. Besondere Beachtung wird den Problemen des sozialen und kulturellen Zusammenwachsens zweier höchst unterschiedlicher Teilgesellschaften gewidmet.

Christiane Lemke
**Die Ursachen des Umbruchs 1989**
Politische Sozialisation in der ehemaligen DDR.
1991. 297 S. (Schriften des Zentralinstituts für sozialwissenschaftliche Forschung der FU Berlin, Bd. 62) Kart.
ISBN 3-531-12232-0

Durch den dramatischen Zusammenbruch des Staatssozialismus in der DDR 1989/90 wurde schlagartig eine der zentralen Schwächen dieses Herrschaftssystems bloßgelegt. Auch nach über 40 Jahren war es nicht gelungen, „sozialistische" Werte und Normen in der Bevölkerung zu verankern; die umfassende politisch-ideologische Erziehung hatte zweifellos versagt. Dieses Buch geht der Frage auf den Grund, wie es möglich war, daß sich das Herrschaftssystem angesichts der schwachen Fundierung überhaupt so lange halten konnte und was schließlich den Bruch mit den Herrschenden herbeigeführt hat.

Uwe Thaysen
**Der Runde Tisch. Oder: Wo blieb das Volk?**
Der Weg der DDR in die Demokratie.
1990. 215 S. Kart.
ISBN 3-531-12228-2

Gezeigt wird, wie sich die Bewegungen in der DDR aus dem Widerstand konspirativ zu einer „Kontaktgruppe" am Runden Tisch zusammenfanden, um dort die SED und den Stasi niederzuringen; wie sich der Runde Tisch von einem Veto-Organ zur Steuerungsinstanz des alten Regimes entwickelte, wie es Modrow gelang, die Oppositionellen in seine Regierung einzubinden. Dokumentiert wird der Kampf um die politische Macht, die in der Wahl am 18. März 1990 mündete. Repräsentierte der Runde Tisch das Volk oder eilte das Volk dem Runden Tisch davon? Welche Rolle spielten die DDR-Flüchtlinge, die Demonstranten, die Kirchen, Hans Modrow? Hat es in der DDR wirklich eine „Revolution" gegeben?

**WESTDEUTSCHER VERLAG**
OPLADEN · WIESBADEN

# Aus dem Programm Politikwissenschaft

Bernhard Blanke und Hellmut Wollmann (Hrsg.)
**Die alte Bundesrepublik**
Kontinuität und Wandel.
1991. 579 S. (Leviathan-Sonderheft 12) Kart.
ISBN 3-531-12197-9

41 Jahre nach Gründung der Bundesrepublik und im Übergang zu einem vereinten Deutschland ziehen die Autoren, durchweg bekannte Politik- und Sozialwissenschaftler, in zentralen Bereichen der „alten" bundesrepublikanischen Politik Bilanz und versuchen, Perspektiven aufzuzeigen. Eine wichtige Frage hierbei ist, ob Regierungswechsel einen nachhaltigen Einfluß auf die Entwicklung sowohl des Regierungssystems insgesamt als auch auf die einzelnen Politikfelder ausüben konnten oder ob nicht Kontinuität, d. h. ein Prozeß „kumulativer" Politikentwicklung, prägend war.

Oscar W. Gabriel (Hrsg.)
unter Mitarbeit von
Frank Brettschneider
**Die EG-Staaten im Vergleich**
Strukturen, Prozesse, Politikinhalte.
1992. 639 S. Kart.
ISBN 3-531-12282-7

Mit der zum Beginn des Jahres 1993 vorgesehenen Einrichtung des europäischen Binnenmarktes wird sich die gesellschaftliche, wirtschaftliche und politische Verflechtung innerhalb der Europäischen Gemeinschaft intensivieren. Die Vertiefung der Zusammenarbeit zwischen den EG-Staaten wird nicht nur die europäischen Institutionen verändern, sondern auch die Abläufe in den nationalen politischen Systemen beeinflussen. Für das Verständnis der politischen Vorgänge im integrierten Europa ist eine gründliche Kenntnis der nationalen politischen Systeme erforderlich. Diese Informationen vermittelt dieser Band in einer systematischen, vergleichenden Übersicht über die politischen Strukturen und Prozesse der EG-Mitgliedsstaaten und über ausgewählte Inhalte der staatlichen Politik.

Ralf Rytlewski (Hrsg.)
**Politik und Gesellschaft in sozialistischen Ländern**
Ergebnisse und Probleme der Sozialistische Länder Forschung.
1989. 520 S. (PVS-Sonderheft 20) Kart.
ISBN 3-531-12104-9

Erstmals präsentiert sich hier die Sozialistische Länder-Forschung der Politologen der Bundesrepublik in einem umfassenden Werk. Zentriert um die europäischen Länder entsteht ein Gesamtspektrum der jüngeren politischen, sozialen und ideologischen Entwicklung, das auch China und Kuba einbezieht. Behandelt werden die Kernfragen des sowjet-sozialistischen Systems, das sich bisher als Gegen- und Konkurrenzmodell zur parteien-pluralistisch-parlamentarischen Demokratie verstand.

**WESTDEUTSCHER VERLAG**
OPLADEN · WIESBADEN